勝鬘經講說

승 만 경 강 설

(여인 성불의 가르침)

지우 LnB

勝鬘經講說

승 만 경 강 설

(여인 성불의 가르침)

승만경강설

2판1쇄 인쇄 / 2013. 08. 15
2판1쇄 발행 / 2013. 08. 20
저 자_ 회옹(晦翁) 혜경 큰스님
발행인_ 김용성
발행처_ 지우 LnB / 법률출판사
출판등록_ 2003년 8월 19일
서울시 동대문구 휘경동 187-20 오스카빌딩 4층
TEL: 02-962-9154 / FAX: 02-962-9156
ISBN 978-89-91622-41-8 / 03220
www.LnBpress.com

머 리 말

예로부터 『승만경』은 승만 부인을 주인공으로 하여 여인의 성불을 가르친 경전이다. 그런데 성불이란 현대적인 의미로는 종교적인 최고의 인격자가 되는 것을 일컬어 말한다. 다시 말해 이 세상에서 가장 행복한 사람이 되는 것을 성불이라 하며 일체의 불교 경전은 사람으로 하여금 자기 찾기를 완성하여 최고의 행복한 사람으로 거듭나도록 가르치는 해탈의 법문이라 하겠다.

불교가 인도에서 흥기하여 중국을 거쳐 우리나라에 들어온 이후 이 『승만경』은 일반 사회에 많이 유포되었으니 신라의 선덕여왕의 아명이 바로 승만이었음을 미루어 보아도 알 수 있다. 그러나 그 후 조선왕조에 들어와 배불숭유 정책으로 말미암아 여성의 지위를 남성의 아래에 두고 우매한 사람의 대표자가 바로 여성이라고 폄하해 왔기에 『승만경』은 세간에서 그 자취를 감추게 된 것이다.

이 승만경 강설은 소납이 서울 대학로에 있는 '대한불교 자비행회'에서 강의한 것을 보완하여 발행하는 바인데 현대에 살고 있는 우리들에게 무엇을 호소하고 무엇을 질문해 왔는가에 대하여 강의의 중점을 둔 것이다.

현대, 우리들은 숨가쁘게 변동하는 사회에 살고 있기 때문에 그러한 현대에서 어떻게 살아가야 하는가에 대해 생각해 보면 사람은 저마다 여러 가지의 방법이라는 것이 있으리라고 생각한다. 일반적으로 말해 우리들은 사상적인 면에서는 서로 대립하는 커다란 이데올로기의 흐름 속에 놓여져 있고, 또 일상생활과 직접적으로 관계하는 경제면에서도 세찬 변동 속에 놓여 있다. 지금 만일 그러한 정치·경제의 문제를 자기와는 직접적인 관계가 없다고 눈을 감고 개인 혹은 가정 내의 문제만을 생각하려고 해도 결국은 역시 사회 일반의 문제와 전혀 무관계하지는 않기 때문에 그 문제는 새삼 내가 말할 것은 못 된다고 생각한다.

그러나 우리들에게는 싫고 좋고를 불문하고 이러한 현대의 과제를 등에 업고 살아가지 않으면 안 된다.

나는 지금 누군가가 '현대는 괴물이다.' 하고 적절하게 표현한 것을 생각해낸다. 이 괴물이라고 보이는 현대를 내 나름대로 분석하고 그로부터 우리가 어떻게 살아가고 있는지를 파악하고 또 현대에 어떻게 대응해 나가야만 하는가를 생각해 보고자 한다. 나는 오직 수행자일 뿐 정치평론가도 경제평론가도 아니다. 따라서 나의 현대에 대한 분석은 하나의 불교인으로서의 입장에서 본 것이다.

현대 사회에서 가장 현저한 현상으로서 누구나 입에 담는 것은 우리나라의 고도성장과 그것이 가져 온 인간의 기계화라는 것이다. 이러한 생각들이 마침내 인간을 '물질'로 보는 경향을 낳고 말았으니 이와 같이 인간을 기계의 한 부품에 지나지 않게 보는 생각은 어느덧 인간성을 상실하고 모든 것을 '물질'로 해결하려는 경향으로 내닫게 되고, 서로 마음이 통하는 대화나 휴머니티가 사라져 가고 있는 현상 속에 놓이게 되었다. 거기서 이와 같은 현대병의 뿌리가 가지고 있는 공통점은 다른 사람에게 누를 끼치는 것을 생각하지 않고 오로지 자기중심적으로 생각하려는 경향이라 할 수 있다. 불교는 이러한 자기중심적인 생각과 자아의식을 부정해 가는 것이다. 이러한 생각의 기반에는 '모든 것은 상호간에 서로 의존하고 있다.'고 하는 불교의 기본적인 이념이 있는 것이다. 왜냐하면 인간은 항상 남과의 관계에서 존재한다는 자각을 촉구하는 데 있으며, 이를 실천하기 위해서는 무엇보다도 보살도가 요구되는 것이다.

여러분은 보살도라는 말에 대해 다소의 위화감을 가질지 모르지만, 보살이란 예를 들면 관세음보살·문수보살·보현보살처럼 우리가 살고 있는 이 세계와는 전혀 다른, 다시 말해 차원을 달리한 부처님의 세계에서의 한 분이라고 하는 이미지를 가지고 있지는 않는가 하는 점이다. 또 하나는 그와 같이 차원을 달리하는 보살의 길을 현대와 어떻게 결부시키는가 하는 점에 있다고 생각한다. 이 문제를 자기가 확인함으로 말미암아 자기 자신의 인생을 어떻게 대응해 갈 것인가 하는 자기의 삶을 자기 나름대로 파악해 보아야 한다. 그렇지 않으면 자기의 존재 의의라는 것을 자기 나름대로 뚜렷하게 파악할 수 없는 것이다.

이 『승만경』은 이와 같이 자기 자신을 뚜렷하게 파악하고 행복의 길을 살아가는 여성의 유일한 수양서라고 말할 수 있다.

끝으로 출판계의 어려운 사정에도 불구하고 선뜻 발간을 맡아 준 갑을패 출판사 김용성 사장과 교정을 맡아 준 지옥스님과

물심양면으로 아낌없는 성원을 베푼 수희행·효명화 두 보살에게 감사드린다.

불기 2550년(2006) 정월
양주 천보산 아래 무설정사 경전 연구소에서
회옹 혜경 합장

차 례

서 론(緖論)

『승만경』은 대승불교의 진제(眞諦: 眞理)를 천명한 여러 경전 중에서 가장 간단하고 더욱이 승만 부인의 입을 빌어서 말했기 때문에 여성에게 극히 알기 쉽게 설해져 있다. 그리고 다른 경전처럼 여러 가지의 비유도 없으며 대승의 다섯 가지 장애와 여래장(如來藏)을 열어 나타내 보여 줌으로써 자성청정여래법신의 경지에 여성으로 하여금 마음을 속세간 밖에 노닐도록 하고 있다.

즉 '보리(菩提)를 얻는다고 말하는 것은 열반이며 열반의 경우는 법신이다.' 등으로 차츰 설해 나아가 여성이 알 수 있도록 설해져서 그 한마디 한마디가 각각 대승의 뜻이 되는 것이다. 그 교리는 매우 깊고 넓으며 논리 또한 정연하다. 더욱이 길지 않고 1권 20여장의 작은 두루마리에 일체의 불교를 대승으로 귀입(歸入)케 하고 있다. 이 승만경을 한문으로 번역한 것이 무릇 세 번이나 된다.

그 첫째는 중국 동진시대의 안제 무렵에 중인도의 삼장법사인 담무참이 번역한 『승만사자후일승방편경(勝鬘師子吼一乘方便

經)』이 처음 나왔으나 지금은 궐본되어 전해지지 않는다.

두 번째는 중국 유송의 원가 12년(693)에 중국에 온 중인도의 삼장법사 구나발다라가 동안사에서 번역한 『승만사자후일승대방편방광경(勝鬘師子吼一乘大方便方廣經)』이 있다.

세 번째는 당나라 예종 장수 2년(693)에 중국에 온 남인도의 보리유지 삼장법사가 번역한 『대보적경』이라는 120권에 이르는 큰 경전 가운데에 『승만부인회(勝鬘夫人會)』라고 하는 1권이 있다. 그렇지만 이 『대보적경』의 대부분은 다른 사람이 번역한 것을 찬집한 것이며 개원(開元)·정원(貞元)의 양 석경록(兩 釋經錄)에 등재되어 있지 않으므로 그 진위가 의심스럽다고 한다. 그렇기 때문에 바르게 전한 것으로서는 두 번째에 거론한 구나발다라 역의 『승만사자후일승대방편방광경』이다. 일본의 성덕태자도 이 경전에 의거하여 강찬하였다. 그리고 이 경전은 다른 번역보다도 글의 뜻이 훌륭하였으므로 예로부터 중국과 한국에서도 주석을 한 바가 많다.

1. 중국 남송의 복법사(馥法師) 및 법요법사(法瑤法師), 정영(淨影)의 혜원법사(慧遠法師) 등의 소는 각각 2권본으로 되어 있다.
2. 인도승 도유(道攸)가 5권본의 주해를 지었다.
3. 법자법사(法慈法師)가 그 요점을 취하여 2권본으로 한 것이 있다.
4. 양나라 때 임법사(林法師)가 1권본의 주석을 저술했다.
5. 수나라 때, 삼론종을 개창한 가상대사(嘉祥大師) 길장(吉藏)이 『승만경보굴(勝鬘經寶窟)』이라는 주석서를 3권 저작했다.
6. 양나라의 광택사(光宅寺) 법운(法雲)도 주석서를 저술했다고 한다.

7. 자은대사(慈恩大師)의 문인으로 의령(義令)이 술기(述記) 3권을 지었다.

그리고 일본의 성덕태자는 이러한 주석서를 본 후 의소(義疏)를 찬술했는데 중국의 어떤 것보다 훌륭했으므로 이 의소는 한국으로 역수입되었고, 후에는 중국에까지도 역수입되었다고 한다. 이를 자세히 말하면 당나라 때, 정매법사(靖邁法師)와 둔륜법사(遁倫法師)가 소를 각각 2권씩 저술했으며 신라의 원효대사(元曉大師)도 소를 2권 저술했다. 이와 같이 예로부터 승만경의 주석과 소는 선현들이 많은 찬술을 남겼는데 지금까지 전해지고 있는 것은 서너 개에 불과하다.

이 가운데서도 성덕태자의 『승만경의소』를 제외하고는 가상대사의 『승만경보굴』을 들 수 있다.

구나발다라(Gunabhadra)는 중인도 사람으로 중국에 와서 공덕현(功德賢)이라 번역명을 붙이게 되었으나 역시 범명(梵名)의 음역인 구나발다라로 알려져 있다.

출생은 브라흐만 종이라 하여 인도 4성(四性)의 제일 위의 종족으로 더욱이 불교의 반대편 종족이다. 총명한 자질을 가졌으며 어렸을 때부터 오명(五明)의 제론(諸論)을 익혀서 천문(天文)·서(書)·산(算)·의방(醫方)·주술(呪術)과 브라흐만의 온갖 학문에 해박해 있었는데 어느 때, 불교의 아비달마(阿毘達磨; Abhidharma)라는 경론을 읽고 그 교리가 참으로 정연하고 4제(四諦)를 관(觀)하여 열반으로 향하는 무루(無漏)의 정혜(淨慧)와 수행(修行)과를 논하고 있는 등 아무리 해도 브라흐만 학이 미치지 못함을 깨닫고 비밀히 출가하여 불교신자가 되어 널리 스승과 벗을 구하였다. 마침내 삼장에 정통하고 사자국(獅子國), 즉 지금의 스리랑카에 건너갔으며 거기서 바다를 건너 중국에 오려고 했으나 도중에서 바람이 멎고 먹을 물이 말라 난항을 계속하였다. 그러나 이 사람은 남인도에서 밀교(密教)를 닦아 왔으므로 은밀하게 주경(呪經)을 외우자 순간 순풍이 불고 비가 내려서 담수를 얻을 수 있었으므로 마침내 중국의 광주(廣州)에 도착했다.

이 사람은 대승의 학문에 통달하고 있었으므로 세속에서는 마하연(摩訶衍; Mahayana)이라고 이름하고 있었다. 그가 광주에 도착하였을 때는 유송의 문제 원가 12년(435)의 일이었다. 자사(刺史)가 이 사실을 황제에게 보고하자 태조는 곧바로 사신을 보내 이들을 맞이하여 경사(京師)의 기원사(祇洹寺)에 안치하고 역경에 종사토록 했다. 그 곳에서는 『잡아함경(雜阿含經)』을 번역했으며 또 동안사(東安寺)로 옮겨 『법고경(法鼓經)』을 번역했다. 이 『승만경』도 이 무렵에 번역된 것이다. 동(同) 대명 6년(462)에 중국 전토가 한발이 들어 여러 백성이 굶주리게 되었으므로 세조, 즉 효무제는 그에게 명하여 비가 내리게 빌도록 하였고, 비밀 신주(秘密 神呪)를 송(誦)하자 그 다음날 큰비가 내렸다고 한다.

승만사자후일승대방편방광경

勝鬘師子吼一乘大方便方廣經

유송 천축삼장 구나발다라 역
劉宋 天竺三藏 求那跋陀羅 譯

『승만경』의 범본(梵本)은 『Vyuha-pariprccha(뷰하-파리프릿차)』라고 하는데 이를 승만이라고 번역한 것은 본문(本文)의 주인공, 승만 부인의 이름을 따서 표제로 한 것이다. 『승만(勝鬘)』의 원어는 승(勝)이란 슈리(Śri)이고, 만(鬘)은 마라(Mara)라고 하여 부인의 아름다운 머리 장식이 가장 뛰어난 것을 나타낸 말이므로 현대어로는 여인(麗人)·가인(佳人)·재원(才媛)·현부인(賢夫人)·최고 권위(最高 權威)·스타(Star) 등등 부인의 미(美)에 대한 온갖 아름다움을 일컫는 말이다.

그 초포칭(超褒稱)을 이름으로 하는 부인은 인도의 석존 재세무렵, 즉 지금으로부터 약 2,500년 전(556-477), 인도의 열여섯(16) 대국(大國) 중의 하나인 교살라(Kosala)국 즉 마가다(Magadha)국의 북방 가비라위성(Kapilavastu)의 서쪽에 있는 큰 나라의 사위성(Sravasti)에 살고 있는 파사익왕(波斯匿王) 즉 프라세나짓(Prasenajit)의 딸로서 이웃 나라의 아유사국, 즉 아요다야(Ayodhaya)의 우칭왕(友稱王)에게 시집가서 그 부인이 되었다.

다음에 '사자후'란 승만 부인이 마치 백수(百獸)의 왕인 사자가 포효하는 것처럼 무엇에도 두려워하지 않고 대승의 진제(眞諦)를 연설한 것을 비유하여 표현한 것이다.

또 일승불교에는 대승과 소승이 있다. 소승이란 작은 고통을 멸하여 작은 이익을 주는 가르침이며 자리주의(自利主義)의 성문 연각이 아라한과를 얻는 법문이다. 대승이란 이 작은 것에 대한 대인의 탈것으로서 큰 괴로움을 멸하여 큰 이익을 주는 가르침으로 불과(佛果)의 대열반(大涅槃)을 구하는 길이다.

보살(菩薩)의 큰 자질이 불과(佛果)의 대열반을 얻는 법문으로서 흔히 대승비불설(大乘非佛說)이라고 하여 석존의 금구(金口)에서 나온 직설이 아니다, 등으로 말하고 있으나 우주의 진리인 절대지(絕對智), 즉 살파야(薩婆若 Sarnajna) 일체지(一切智)의 발표이며 석존께서 멸도한 후에 그 뜻을 부연(敷衍)한 것이므로 역시 그것은 불설(佛說)로 간주해야 한다고 생각한다.

대승에는 권대승(權大乘)과 실대승(實大乘)이 있다. 권대승이란 법상(法相)·유식(唯識)·삼론(三論) 등으로 실대승교에서 보면 아직 진실 원만의 교문(敎門)은 아니다. 그렇지만 실대승교에 들어가기 위한 방편으로 설해진 것이라고 말한다. 그렇기 때문에 이 권대승을 시냇물에 비유하여 실대승의 바다에 흘러 들어가는 도정(道程)이라고 말한다.

실대승은 매우 진실하여 추호도 방편을 수반하지 않는 교법으로서 천태(天台)·진언(眞言)·화엄(華嚴)·선종(禪宗) 등은 모두 이 실대승이다.

그리고 이 권대승을 또 3승(三乘)이라고도 부른다. 3승이란 성문승(聲聞乘)·연각승(緣覺乘)·보살승(菩薩乘)으로, 이 세 종류의 사람들이 각각 자기에게 알맞은 교법에 의거하여 미계(迷界)를 벗어나기 때문이다.

실대승은 즉 일체의 중생으로 하여금 모두 성불케 한다는 일승(一乘)이어서 일불승(一佛乘)이라고 할 때도 있다. 지금 이 경의 표제에 일승이라 표시한 것은 위의 실대승을 가리킨 것이다. 그리고 승이란, 미계(迷界)의 중생으로 하여금 가르침의 탈것[乘輿]에 태우고 열반의 언덕으로 운반한다는 의미이다.

다음에 대방편이란 방법 편용(方法 便用)이라는 말로서 방(方)은 정직을 말하며 편(便)은 자기를 버리고 일체 중생을 연민하여 자기의 이익을 꾀하지 않는 마음을 말한다.

방광에서 방(方)은 편사(偏邪)를 떠난다던가 혹은 참으로 이해하여 한쪽으로 치우치지 않는 중도를 말한다. 광(廣)이란 덕으로서 감쌀 수 있는 이포(理包)의 무한함을 의미하며 교법의 깊은 뜻을 말한다.

경은 수트라(Sūtra)를 말하며 번역하여 관선(貫線)이라 한다. 마치 실에 꽃을 꿰뚫는 것처럼 일관된 이법(理法)을 가지고 예로부터 지금까지 변하지 않는 묘한 진리[妙諦]를 나타낸 가르침을 수용하고 있다고 말한다.

그런데 이 표제(表題)에서 『승만(勝鬘)』이란, 당체(當體)이며 『사자후(師子吼)』란, 비유를 든 것이고 『일승대방편방광(一乘大方便方廣)』이란, 그 설한 바[所說]의 법(法)을 든 것이다. 이를 바꾸어 말하면 승만 부인에게 있어 우주의 대도(大道)는 둘이 아니라 하나이다. 그 하나의 대도에 일체 중생을 연민하여 깨달음의 저쪽으로 탈것에 태워서 운반해 주는 가르침의 말씀이라고도 말할 수 있다. 그렇지만 이 경은 대승의 아득히 먼 심심미묘한 교리가 설해진 것이기 때문에 우리처럼 천학(淺學) 누식(陋識)한 무리가 간단히 설할 수 없다. 요컨대 그 개략(槪略)을 설명하므로 다음은 각자의 근기에 의거하여 이해할 수밖에 없다.

그리고 본문에 들어가기 전에 경전의 대강을 이야기할까 한다. 무릇 불교 경전의 권(卷)의 크고 작음이나 밝은 이치의 깊고 낮음의 구별 없이 그 논법(論法), 기술(記述)이 3단(三段)으로 구별되어 있다. 즉 첫번째로 서설(序說)인데 이것은 그 경전의 유래가 설해진 것으로서 이 서설 가운데에 통서(通序)와 외연(外緣)과 내연(內緣)이 짜여져 있다.

두 번째는 정설(正說), 혹은 정종분(正宗分)이라 하여 경의 정체(正體) 즉 주요(主要)한 본문(本文)이다.

세 번째는 유통분(流通分)으로서 결론이라고도 하는데 그 경이 설해진 이유를 현재뿐만 아니라 후세에까지 전하라 하는 의미로 쓰인 것이다.

끝으로 이 불교의 경전을 해석함에 있어서 글자의 뜻이나 이유로는 매우 그 이해에 어려운 것이므로 아무튼 신앙이 그 첫째이다. 신앙의 힘을 가지고서 경의 이치를 설한다고 하기 때문에 그쯤 해서 이해해 주기 바란다.

서 분(序分)

서 장(序章)

부처님의 진실한 공덕

如來眞實義功德章 第一

如是我聞 一時佛住 舍衛國 祇樹給孤獨園
여시아문 일시불주 사위국 기수급고독원

時波斯匿王 及末利夫人 信法未久 共相謂
시파사익왕 급말리부인 신법미구 공상위

言 勝鬘夫人 是我之女 聰慧利根 通敏易
언 승만부인 시아지녀 총혜이근 통민이

悟 若見佛者 必速解法 心得無疑 宜時遣
오 약견불자 필속해법 심득무의 의시견

信 發其道意
신 발기도의

夫人白言 今正是時 王及夫人 與勝鬘書
부인백언 금정시시 왕급부인 여승만서

略讚如來 無量功德 卽遣內人 名旃提羅
약찬여래 무량공덕 즉견내인 명전제라

使人奉書 至阿踰闍國 入其宮內 敬授勝鬘
사인봉서 지아유사국 입기궁내 경수승만

勝鬘得書 歡喜頂受 讀誦受持 生希有心
승만득서 환희정수 독송수지 생희유심

向旃提羅 而說偈言
향전제라 이설게언

이와 같이 나[아난]는 〈부처님으로부터 이렇게〉 들었다.

한때 부처님께서는 사위국의 〈제타태자와 급고독 장자가 기증한〉 기원정사[祇樹給孤獨園]에 머물고 계셨다.

그때 〈사위국의〉 파사익왕과 〈왕비인〉 말리카 부인이 있었다. 비록 부처님의 가르침[佛法]을 믿기 시작한 지 얼마 되지 않았지만 〈진정으로 그 가르침을 믿었으므로 파사익〉 왕은 왕비에게 다음과 같이 말했다.

"우리 딸 승만은 총명하고 슬기로우며 〈온갖 사물의 이치를 잘 이해할 수 있는 능력인〉 근기가 뛰어나고 명민하여 〈모든 오묘한 이치를〉 쉽게 깨달을 수 있을 것이므로 만일 〈아요디야국의 왕비가 된 승만이〉 부처님을 만나 뵐 수 있다면 반드시 부처님의 가르침〈이 가진 대승의 큰 뜻〉을 깨달아 마음 속에 의심을 품지 않을 것입니다. 그러니 적당한 시기를 골라 〈승만에게〉 편지를 보내 그가 〈탐내고 성내고 어리석음을 제거하고 불법에 귀의함으로써〉 진리를 추구하는 마음[菩提道心]을 일으키도록 합시다."

왕비가 왕에게 말했다.

"지금이 가장 적절한 시기입니다."

이에 왕과 왕비는 부처님의 한량없는 공덕을 찬탄하는 글을 간략하게 써서 곧바로 궁녀인 전제라를 〈승만에게〉 보냈다.

전제라는 편지를 가지고 〈승만이 시집간〉 아유사국(아요디야)에 도착하여 궁궐로 들어가 승만 부인에게 공손히 전했다.

승만 부인은 매우 기뻐하며 〈부모님을 직접 대하듯 공손히〉 편지를 머리 위에 받들었다가 읽기 시작했다.

〈편지를 읽고나자 승만 부인은 부처님의 한량없는 공덕에 크게 감격하여〉 아주 드물고 진귀한 마음이 일어나 전제라를 향해 〈부처님을 찬탄하는〉 시[偈]를 읊었다.

주

- 여시아문: 이를 통서(通序)라 하며 경전의 첫머리 구(句)로서 아난 존자가 칠엽굴(七葉窟)에서 제1차 결집을 할 때, '나는 이렇게 들었다.'고 전하는 바가 틀리지 않음을 밝혀 때와 장소를 나타낸 것이다.
- 일시: 예로부터 여러 가지로 논의되어 왔으나 여기서는 석존께서 『법고경(法鼓經)』을 설하신 때라고 한다. 석존이 나무 아래서 설법을 하고 있자 이곳저곳에서 법을 들으려고 하는 사람이 모여 왔다. 어느 때 파사익왕이 청문하러 오는데 그 호위병이 위의를 바르게 하고 북을 치며 행군해 왔다. 석존께서는 그 북소리에 귀를 기울이면서 '저것은 무슨 소리인가.' 하고 일부러 물으시자 아난 존자가 '북소리입니다.' 하고 대답했다. 그러자 석존께서는 곧바로 그 자리에서 '왕은 생사의 북을 치며 나는 법왕인 까닭에 법고(法鼓)를 친다.'하고 법고경을 설하셨는데, 여기서 말하는 '일시'란 파사익왕의 면전에서 법고경을 설했던 때라고 본다.

• 사위국: 기원정사(祇園精舍)가 있는 곳으로서 실제로는 현장삼장의 『서역기(西域記)』에서 말하는 교살라국으로 오늘날 네팔의 오우드 주 부근에 해당한다. 석존은 45년의 안거 가운데 25~6회를 사위성의 기원정사에서 보냈다고 한다. 이 곳은 파사익왕의 영지로서 이를 '사위국'이라 부르는 것은 당시 인도 남방에 같은 이름의 구살라국(㤘薩羅國)이 있었으므로 그 도성의 이름을 가지고 나라 이름으로 하였다고 한다. 제타태자의 소유였던 수림(樹林)을 고독한 사람들에게 먹을 것을 지급해 주는 급고독(給孤獨) 수달장자[수다타]가 넘겨받아 그 곳에 기원정사를 세워 승단에 기부하였으므로 기수급고독원이라 한다. 이 제타태자는 파사익왕의 왕자이며 수달장자란 이 교살라국 파사익의 신하로서 자비심이 깊어 고독한 사람을 불쌍히 여겨 항상 이들을 베풀어 구제하였므로 급고독장자(給孤獨長者)라고 불렀다.

• 파사익왕(pāsenādi): 화열(和悅), 월광(月光) 또는 승군왕(勝軍王) 등으로 한역되고 있다. 국왕으로 제타태자의 아버지이다. 석존과 같은 날에 태어났다고 하며 불교의 독신자(篤信者)였다.

• 통민(通敏): 한 번 들은 것은 곧바로 깨닫고 거듭 가르침을 기다리는 일은 없다는 일문득오(一聞得悟) 부대재교(不待再敎), 바꾸어 말하면 하나를 듣고 열을 깨닫는다는 예민한 자질을 가졌으므로 만일 석존을 뵈옵는다면 반드시 빨리 '법(法)', 즉 대승을 이해하여 마음에 어떤 의심도 없게 될 것이다. 참으로 양친이 내 자식을 생각하는 자비의 마음에서 때맞추어 서신을 써서 심부름꾼을 보내 '도의(道意)', 즉 무상보리(無上菩提)의 뜻을 일으키게 한다.

해설

여기서 석존을 '여래(如來)'라고 하였는데 여래란 tathāgata(타다아가타) 라고 하여 진리[眞如]에서부터 오고 진여에서 나타난 깨달은 이에 대한 존칭으로 그와 같이 오기 때문에 여래이고

그와 같이 가기 때문에 여래이다. 그리고 여래는 여거(如去)라고도 한다. 더 상세히 말하면 석가모니여래이다.

일반적으로 대승경전에서는 불제자나 보살, 세존과의 대화가 경전의 내용으로 구성되고 있는 데 비해, 재가의 한 여성에 의해 전개되는 여성을 주인공으로 하는 『승만경』은 불교 경전 중에서도 특이한 위치를 차지하고 있다. 더욱이 뒤에도 언급되는 바와 같이 승만 부인의 불교에 대한 신앙과 이해는 우리들에게 불법의 거룩함을 가르치고 있을 뿐만 아니라 열렬한 불교인으로서 불교에 의해 살아가는 인간의 증명을 우리들에게 강하게 호소해 오는 바가 있다.

이렇듯 파사익왕은 마가다국과 어깨를 나란히 하는 대국이었던 코살라국의 수도 사위국의 성주로 말리카 부인을 왕비로 맞이했다. 처음에는 바라문교를 믿고 있었으나 코살라국의 속국으로 그 지배 아래 있었던 석가족 출신의 고타마붓다에게 귀의하고 불교신자가 되었다.

이렇게 불교에 의해 살아가던 부부는 아요디야국의 우칭왕에게 시집 간 승만의 신상에 마음이 쓰여 어찌할 줄 몰랐다. 어느 시대, 어느 땅에서나 자식을 걱정하지 않는 부모는 없다. 특히 부처님의 가르침을 믿은 이래, 평온한 나날을 보내고 있음에 즈음하여 이 부처님의 가르침을 딸에게도 전해서 평안한 생활을 보냈으면 하는 바람을 가진 것은 당연한 일이었다. 특히 기품도 상냥하고 사리를 판단하는 능력도 좋은 총명한 아이이므로 반드시 자기들의 마음이 통할 것이라고 생각하자 부왕은 안절부절못하며 조속히 아요디야국에 있는 딸 승만에게 친서를 보내기 위해 여관(女官) 전제라(旃提羅: Candra, 如月)를 뽑아 파견한 것이다.

이와 같이 『승만경』의 서장(序章)은 승만 부인이 '부처님의 가르침'에 접하고 '부처님의 가르침'을 믿으며 자기의 신앙을 확인함에 도달한 인연이라고 해야 할 것이었다.

'심부름꾼인 전제라는 편지를 가지고' 즉 전제라는 왕과 부인의 친서를 받들고, 아요디야국 – 승만이 시집가서 살고 있는 나라인데 범어로 Aypdhya(아요디아)라 하여 중인도의 코살라, 즉 슈라바스티(사위국)의 남쪽에 인접한 작은 나라를 말한다. 지금의 Benares(베나레스)의 북방으로 Oudh(오우드) 지방에 해당된다. – 의 국왕인 우친왕(友親王)의 왕비가 되어 살고 있는 승만 부인에게 친서를 전하러 가서 그 궁전 안에 들어가 공손히 승만 부인에게 바쳤던 것이다. 승만 부인이 양친으로부터 서신을 받자 마음으로부터 환희하며 이를 머리 위에 받들었다가 읽었다. 그 하나하나 두 분께서 마음 써 주심을 믿고 마음에 간직하며 부처님의 덕이 상주 본연(常住 本然)이어서 이런 것을 듣는 것이 드문 일이요 존재하기 어려움을 알도록 하시니, 깊고 깊은 찬양의 마음이 동하였다. 인도 사람들은 운문을 가지고 어떤 일에 감동하면 찬미가처럼 노래를 불러 찬탄하는데 이를 가타(gatha)라고 하며, 극히 짧은 네 구절에서 길게 되면 수십 구 연속하는 것도 있다. 지금 승만 부인도 환희하여 그 시를 전제라를 향해 설했다.

我聞佛音聲 世所未曾有
아문불음성 세소미증유

所言眞實者 應當修供養
소언진실자 응당수공양

仰惟佛世尊 普爲世間出
앙유불세존 보위세간출

亦應垂哀愍 必令我得見
역응수애민 필영아득견

卽生此念時 佛於空中現
즉생차염시 불어공중현

普放淨光明 顯示無比身
보방정광명 현시무비신

勝鬘及眷屬 頭面接足禮
승만급권속 두면접족예

咸以淸淨心 歎佛實功德
함이청정심 탄불실공덕

부처님의 가르침 내가 듣건대
세상에는 일찍이 없었던 진리
말씀처럼 참으로 진실한 분이라면
내 응당 감사드리며 수행하리라

우러러 생각하면 부처님께선
일체 중생 구하러 세상에 나셨으니
저를 어여삐 여기시고 자비 베푸사
기어코 부처님을 뵙게 하소서

이처럼 〈간절히〉 염원하고 있을 때
부처님은 공중에 〈거룩히〉 나투시어
맑은 〈지혜〉 광명 널리 〈시방〉 비추고
비할 수 없는 거룩한 모습 나투시네

〈이 거룩한 광경 지켜보던〉 승만과 시종들
부처님 발 아래 엎드려 예리니
마음 속 모든 번뇌 말끔히 사라져
부처님의 참된 공덕 찬탄하네

해설

'부처님의 가르침 내가 듣건대'에서 가르침 즉 '음성(音聲)'이란『법화경』등에 "그 목소리는 청정하고 부드러운 소리를 내어 많은 보살을 가르치신다."든지 "맑은 소리는 담묘하여 사람들로 하여금 듣고자 원하게 한다."든지 "범음해조음(梵音海潮音)" 등으로 매우 지혜롭고 밝은 크고 아름다운 목소리이다. 그 음성은 아직 아무도 경험하지 못한 바이다. 또 부처님께서 말씀하시는 진실함은 실제로 성덕(聖德)이 원만하여 허망하지 않고 거짓이 없기 때문에 공양해야 하리니, 묵념하고 경건하게 부처님의 모습을 눈에 떠올린 것이다.

'우러러 생각하면 부처님께서는 널리 세간을 위하여 이 세상에 출현하셨고 진실로 애민하여 주시며, 지혜 없는 여자라할지라도 이 세상에 존재하는 것이라면 사랑하는 마음으로써 부처님의 모습을 뵙도록 하여 주시기 바랍니다.'

이런 간절한 서원으로 여래의 머리 뒤에 상광(常光) 7척(七尺)

의 광명이 빛나는 단정하고 아름다운 모습으로 승만 부인을 위해서 1승원과상주(一乘圓果常住)의 이치를 나타내시고자 그 몸에서 광명을 발하여 공중에 나타나셨던 것이다. 이것을 가상대사 길장의『승만보굴』에는 '이(理)에 대해 해석하면 법신은 무위(無爲)여서 처소[所]로서 나타나는 것이 없다. 즉 적멸하여 움직이기 때문에 공중에 나타난다고 하며 또 감(感)으로 향하는 것, 무력(無力)하여 오는 곳이 없다. 어떤 형식을 빌어 나타남에 있어 공(空)으로 나타난다. 널리 시방에 응하여 항상 4방을 절(絕)함을 말함'이라고 설명하고 있다.

법신은 우주에 두루 가득하여 어떠한 곳에도 나타나지 않은 곳이 없기 때문에 승만 부인과 권속들은 발 아래 엎드려 예배드리는데, 이러한 예법은 인도의 최경례로서 머리와 양팔, 양다리를 땅에 엎드려서 길게 펴고 절을 하는 것을 말하므로 자연히 자기의 머리는 상대방 발 아래 있게 된다. 반드시 머리를 발에 댄다는 것은 아니므로 후에는 상대방 발을 받드는 풍습으로 되었다.

'마음 속 모든 번뇌 말끔히 사라져'란 모든 사람이 몸[身]과 말[口]과 뜻[意]에도 그 어떤 의심없이 청정하게라는 의미인데 이것을 신(身)·구(口)·의(意) 3업, 즉 언행일치라는 것으로서 제아무리 입으로 경문을 외워도 마음에 비방하는 생각이 있어서는 안 된다. 승만은 그와 같이 경건한 마음으로 부처님의 진실한 공덕을 찬탄하고 받든 것이다.

서문은 여기서 끝이다. 다음에 정설(正說) 또는 정종분(正宗分)이라 하여 소위 본문으로 옮기는데 이를 다시 세부적으로 설명하겠다.

'일체 중생 구하러 세상(세간)에 나셨으니'의 '세간'이란, 불교에서는 여러 가지로 어렵게 설명한다.

즉 '세간'에는 기세간(器世間)과 유정세간(有情世間)이 있으니 기세간이란 주로 사람이 사는 국토를 말하며 유정세간이란 그 기세간에 살고 있는 아귀·축생·인간·천신 등을 말한다. 다시 말해 세상이라는 말이지만 '세'는 천류(遷流)로서 격력(隔歷)의 뜻이며 '간'은 격별(隔別)이나 간차(間差)의 뜻으로 즉 과거·현재·미래의 3세(三世)에 옮겨가며 서로 모여서 차별 간격이 있는 것을 말한다. 또 기세간과 중생세간(衆生世間)과 지정각세간(智正覺世間)의 3종으로도 설하나 이 곳에서는 출세간(出世間)에 대한 세간, 즉 우리들 중생이 존재하며 살고 있는 세계라고 해석한다.

'부처님은 공중에 〈거룩한 모습〉 나타나시어'라고 되어 있는데 이것은 승만 부인이 양친의 친서를 보고 경건한 마음으로 부처님을 뵙고자 원한 것인데, 이것은 아유사국(阿踰闍國) 우칭왕의 궁전 안에서 돌연히 발생한 것이었으므로 실재의 석존이 그 곳에 나타나신 것은 아니다. 게송에도 있듯이 '공중에 나투시어'라고 하였으므로 부처님의 법신, 즉 이상(理想)이 인격시 된 것이어서 신앙의 힘을 가지고 보자면 일종의 환각작용을 일으켜 소위 심안(心眼)에 그 모습이 비치는 것이다. 이것은 매우 신비적이며 예술적인 등차(等差)가 있는 것이어서 그 신념을 일으키는 사람들이 가진 두뇌의 지식적인 높고 낮음에 의거하여 그 모습이 변하는 것이다. 현재 우리 사회에서도 그러한 경우에 환각을 일으키게 되는 것을 예로 들어 보면, 신라시대부터 고려시대의 미술에 정통하고 있는 사람이 환각을 일으키면 부처님의 모습은 석굴암의 조각, 고려시대의 불화 등이 연상되어 최고의 예술적인 부처님의 모습이 환각된다. 그렇지만 신앙의 차이는 없을지라도 그러한 고대의 우수한 예술을 본 일이 없는 사람에게는 세운상가 부근의 불구상에 진열된 예술적 완성도가 떨어지는 불상이 연상되어 나타난다. 요컨대 미술, 예술은 지적인 것이므로 지식의 고상한, 신분의 고결한 사람에게는 환각도 그에 따라 높고 높은 모습을 나타내게 된다.

그런데 방금 부처님에게 법신이라는 것이 있다고 했는데 여기 부처님의 3신(三身)이라는 것에 대해 말해 두고자 한다. 대승의 가르침은 곧 이 3신 가운데의 법신의 가르침이기 때문에 적어도 3신을 이해하지 않으면 이 승만경의 전반이 이해되지 않을 수 있으므로 3신에 대해 조금 이야기하고자 한다. 3신이란 부처님을 법신(法身)과 보신(報身)과 응신(應身)의 3종으로 구별한다. 법신이란 우주의 진리를 인격적으로 나타낸 것으로서 무색무형의 이불(理佛)이므로 어떤 곳에도 두루 가득하지 않을 수 없는 것이다. 이 법신의 이(理)를 체득성취하여 만덕(萬德) 원만(圓滿)의 수보(酬報)의 불신을 보신이라 한다. 그로부터 체득한 바를 일체 중생의 기연(機緣)에 응동(應同)하여 나타낸[法性身] 석가모니와 같이 사바세계에 감응 화현하신 부처님을 응신이라 한다. 예를 들면 어떤 사람이 정치에 뜻을 두고 정치의 진리를 파헤치는 마음은 법신이며 그 수양과 함양된 학문을 가지고 장관이 되어 있는 몸은 보신이며 인류로서 이 세상에 생존하고 있는 육신을 응신이라고 하는 것과 같다.

그러므로 지금까지 소승의 가르침에서는 역사상의 석가만을 설하였지만 대승에 이르러서는 법신 즉 우주의 진리를 인격화하여 설하기 때문에 마치 천상의 달이 그림자를 만 가지의 물

(物)에 비치고 있음과 같이, 그 근기에 따라 나타나는 것처럼 그 본체는 생하지도 않고 멸하지도 않는 무한한 시간과 무한한 공간에 걸쳐 보편한 실재인 영원한 생명이다.

승만은 아버지로부터 편지를 받고 환희하고 독송하며 수지하고 아직까지 생각조차 하지 않았던 마음을 일으켰다고 한다. 그것은 '부처님이 이 세상에 계신다.'고 하는 말을 접한 놀라움과 마침내 자기 마음에 전해져 오는 기쁨을 솔직하게 읊은 환희심의 외침이었다.

'우러러 생각하면 부처님께선 일체 중생 구하러 세상에 나셨으니 저를 어여삐 여기시고 자비 베푸사 기어코 부처님을 뵙게 하소서.'

이 승만 부인의 목소리는 진실한 마음으로부터 부르짖은 것이다. 부처님을 뵙고자 하는 승만의 절절한 정감이 이 게송을 통해 우리의 마음에 전해져 오는 것 같다.

승만은 부처님께 예배하고자 하여 부처님이 눈앞에 모습을 보여 주기를 간절하게 노래하고 있다. 도대체 열반에 드신 부처님에 대해 또 한 번 모습을 나타내 주십사 하고 원한다는 것은 어떠한 의미일까.

과연 석존의 육신은 80세로 이 세상에서 사라져 버렸다. 살아있는 것은 모두 멸한다는 제행무상(諸行無常)의 이치를 가르친 석존의 가르침 그대로였다. 불제자로서 석존을 모신 아난이 슬퍼하는 것을 보고 부처님께서는 "슬퍼하고 비탄해서는 안 된다.

아난이여, 네게 항상 말했지 않았는가. 태어난 것은 반드시 죽어 없어진다고. 그러나 내가 죽은 다음에는 스스로를 주(洲; 등불)로 삼고 자기를 의지처로 삼아라. 법을 주[등불]로 삼고 법을 의지처로 하여 노력 정진하라."고 타이르고 있다.

석존의 일상 언행록을 전하는 경전인 『아함경』에는

연기(緣起)를 보는 사람은 법을 본다.
법을 보는 사람은 연기를 본다.
법을 보는 사람은 나를 본다.
나를 보는 사람은 법을 본다.

는 붓다의 말씀이 있다. 비록 석존의 육신은 80세로 입멸하였다하더라도 그의 가르침인 법은 영원히 멸하는 것이 아님을 가르친 것이다. 따라서 말세의 무리로 하여금 석존을 예배하려고 원하는 사람은 붓다가 설한 가르침을 의지처로 삼을 때, 석존은 그 사람의 눈앞에 언제나 있음을 가르치고 있다. 『법화경』은 "참으로는 멸도하지 않고 항상 이 땅에서 법을 설한다."하고 '여래수량품'에서 가르치며 법신의 영원함을 설하고 있다.

이와 같이 부처님의 모습은 불교를 믿는 사람들에게는 항상 그 사람 가까이에 있음을 가르친다. 이것은 부처님의 큰 자비라는 측면에서도 말한다. 필경 부처님은 모든 사람들을 제도하고 해탈시킨다고 하는 큰 자비를 계속하여 갖는다. 그렇기 때문에 열반에 들어버리면 말세의 사람들과의 사이에 단절이 생겨 부처님과 접하는 경우는 영원히 찾을 수 없다. "중생의 괴로움은 나의 괴로움이다." 하고 설하는 대승불교 『유마경』의 입장은 붓다의 자비는 모든 사람에게 널리 골고루 미치는 것을 가르치고 있다.

큰비가 내릴 때 산꼭대기, 골짜기, 평지의 모두를 평등하게 적시는 것처럼, 그 자비는 끝도 가도 없는 것이다. 우리가 참으로 자기 스스로부터의 모습, 인간의 원점(原點)을 바라볼 때, 이윽고 부처님의 자비에 맡기고자 하는 바람이 생겨난다. 인간의 나약함, 무력함, 절망감에 부딪쳤을 때, 인간은 어떤 큰 것에 감싸이고 싶은 초조감에 쫓기는 것이다. 이와 같은 인간의 내부적 성찰이 우리들을 무한한 것으로 접근시킨다고 생각한다.

제2 정종분(正宗分)

如來妙色身 世間無與等
여래묘색신 세간무여등
無比不思議 是故今敬禮
무비부사의 시고금경례

부처님께서 가지신 거룩한 모습
세상 그 누구와도 견줄 수 없고
비할 바 없는 신비한 덕상이라서
내 이제 공경하며 예배합니다

如來色無盡 智慧亦復然
여래색무진 지혜역부연
一切法常住 是故我歸依
일체법상주 시고아귀의

여래의 몸 수명은 다함이 없고
가진 지혜 또한 한량이 없어
항상 일체 중생 가르치기에
내 이제 여래께 귀의합니다

해설

이 4행 8구의 게송은 여래의 3신을 찬탄하고 있으므로 표제에 '탄불실공덕'이라 하기보다는 오히려 '탄여래진실 공덕(歎如來實 功德)이라 하는 것이 좋다.

여래의 3신을 체(體; 법신)와 상(相; 보신)과 용(用; 응신)이 자재롭고 현묘하게 나타내시는 것을 설명한 것으로서 여래의 거룩한 모습은 세상 그 누구와도 비할 수 없다고 응신[묘색신]을 찬탄하고 또 신비하다고 덧붙이며 그렇기 때문에 지금 공경하여 예배하는 것이다.

단정하고 엄숙하며 미묘한 여래의 형상과 여래의 수명과 여래의 지혜는 다함이 없다고 보신을 찬탄한 다음 중생을 구하기 위해 자유자재한 모습으로 출현하시는 무량무변한 그 진신(眞身)은 '일체의 법'으로 그 가르침이 상주하는 법신이기에, 저는 의지하며 흠모한다고 말하는 것이다.

降伏心過惡　　及與身四種
항 복 심 과 악　　급 여 신 사 종
已到難伏地　　是故禮法王
이 도 난 복 지　　시 고 례 법 왕

마음에서 일어나는 온갖 번뇌와
몸과 입으로 지은 허물 모두 조복해
더 없는 부처님 경지 이미 도달하신
가르침의 왕에게 예배합니다

해설

이 구는 3계 안의 4주지(四住地)인 일체 견혹(見惑)인 견일체주지(見一切住地)와 사혹(思惑)인 욕애주지(欲愛住地)·색애주지(色愛住地)·유애주지(有愛住地)에서 벗어나는 방법과 여래의 해탈의 덕을 찬탄하고 법신을 공경 예배하는 것을 말한 것이다.

'마음에서 일어나는 온갖 번뇌'란 인간의 마음에는 탐내고[貪] 성내고[瞋] 어리석은[痴] 3독[三毒]과 상·락·아·정의 네 가지를 거꾸로 생각하는 4도(四倒)의 나쁜 독소와 같은 것이 있다. 우리 인간은 덧없는 세상에 살고 있으면서도 항상 있다[常]고 생각하고 있으며, 고뇌의 세상에 살고 있으면서도 즐겁다[樂]고 생각하며, 그 마음이 항상 시시각각으로 변하여 조금도 고정된 것이 없는데도 불구하고 일정불변한 자기라는 고정된 실체가 있다[我]고 생각하고 있다. 다시 말해 '나'라는 자기 주관의 중심이란 도대체 어떠한 것을 들어 말하는가. 우리 신체의 어디를 살펴보아도 이 '나'를 집어낼 수 없다. 그렇기 때문에 '나'라는 것은 없다. 또 더러운 몸을 가지고 있으면서도 자기는 깨끗하다[淨]고 생각하는 것은 모두 다 착각이다. 우리들은 일종의 착각을 가지고 사물을 보고 있음을 깨닫지 못한다.

'몸과 입으로 지은 허물'이란, 생·노·병·사의 네 가지를 말한 것으로서 신체는 4대(四大) 즉 지(地)·수(水)·화(火)·풍(風)이라는 네 가지 성분으로 구성되어 있다. 지대(地大)란, 굳고 가로막는 성질을 가지고 있으며 사물을 유지하는 작용을 한다. 모든 견성(堅性)은 이에 속한다. 수대(水大)는 습윤을 성(性)으로 하고 사물을 수용함을 용(用)으로 하며 모든 습성(濕性)은 이것에 속한다. 또 화대(火大)는 따뜻함을 성으로 하며 사물을 성숙시키는 용(用)으로서 온갖 온성(溫性)은 이에 속한다. 풍대(風大)는 움직이고 변화함을 성으로 하므로 사물을 생장시킴을 용으로 하며 모든 동성(動性)은 이에 속한다. 이런 것들이 모여서 우리 신체를 구성하고 있기 때문에 이 역시 영원하지 않다. 그런데 생노병사의 사슬에 사로잡히지 않아 몸도 마음도 자유자재하여 번뇌인 악마뿐만 아니라, 어떠한 것이라도 꺾을 수 없는 경지를 난복(難伏)의 지(地) 또는 불지(佛地)라고 하는데 이 마음이 바로 금강심(金剛心)이다. 이미 여래는 그 경지에 계시기 때문에 그 '가르침의 왕'께 예배하는 것이다.

知一切爾炎　智慧身自在
지 일 체 이 염　지 혜 신 자 재
攝持一切法　是故今敬禮
섭 지 일 체 법　시 고 금 경 례

일체 중생의 근기 아시고
알맞은 방편으로 구제하는
온갖 가르침 갖추셨으니
내 이제 공경하며 예배합니다

해설

이는 여래가 가진 반야(般若; Prajna)의 덕을 찬탄한 것이다. '일체의 이염(爾炎)'에서 이염이란 범어 Jneya(즈내야)를 음역한 소리를 그대로 한자로 옮긴 것이므로 이것을 번역하면 지모(智母)가 된다. 『승만경의소(義疏)』에 의하면 '이염이란 중국에서는 지모라 한다. 지모란, 진제(眞諦)의 경공(境空)으로서 지(智)를 낳는 근본이기 때문에 어머니[母]라고 한다.' 하며 지혜의 바탕을 말한다. 하늘과 같은 맑은 거울[明鏡]이 만상을 역력히 비치는 것처럼, 여래의 '지혜신(智慧身; Jnna-Mati)'이란, 사리(事理)의 정사(正邪)를 변별(辨別)하는 마음의 작용과 선악 정사(善惡 正邪)를 분별하는 정신작용이 자유자재하다는 것이다. 그렇기 때문에 일체의 법을 모두 거두어 간직하고 공경하고 예배드리는 것이다.

그런데 여기서 이염이라는 말과 또 지혜신이라는 말이 중복되어 있음은 앞의 이염 즉 지모는 실지(實智)를 가리킨 것이며 뒤의 지혜신은 방편지(方便智)를 찬탄한 것이다.

敬禮過稱量　　敬禮無譬類
경 례 과 칭 량　　경 례 무 비 류

敬禮無邊法　　敬禮難思議
경 례 무 변 법　　경 례 난 사 의

헤아릴 수 없는 공덕에 경례하오며
비할 수 없는 공덕에 경례합니다.
가이없는 가르침에 경례하오며
부처님의 신비한 공덕에 경례합니다

해설

여기서는 여래의 세 가지 덕인 은덕(恩德), 단덕(斷德), 지덕(智德), 혹은 법신덕(法身德), 반야덕(般若德), 해탈덕(解脫德) 등이 절대 무변하며, 입에도 마음에도 다할 수 없는 감사를 표현하였다. 그 덕이 무량무변하여 헤아릴 수 없으므로[過稱量] 비유할 수 있는 무리가 없으며[無譬類] 어떤 것도 비교할 수 없다는 의미이다. 또한 여래께서 설하시는 법이 넓고 크며 가이없으며[無邊法] 도저히 사람의 지혜로는 생각해 헤아리기가 어려워[難思議] 그 덕에 경례 드린다는 것이다.

哀愍覆護我　令法種增長
애민복호아　영법종증장

此世及後生　願佛常攝受
차세급후생　원불상섭수

불쌍한 저에게 자비 베푸사
정각의 씨앗 자라도록 지켜 주소서
금생뿐만 아니라 후생까지도
부처님이시여 거두어 주소서

해설

이 구절은 승만 부인의 우아하고 정숙한 성격을 나타내고 있다. 즉 지금까지는 여래의 법신, 법의 진리를 이해하고 낱낱이 신앙을 갖고 낱낱을 찬탄하고 귀의해 왔으나 '만일 부처님에게 구제받을 것을 원하지 않았다면' 하고 걱정하고 두려워하면서 부처님의 공덕에 의해 애민을 내리시어 저를 보호되도록 법신을 얻는 종자인 만선(萬善)이 증장(增長)되기를 원했다. 그리하여 이 세상뿐만 아니라 후생(後生)에도 이와 같이 애호(愛護)되기를 원하오며, 아무쪼록 이 뜻을 항상 거두어 주실 것을 간절히 부탁드리는 애절함이 묻어나는 대목이다.

我久安立汝　前世已開覺
아구안립여　전세이개각

今復攝受汝　未來生亦然
금부섭수여　미래생역연

옛날 너에게 진리 가르쳐
전생에서 이미 깨닫게 했고
이제 다시 너를 거두어 주노니
미래의 생에서도 거두리라는 말씀에

해설

승만이 두려워하면서 여래에게 애호를 원하자 여래께서 묵연히 허락하시고 "그렇게 걱정하지 않아도 좋다. 나는 오래 전부터 그대로 하여금 확실한 대법(大法)의 기초 위에 안립(安立)토록 해 왔다. 그대는 현세에 나오기 이전에 이미 깨달음을 열고 있었던 것이다. 지금 또한 그대의 원을 받아들일 뿐만 아니라 미래세에 생을 얻어도 역시 이와 같이 지켜 줄 것이니 안심해도 좋다."고 하셨다. 승만이 2세(二世)를 원했음에 3세를 통하여 여래께서 보증하신 것이다.

我已作功德　現在及餘世
아이작공덕　현재급여세
如是衆善本　唯願見攝受
여시중선본　유원견섭수

저는 전생에서 공덕 지었고
현재는 물론 후생에서도
많은 선근을 심고자 하오니
부처님 뵙도록 거두어 주소서

해설

여래로부터 승만이 3세에 걸쳐 선(善)을 쌓고 수도의 공덕을 짓고 또 지을 것을 보증받았으므로 승만은 "나는 이미 전생에서도 여래의 가르침에 따라 선을 쌓고 수도의 공덕을 짓고 또 현세에서도 거듭 불제자가 되고 미래세에서도 이와 같이 부처님에 귀의하여 모든 대승에 의한 법의 선행을 쌓고 쌓을 것입니다. 오직 원하옵는 것은 허락해 주옵소서." 하고 말한다. 이 '선본(善本)'은 법신의 종자로 승만경에서는 '선(善)'이 골자로 되어 있다.

爾時勝鬘及諸眷屬
이 시 승 만 급 제 권 속

頭面禮佛
두 면 예 불

이때 승만 부인과 모든 시종들은 엎드려 부처님께 예배드렸다.

해설

부처님의 덕을 예찬하는 승만 부인의 게송을 듣고 있으면 부처님과 승만 부인의 지순한 대화를 엿볼 수 있다. 부처님의 지혜가 한량없음을 자각하고 그 법의 한량없음을 알게 된 승만은 부처님께 귀의하여 합장하고 있다. 그리고 부처님께 "자비의 손으로 애민을 내리소서." 하고 원하는 마음에 부처님은 "미래 영겁에 걸쳐 그대를 거두어 줄 것이다."하고 약속하셨다. 원래부터 승만은 부처님을 눈앞에서 뵙고 약속하였다고 하지 않았는가.

오늘날 사회에서는 여러 가지 확인서라든가 계약서를 교환하고 그것에 의해서 쌍방의 약속이 성립된다. 그렇지만 인간의 마음의 접촉, 정신 작업의 장에서 확인서를 교환하는 것 그 자체는 도대체 어떤 것인가? 계약서는 모름지기 한쪽이 불이행하는 경우를 예상하고 그것을 고려한 조치여서 불법을 믿고 가르침에 따르는 세계에서는 생각할 수 없는 일이라고 말하지 않으면 안 된다. 인간이 인간을 믿고 한쪽이 다른 한쪽을 신뢰하는 경우에 어찌하여 한 조각의 서류가 필요한지 생각게 한다.

승만과 부처님과의 사이에 교환된 예찬과 섭수의 약속은 불교의 '믿음[信]'에 연결되는 것이어서 깊이 믿고 귀의하는 마음 위에 비로소 약속된다고 생각한다. 그리고 이 약속은 말만으로 끝나지 않는 스스로부터의 확인을, 증명을 나타내서야만이 비로소 불교에서 신앙과 귀의의 모습이 완성되는 것이 아닐까. 승만부인이 "제가 전생에서 쌓은 공덕과 현생에서도 한결같이 불도에 전념하는 공덕에 의해서 저를 섭수하여 주소서."하고 원한 것은 참으로 이것을 이야기한 것이다.

불교에 입문함에 있어서 무엇이 제일 요소인가. 이 물음에 대해 우리들은 귀의(歸依)의 생각을 우선 첫째로 꼽을 수 있다. 귀의의 생각이란, 믿음을 바치고 몸을 맡기는 마음이다. '무엇에 대해 믿음을 바치고 몸을 맡기는가.' 하고 말한다면 부처님[佛]의 가르침[法]과 승단[僧]의 3보[三寶]에 대한 것이라고 할 수 있다.

> 스스로 부처님께 귀의합니다.
> 스스로 가르침에 귀의합니다.
> 스스로 스님들께 귀의합니다.

이 3귀의문(三歸依文) 가운데 부처님이란, 원래부터 붓다, 스승이신 붓다에 대해서이며, 가르침이란, 붓다가 설해 밝힌 불법, 교법에 대해서이고, '스님들'이란, 부처님을 스승으로 하여 가르침을 실천하는 붓다의 후계자들의 수행공동체인 승단을 가리킨다. 이 3보에 귀의하는 마음을 갖는 것에 불교 입문의 제일 긴요한 뜻이 있다.

이와 같이 귀의하는 마음은 불교에 대한 진실한 신앙에 뿌리를 내리고 있다. 참다운 신심, 참다운 신앙이라는 것은 순진하고 지순한 종교심의 싹틈이며 이 싹을 다시 육성하고 또 육성하는 것도 신앙이다.

그리고 신앙은 청정심에 깃든다고 생각한다. 『열반경(涅槃經)』에는 "모든 사람들은 다 부처가 될 수 있는 성질을 가지고 있다(一切衆生悉有佛性)."고 전해지는데 이 말을 거슬러 올라가서 생각해 보면 "인간의 마음은 본래 청정하다(心性本淨)"는 아함불교 이래의 전통인 불교적 이해에 뿌리박고 있음을 알 수 있다.

불교는 인간의 본성을 청정심으로 파악한다. 이 청정심은 가끔 외계의 깨끗지 못한 것[客塵]에 의해 더럽혀질 때, 거기에 여러 가지의 번뇌가 생겨난다. 그러나 그렇다고 하여 모든 것을 외계의 것에 책임을 지우는 것은 아니다. 어디까지나 사람의 마음은 외계와의 접촉에 의해 여러 가지로 내용이 지어지고 형성되어 간다. "마음이 청정하면 중생도 청정하고 마음이 더러워지면 중생도 더러워진다."고 『아함경』에서 말하고 있는 것은 이를 표시한 것이다.

인간의 마음처럼 이해할 수 없는 것은 없다. 한 순간도 멈추지 않고 다음에서 다음으로 옮겨 가며 동요하고 여러 가지 대상을 좇아서 구한다. "마음은 이 나무 저 나무로 옮겨 가는 원숭이와 비슷하다."든가 "마음은 화공(畵工)과 같이 푸른 색 물감을 사용하면 캠퍼스는 푸른 색이 되고 붉은 색을 사용하면 붉은 색이 된다와 같은 것이다." 하고 비유됨과 같이 마음은 대상과의 관계에서 받아들여진다.

12연기라는 불교 사상에 의하면 마음과 대상과의 접촉관계를

식(識; 마음)과 명색(名色; 명칭과 형태 있는 것=개체, 존재하는 것, 대상)과의 상호의존적인 관계에서 받아들이고 있다. 그 기본적인 입장은 우리들의 생존을 형성하는 것에 대한 생각은 주관인 마음과 대상인 사물과의 접촉에 의해서라고 한다. 어느 쪽이 앞이고 어느 쪽이 뒤라는 것이 아니라 양자는 상호의존 상의상대(相依相待)의 관계에 놓여 있다고 말한다. 여기에 "사람의 마음이 깨끗하면 그 사람의 인생도 깨끗하게 된다."는 생각이 생겨나게 된다.

바라보는 달은 하나이지만 그것을 바라다보는 사람의 입장은 천차만별인 것이다. 마음에 가림이 있고 번뇌가 있으면 휘영청하게 빛나는 달빛도 눈에 흐리게 비칠 것이며 맑고 깨끗한 마음으로 바라보면 달도 또한 맑고 깨끗하게 비칠 것이다. 인간의 생활은 환경에 지배된다고 한다. 맹모삼천(孟母三遷)이라는 중국의 고사(故事)에도 있듯이 맹자의 어머니는 자기 아들의 교육을 위해서 세 차례나 그 거처를 옮겼다고 한다. 환경에 좌우되기 쉬운 인간의 성벽(性癖)을 꿰뚫어 본 지혜였다고 생각된다. 인간은 자기 자신은 자각하지 못하지만 환경에 지배되기 쉬운 존재이다. 그리하여 알게 모르게 환경에 좌우되어 자기의 마음에, 자기의 생활에 눈에 보이지 않는 티끌을 쌓아 가고 있다.

불교에서는 업(業) 사상을 매우 중요시한다. 업이란 일반적으로 우리들 인간의 행위를 말하는 것이나 이 행위에는 신체의 행위[身業; 동작], 말로 표현하는 행위[口業; 언어], 그리고 마음의 행위[意業; 의지] 세 가지가 있다. 이 3업 중에서 의업은 사(思)업이라 하여 마음으로 생각하는 행위이며 신업과 구업(또는 語業)은 그 마음으로 생각한 것을 표현하거나 태도로 나타낸 행위이므로 이 두 가지를 사이업(思已業)이라 한다.

우리들의 행위는 표면적으로 보면 이 세 가지의 업이지만 설일체유부의 해석에서 이 3업은 나타난 행위이기 때문에 표업(表業)이라 한다. 그러나 인간이 저지른 행위는 이윽고 그 사람의 마음에 재차 색깔을 칠하고 내용을 만들어서 그 사람의 생활을 규정지어 가는 것이다. 그것은 3업처럼 표면에는 나타나지 않으나 오랫동안 인간의 마음에 심어진다. 이와 같은 생각이 무표업(無表業)이라는 사상을 낳고 그것은 또한 종자식(種子識)이라고 경량부(經量部)는 해석한다.

우리들이 지은 행위는 언제까지나 그 사람에게 따라 붙는다고 하는 생각이 인도에서는 선인선과(善因善果), 악인악과(惡因惡果)라는 업의 사상을 성숙시켜 갔다. 인간이 사회도덕을 지키고 윤리적인 한, 오늘의 행위는 내일의 자기를 규정한다는 생각과 연결되어 있다. 그것은 원래부터 윤리적 요청으로서의 생각이라고는 하지만 좋은 행위를 하고 나쁜 행위를 피한다고 하는, 악을 멈추고 선을 닦는[止惡修善] 불교윤리는 그것으로 바른 생활의 규범으로서 받아들여져야 할 것이다.

'선근(善根)을 베푼다.'는 것은 어느 사회에서도 존중된다. 사회가 나와 독립하여 별도로 존재하지 않는 한, 인간의 행위는 스스로를 규율함과 동시에 사회성을 가진 것이 아니면 안 된다. 이로부터 사람의 행위는 그대로 사회봉사 정신으로 이어지게 될 것이다.

佛於衆中　卽爲受記
불어중중　즉위수기

汝歎如來　眞實功德
여탄여래　진실공덕

以此善根　當於無量
이차선근　당어무량

阿僧祇劫　天人之中
아승기겁　천인지중

爲自在王　一切生處
위자재왕　일체생처

常得見我　現前讚歎
상득견아　현전찬탄

如今無異
여금무이

그러나 부처님은 대중〈이 지켜보는〉 가운데서 즉시 〈승만부인에게〉 미래에 성불하리라는 예언을 내리셨다

"그대는 부처님의 참된 공덕〈인 대승〉을 찬탄하였으니 이런 선근 공덕으로 인해 한량없는 〈오랜 세월인〉 아승기겁 동안 천신과 인간들〈이 받는 생사의 고통〉을 구제하는 〈능력이〉 자유자재한 왕이 될 것이며 〈그 공덕에 의해〉 태어나는 곳곳마다 항상 〈부처님인〉 나를 만나게 되고 그 곳에서도 〈나를〉 찬탄하기를 지금과 같이 하리라."

주

• 아승기겁: 아승기란 무수한, 헤아리기 어렵다는 의미의 산스크리트어 아상캬(a saṁkhya)의 음사(音寫)이고, 겁(劫)이란 산스크리트어 칼파(kalpa)의

음략(音略)으로 극히 긴 세월을 말한다. 따라서 끝없이 헤아릴 수 없는 오랜 시간을 말한다.

해설

수기(授記·受記)는 불도를 수행하는 사람에게 장래에 부처님의 경계(境界)에 도달할 수 있다는 예언[記莂]을 부처님에 의해서 주어지는 것을 말한다. 부처님으로부터 주는 것을 수기, 즉 기(記)를 준다[授]고 하며, 받는 경우에는 수기(受記) 즉 기별을 받는다[受]고 한다. 지금까지 게송에서 승만은 여래의 덕을 온갖 방면에서 찬탄하고 또 애호를 원하고 있었음에 대해 여래는 승만과 권속들이 있는 가운데서 승만을 위해 수기를 한다.

그대는 여래의 진실한 공덕인 선(善)을 쌓아 온 업적이나 수도의 공로를 찬탄했다. 공덕이란, 불교 용어로는 좋은 행위를 한 사람에게는 반드시 훌륭한 결과를 초래하는 덕이 갖추어져 있다고 한다. 그 여래의 덕을 찬탄하는 참다운 마음은 단적으로 말해서 여래에게 귀의하고 있기 때문에 여래를 흠모하고 있는 사람의 마음은 여래에게 상통하는 것이다. 그러므로 훌륭히 중생을 구제할 수 있는 힘을 스스로 간직하고 있는데 이를 선근이라 한다. 이 선근을 가지고 즉 헤아릴 수 없는 무한한 시간인 무량아승기겁에 영구히 천인(天人) 중의 자재왕(自在王)인 여래가 되어 윤회에 의해 온갖 태어나는 곳에서 항상 진실한 여래를 뵈올 수 있어 언제나 내 앞에서 찬탄함은 지금과 조금도 다르지 않다고 승만의 마음 속의 말 못하는 그 외구심(畏懼心)을 안심시키기 위해 3세에 걸쳐 증명하신 것이다.

當復供養無量阿僧祇佛 過二萬阿僧祇
당부공양무량아승기불 과이만아승기

劫 當得作佛 號普光如來應正遍知 彼
겁 당득작불 호보광여래응정변지 피

佛國土 無諸惡趣老病衰惱不適意苦 亦
불국토 무제악취노병쇠뇌부적의고 역

無不善惡業道名 彼國衆生 色力壽命五
무불선악업도명 피국중생 색력수명오

欲衆具 皆悉快樂 勝於他化自在諸天 彼
욕중구 개실쾌락 승어타화자재제천 피

諸衆生 純一大乘 諸有修習善根 衆生
제중생 순일대승 제유수습선근 중생

皆集於彼 勝鬘夫人 得受記時 無量衆
개집어피 승만부인 득수기시 무량중

生 諸天及人 願生彼國 世尊悉記 皆當
생 제천급인 원생피국 세존실기 개당

往生
왕생

그런 다음 헤일 수 없이 수많은[無量阿僧祇] 부처님을 섬기면서 2만 아승기겁 동안을 〈부처님의 가르침을 따라〉 수행한 후 성불하리니. 그 부처님을 〈지혜가 널리 빛난다는〉 보광(普光)이라는 〈진리를 몸으로 나타낸〉 여래이시고 〈세상의 모든 사람들로부터 공양을 받기에 마땅한〉 응공이시며 〈그 지혜가 참되어 모든 사물을 정확히 꿰뚫어 보시는〉 정변지라 이르리라.

그 〈보광〉 부처님 나라에는 〈지옥·아귀·축생계의〉 여러 악한 갈래[惡趣]가 없고 늙고 병들거나 힘이 없어져 번민스럽거나 〈모든 일이〉 자기 뜻에 맞지 않기 때문에 고통스러워하는 일들이 없을 것이며 또한 〈몸과 입과 뜻으로 짓는〉 행위가 악하지 않고 모두 착하기만 하리니 악한 행위에 대한 이름조차 없으리라.

또 그 나라 중생들은 〈아름다운〉 용모와 〈왕성한〉 힘과 〈긴〉 수명과 다섯 가지 감각기관의 욕망이 모두 구비되어 유쾌하고 즐거움이 〈욕계 6천의 마왕인〉 타화자재의 여러 천신보다 더할 것이며 그 여러 중생들은 오직 〈일체 중생의 행복을 기원하는〉 대승으로 모든 〈미덕의 근본인〉 선근을 닦고 익힌 중생만이 태어나리라.

〈이렇게〉 승만 부인이 〈부처님으로부터〉 성불의 예언을 받을 때 〈그 곳에 있던〉 한량없는 생명체와 여러 천신과 사람들이 그 〈보광여래의〉 나라에 태어나기를 발원하였다.

〈그러자〉 세존께서는 이들에게 미래에 모두 〈그 나라에〉 태어나 〈보살도를 수행하여〉 성불하리라고 예언하셨다.

주

- 응(應): 응공(應供)을 말한다. 사람·천신으로부터 존경되고 공양을 받음에 마땅한 사람 또는 이에 상응하는 사람의 뜻으로서 여래의 열 가지 별명[十號]인 응공·등정각(정편지)·명행족·선서·세간해·무상사·조어장부·천인사·불·세존의 하나이다.
- 정변지(正遍知): 바르게 완전히 진리를 깨달은 사람. 등정각(等正覺)·정등각(正等覺)이라고도 함.
- 명행족(明行足): 천안(天眼)·숙명(宿命)·누진(漏盡)의 3명(三明)의 지혜와 신체·언어의 행위가 완전한 사람.
- 선서(善逝): 미혹의 세계를 훌륭히 넘어 가는 사람으로서 다시는 미혹으로 되돌아가지 않는 사람.

- 세간해(世間解): 세간·출세간의 일을 모두 다 아는 사람.
- 무상사(無上士): 세간에서 가장 거룩한 사람.
- 조어장부(調御丈夫): 사람들을 잘 조복하고 제어하여 열반으로 인도하는 사람.
- 천인사(天人師): 하늘과 사람의 스승.
- 불(佛): 붓타, 깨달은 사람.
- 세존(世尊): 덕을 갖추어 세간의 사람들로부터 존경받는 사람.
- 악취: 악업을 지은 행위에 의해서 인도되어 가는 세계. 지옥·아귀·축생의 세계는 악업에 의해서 태어나는 곳이므로 3악취(三惡趣) 또는 3악도(三惡道)라 하며 아수라를 더하여 4악취라 한다.
- 쇠뇌: 노쇠(老衰)의 괴로움.
- 부적의: 자기의 뜻에 맞지 않는 괴로움.
- 불선악업도: 신체상에서의 행위, 언어로 나타내는 행위, 마음으로 생각하는 행위 가운데서 가장 나쁜 행위를 가리킨다. 10불선악도(十不善惡道), 10악업도(十惡業道)라 하여 살생(殺生)·투도(偸盜)·사음(邪淫)은 신업(身業), 망어(妄語)·양설(兩舌)·악구(惡口)·기어(綺語)는 구업(口業), 탐욕(貪欲)·진에(瞋恚)·사견(邪見)은 의업(意業)으로서 10선업도(十善業道)의 반대를 말한다.
- 5욕(五欲): 정욕(情欲), 색욕(色欲)·성욕(聲欲)·향욕(香欲)·미욕(味欲)·촉욕(觸欲)을 말하며 5묘욕(五妙欲)이라고도 한다.
- 타화자재천: 욕계에 속하는 천상의 6욕천(六欲天), 즉 4왕천(四王天; 4大王衆)·도리천(忉利天; 33天)·야마천(夜摩天; 焰摩)·도사타천(覩史陀天; 兜率天)·낙변화천(樂變化天; 化樂天)·타화자재천의 제6천(第六天)을 말한다.
- 순일대승: 순수 지상의 대승인 1승(一乘)을 말한다.

해설

여기서는 승만이 여래 진실의 공덕을 찬탄함에 대해 세존께서

"그대는 장래에 부처가 되어 그 이름을 보광여래(普光如來) 응(應)·정변지(正遍知)라 이름하리라."고 하는 한 글귀가 주목된다. 이것은 '성불의 수기'라고 하며 성불을 약속한다.

원래 '수기'라는 생각은 부처님이 제자들에게 각각 미래에서의 증과(證果)의 내용을 미리 지시하는 것을 말한다. 이와 같은 사상은 어떤 의미에서 예언적인 발상이기는 하지만 중요한 것은 부처님과 중생 사이에서의 뚜렷한 약속에 있다. 이렇게 하면 반드시 이렇게 된다고 하는 신뢰감은 어떤 경우에서도 중요한 것이다. 흔히 우리가 탈것을 이용할 때, 이 탈것이 반드시 목적지에 도달한다고 하는 것을 신뢰하고 일일이 확인하지 않는다. 목적지의 지시표만 있으면 그것을 타기만 하면 반드시 목적지에 도착한다. 등산을 하는 경우, 길의 표시가 중요한 역할을 하는 것도 신뢰에 연결되어 있기 때문이다. 이 무의식의 신뢰를 불교에서 믿음으로 생각하면 그 믿음에 의해서 목적지인 피안에 도달할 것은 어떤 의심도 끼어들 여지가 없다.

그리하여 '그대는 반드시 부처가 된다.'는 수기 사상은 말하자면 이러한 믿음에 뿌리를 둔 사상이라 생각된다. 그리고 '반드시 부처가 된다.'는 확실한 약속은 그 사람에게 흔들림이 없는 확신을 심어 그것에 걸맞은 불도를 걸어가도록 하는 노력을 요청한다.

인간에게는 인간이 살고 있는 세계가 있듯이 부처님들에게는 부처님들이 사는 세계가 있다. 이와 같은 생각은 고대인의 사고 속에 이미 나타나 있다. 즉 옛날에는 인간의 세계에 반대되는 것으로서 천상의 세계라는 분류 방법이 있으나, 다시 인간이 사후에 도달하는 세계로서 지옥계의 사상이나 조상들이 사는 부조계(父祖界)라고 이르는 사상이 생겨났다. 불국토라고 하는 사상은 대승불교에 이르러서 생긴 것으로서 정토교 계통의 경전이 특히 이 문제를 취급하고 있다.

그런데 승만 부인이 미래에 보광 여래라고 하는 이름[號]을 수기 받은 것이지만 이 보광 여래의 불국토와 그 곳에 살고 있는 사람들은 모두 대승을 바르게 신앙하고 온갖 선근(善根)을 쌓은 사람들이라고 기록한다.

이와 같은 서술은 현대인에게 어떤 의문을 품게 하려는지 모른다. 대승을 믿는 사람들이 죽은 다음 불국토에 태어난다는 것은 과연 과학적인 근거가 있는 것인가 하는 그 물음은 그 자체가 결코 틀리지는 않다. 틀림없이 불국토가 현실로 존재하는가 아닌가 하는 질문에 관한 한 과학적인 근거를 부여하여 설명하기는 불가능하다. 왜냐하면 과학은 아직 여기까지 진보하지 못했기 때문이다. '존재한다'든지 '존재하지 않는다'든지 인간이 눈으로 확인하거나 혹은 경험된 사물의 연장선상에서 추론(推論)에 의해서 확인되는 것에 대한 질문이어서 전혀 불가시(不可視)한 대상에 대해서는 실제로 대답할 수 없다는 것이 진실이다.

석존이 '내세가 있는가 없는가, 이 세계는 유한한가 무한한가.' 등의 열네 가지 질문에 대해 '그러한 형이상적인 문제는 바른 수행을 위해서는 유익하지 못하다.'며 대답하지 않았다[無記說]고 한다. 지금 '불국토가 있는가 없는가.'하고 정면으로 질문하는 것은 말하자면 위에서의 문제 제기와 상통하는 것이 있다. 따라서 '대답할 수 없다'고 하는 해답이 걸맞을지 모른다. 그러나 과연 그것으로 좋을까. 인생에 있어서 부처님과의 만남에는 여러 가지의 경우가 있을 것이다. 그리고 그것이 소박한 감정에서 출발한 것일수록 인상이 깊다. 어느 날 절에 갔다가 부처님을 뵈옵고 크게 감동하고 그 인상이 오랫동안 남아 있었다는 이야기는 종종 들을 수 있는 이야기이다.

인생에 있어서 부처님과의 만남은 의외로 예기치 않은 곳에 있는 것인지 모른다.

승만 부인이 아버지의 친서에 의해 부처님의 덕을 몸에 느끼고 부처님이 계시는 것을 피부로 느꼈던 것이다. 그리하여 그 마음의 기쁨을 솔직하게 피력했다. 부처님의 자비를 느끼면 느끼는 만큼 자기 혼자의 기쁨으로서의 마음 속에 묻어 둘 수는 없었다. 사람들과 함께 불국토에 태어나고자 원함이 그것이며 승만을 에워싼 사람들도 부인과 더불어 보광여래의 불국토에 태어나고자 원했다고 하는 광경에서 '나와 더불어 모든 사람이'라 하는 불교사상을 볼 수 있는 것이 아닌가.

석존은 깨달음을 여신 후, 45년에 걸친 전도(傳道)의 생활을 걸었던 것이나 그 전도 선언에서 다음과 같은 시게(詩偈)를 읊었다고 한다.

"그들 〈귀가 있는 사람들〉에게 〈지금〉 감로의 법문이 열렸다.
귀가 있는 사람은 〈이것을〉 들어라."

이 선언이야말로 '나와 더불어 모두'를 기조로 한 만인을 위한 종교로서의 불교의 입장을 천명한 것이다.

열 가지의 큰 서원을 간직함

十受章 第二

爾時勝鬘 聞受記已 恭敬而立 受十大受
이시승만 문수기이 공경이립 수십대수

世尊 我從今日 乃至菩提 於所受戒 不
세존 아종금일 내지보리 어소수계 불

起犯心
기범심

世尊 我從今日 乃至菩提 於諸尊長 不
세존 아종금일 내지보리 어제존장 불

起慢心
기만심

世尊 我從今日 乃至菩提 於諸衆生 不
세존 아종금일 내지보리 어제중생 불

起恚心
기에심

世尊 我從今日 乃至菩提 於他身色 及

세존 아종금일 내지보리 어타신색 급

外衆具 不起嫉心

외중구 불기질심

世尊 我從今日 乃至菩提 於內外法 不

세존 아종금일 내지보리 어내외법 불

起慳心

기간심

世尊 我從今日 乃至菩提 不自爲己 受

세존 아종금일 내지보리 부자위기 수

畜財物 凡有所受 悉爲成熟 貧苦衆生

축재물 범유소수 실위성숙 빈고중생

世尊 我從今日 乃至菩提 不自爲己 行

세존 아종금일 내지보리 부자위기 행

四攝法 爲一切衆生故 以不[無]愛染心

사섭법 위일체중생고 이불[무]애염심

無厭足心 無罣碍心 攝受衆生

무염족심 무가애심 섭수중생

世尊 我從今日 乃至菩提 若見孤獨幽繫

세존 아종금일 내지보리 약견고독유계

疾病種種厄難困苦衆生 終不暫捨 必欲

질병종종액란곤고중생 종부잠사 필욕

安隱 以義饒益 令脫衆苦 然後乃捨

안은 이의요익 영탈중고 연후내사

世尊 我從今日 乃至菩提 若見捕養衆惡

세존 아종금일 내지보리 약견포양중악

律儀 及諸犯戒 終不棄捨 我得力時 於

악의 급제범계 종불기사 아득력시 어

彼彼處 見此衆生 應折伏者 而折伏之

피피처 견차중생 응절복자 이절복지

應攝受者 而攝受之 何以故 以折伏攝受
응섭수자 이섭수지 하이고 이절복섭수

故 令法久住 法久住者 天人充滿 惡道
고 영법구주 법구주자 천인충만 악도

減少 能於如來 所轉法輪 而得隨轉 見
감소 능어여래 소전법륜 이득수전 견

是利故 救攝不捨
시리고 구섭불사

世尊 我從今日 乃至菩提 攝受正法 終
세존 아종금일 내지보리 섭수정법 종

不忘失 何以故 忘失法者 則忘大乘 忘
불망실 하이고 망실법자 즉망대승 망

大乘者 則忘波羅蜜 忘波羅蜜者 則不欲
대승자 즉망바라밀 망바라밀자 즉불욕

大乘 若菩薩不決定 大乘者 則不能得
대승 약보살불결정 대승자 즉불능득

攝受正法欲 隨所樂入 永不堪任越 凡夫
섭수정법욕 수소요입 영불감임월 범부

地 我見如是 無量大過 又見未來 攝受
지 아견여시 무량대과 우견미래 섭수

正法 菩薩摩訶薩 無量福利故 受此大受
정법 보살마하살 무량복리고 수차대수

이때 승만 부인은 〈부처님으로부터〉 미래세에 성불하리라는 예언의 말씀을 듣고 공경하며 서서 열 가지의 서원을 몸에 받아 간직했다.

세존이시여 저는 오늘 〈이 순간〉부터 깨달음[菩提]에 이르기까지 〈어떠한 경우에도 부처님에게 받은 대승의〉 가르침[戒]을 어기[犯]려는 마음을 일으키지 않겠습니다.

세존이시여 저는 오늘 〈이 순간〉부터 깨달음에 이르기까지 〈어떠한 경우에도〉 모든 웃어른들께 〈그 분들의 허물을 들추어내거나 제 스스로 잘났다고〉 교만한 마음을 일으키지 않겠습니다.

세존이시여 저는 오늘 〈이 순간〉부터 깨달음에 이르기까지 〈어떠한 경우에도〉 모든 아랫사람[衆生]에 대하여 〈비록 그들이 어리석고 삿된 믿음을 가지고 있더라도〉 성내는 마음을 일으키지 않겠습니다.

세존이시여 저는 오늘 〈이 순간〉부터 깨달음에 이르기까지 〈어떠한 경우에도〉 다른 사람의 〈아름다운〉 용모나 또는 〈그들이 가지고 있는 지위나〉 그 밖의 여러 귀중품들을 보고 질투하는 마음을 일으키지 않겠습니다.

세존이시여 저는 오늘 〈이 순간〉부터 깨달음에 이르기까지 〈어떠한 경우에도〉 정신적[內]이건 물질적[外]이건 혹은 가르침[法]〈을 남에게 베풀 경우〉에 대하여 〈조금도〉 아까워하는 마음을 일으키지 않겠습니다.

세존이시여 저는 오늘 〈이 순간〉부터 깨달음에 이르기까지 〈어떠한 경우에도〉 자기 자신만을 위해 재물을 모으지 않겠으며 비록 받아 〈저축해〉 둔 것이 있다면 모두 가난하고 궁핍한 사람들에게 베풀어 〈근기를〉 성숙시키겠습니다.

세존이시여 저는 오늘 〈이 순간〉부터 깨달음에 이르기까지 〈어떠한 경우에도〉 자기 자신만〈의 이익〉을 위하여 중생을 불도에 이끌어 들이기 위한 〈보시(布施)·애어(愛語)·이행(利行)·동사(同事)의〉 네 가지 방법[四攝法]을 행하지 않을 것이며, 모든 중생을 위해 〈보살행을 하더라도 그것에〉 애착하지 않〈고 더욱더 좋은 일을 하려〉는 마음과 〈아무리 훌륭한 보살행을 하더라도 그것에〉 만족하지 않〈고 보다 더 좋은 일을 하려〉는 마음과 〈바른 가르침에 의한〉 걸림 없는 마음으로 중생들을 〈성불의 길로〉 인도하겠습니다.

세존이시여 저는 오늘 〈이 순간〉부터 깨달음에 이르기까지 〈어떠한 경우에도〉 만일 〈어려서 부모를 여의[孤]었거나 늙어서 자식이 없[獨]는〉 고독한 사람과 〈한때의 잘못된 행위로 인해 옥에〉 갇혀 있는 사람과 질병이 있는 사람 등 가지가지의 고통과 재난으로 괴로움을 받고 있는 중생을 보면 잠시라도 〈그들을 구제하지 않고〉 내버려두는 일이 없이, 그들을 편안하게 하기 위해 반드시 바른 방법으로 〈보살펴 줌으로〉써 이익케 하여 그들로 하여금 그 많은 고통으로부터 벗어나게 한 뒤에 떠나겠습니다.

세존이시여 저는 오늘 〈이 순간〉부터 깨달음에 이르기까지 〈어떠한 경우에도 자신이 먹기 위해 짐승을〉 잡거나 기르는 등 〈부처님의 가르침을 어기는〉 온갖 나쁜 행위〈를 직업으로 삼는 사람들〉과 〈부처님으로부터 받은〉 가르침[戒]을 범하는 사람을 보면 〈무관심하게〉 그대로 내버려두지 않을 것이니 〈삿된 사상을 가진 사람이면 그 사상이 잘못된 것임을 설파하여 그 사상을〉 기어코 깨뜨려[降伏] 불도에 들게 하고 〈잘 타일러 바른 가르침[正法]으로〉 이끌어 들일 수 있는 사람은 잘 거두어 〈인도해〉 주겠습니다. 〈이와 같이〉 항복 받거나 거두어들임으로써 진리가 영원히 〈이 세상에〉 머무르게 되고 〈또한〉 진리가 〈이 세상에〉 오래오래 머물게 되면 〈열 가지의 선업[十善]으로 말미암아〉 천신의 〈경지에 도달한〉 사람과 〈인간다운〉 사람이 더욱 많아지고 〈상대적으로 열 가지 악한 행위로 말미암아 받는 과보로써 지옥·아귀·축생·수라의〉 악한 갈래〈에 떨어지는 중생의 무리〉가 줄어들게 되고 부처님께서 설하시는 〈일체 중생을 부처님의 경지로 이끌기 위한 가르침을 앞으로 그지없이 굴러가는 수레바퀴에 비유한〉 가르침의 수레바퀴를 〈우리들 개개인의 능력에 따라〉 잘 이해하고 그 가르침을 설할 수 있을 것입니다. 이러한 이익이 있기 때문에 〈이러한 나쁜 행위의 직업을 가진 사람이나 가르침을 어기는 사람들을〉 잘 거두어 내버려두지 않겠습니다.

세존이시여 저는 오늘 〈이 순간〉부터 깨달음에 이르기까지 〈어떠한 경우에도〉 부처님의 바른 가르침에 의해 〈절대의 진리를 체득하여〉 다시는 범부의 경지로 되돌아가지 않겠습니다. 왜냐하면 가르침을 잊어버리는 것은 곧 일체 중생을 행복하게 하겠다는 대승을 잊는 것이요, 이 대승을 잊는 것은 곧 〈보살이 완성해야 할 여섯 가지의〉 바라밀을 잊는 것이며 이 바라밀을 잊는 것은 〈일체 중생을 행복으로 인도하겠다는〉 대승〈의 가르침〉을 원하지 않는 것이 되기 때문입니다. 만일 구도자가 이 대승〈의 가르침을 널리 펼 것〉을 원하지 않는다면 그는 부처님의 바른 가르침을 이해하지 못한 것이 되며 경우에 따라 〈보살행을 통해〉 마음의 안락을 추구해 가려고 하더라도 〈대승의 가르침을 이해하지 못하고서는〉 영원히 중생의 경지에서 벗어나지 못할 것입니다. 따라서 이와 같이 저는 〈부처님의 가르침을 따르려고 하지만 그 수행 방법이 옳지 못해 삿된 행을 하는〉 수많은 〈사람의〉 큰 허물을 보았으며, 아울러 미래에 바른 가르침을 이해하고 실천할 위대한 구도자가 받는 한량없는 복덕과 이익도 알 수 있기 때문에 이렇게 열 가지의 큰 서원[十大受]을 세웁니다.

- 보리: 산스크리트어 보디(bodhi)의 음사인데 깨달음을 여는 것. 각(覺)·도(道)·지(智)로 번역한다.
- 범심: 계율을 범하는 마음.
- 존장: 존경해야 할 손윗사람을 가리키는데 양친과 남편을 존(尊)이라 하고 형과 누나를 장(長)이라 한다.
- 만심: 남을 깔보는 마음. 거만한 마음으로 알지도 못하면서 아는 체함을 말한다.
- 에심: 성내는 마음
- 타신색: 타인의 육체
- 외중구: 자기 이외의 타인이 가지고 있는 재보(財寶)나 지위
- 질심: 타인의 영달이나 훌륭함을 시새우는 마음으로 『구사론』의 5위 75법의 분류에서는 심소(心所)의 중(中), 소번뇌지법(小煩惱地法)의 하나라 한다.
- 간심: 재물이나 법에 대해 인색한 마음으로 소번뇌지법의 하나이다.
- 수축: 저축하는 것. 축(畜)은 축(蓄)과 같다.
- 성숙: 가득 채우는 것. 익혀서 만드는 것이다.
- 사섭법: 사회생활을 하는 데 필요한 네 가지 덕목으로서 4섭사(四攝事)라고도 한다. 즉 ① 사물을 베푸는 것, 특히 법을 베푸는 법시(法施)와 ② 부드러운 말로서 타인을 접하는 애어(愛語)와 ③ 남을 위한 행위 특히 불신자에게는 믿음을, 인색한 사람에게는 베풀고 버리는 것을, 지혜가 낮은 사람에게는 지혜를 성취하도록 인도하는 이행(利行)과 ④ 상대방의 입장에 서서 그 마음을 알고 중생과 괴로움·즐거움을 함께 하며 일을 함께 하는 동사(同事)의 네 가지를 말한다.
- 불[무]애염심: 탐애가 없는 마음, 애착하고 염착(染著)하지 않는 마음.
- 무염족심: 성내는 마음이 없는 것, 또는 만족을 모르고 오로지 구하려고만 하는 마음이다.

- 무가애심: 걸림이 없는 마음
- 고독: 어렸을 때에 어버이를 잃는 것을 고(孤)라 하고 늙어서 자식이 없는 곳을 독(獨)이라 한다.
- 유계: 감금당한 사람, 감옥에 있는 사람을 유(幽)라 하고 사슬이나 족쇄에 묶인 사람을 계(繫)라 한다.
- 요익: 부처님의 가르침을 따름에 의해서 얻어지는 은혜나 행복을 말하며 이익(利益)이라고도 한다. 많은 사람들에게 이익을 주어 구제한다는 요익유정(饒益有情)이라는 불교 용어는 유명하다.
- 포양중악율의: 포(捕)란 새나 짐승을 잡아 파는 것이요, 양(養)은 새나 짐승을 길러서 죽이는 것을 말하며 중(衆)은 많은 것이요, 악율의(惡律儀)란 계율의식에 의해서 방비 지악(防非 止惡)의 작용을 낳는다는 뜻이다.
- 범계: 부처님의 가르침을 배반하는 것, 계율을 범하는 것이다.
- 절복: 중생의 악을 부수고 깨뜨려서 인도함.
- 영법구주: 법을 오랫동안 이 세상에 머물게 한다는 것으로 부처님이 설하신 정법을 언제까지라도 오랫동안 머물게 한다는 뜻이다.
- 여래소전법륜: 여래께서 설하신 설법을 말한다. 전법륜(轉法輪)이란, 법의 수레바퀴를 굴린다는 것으로, 여래께서 설하신 최초 설법을 초전법륜(初轉法輪)이라 하는데, 그 내용은 석존이 성도 후 녹야원에서 다섯 비구에게 4성제(四聖諦)의 법을 설했다. 윤(輪)이란, 이상적인 임금인 전륜성왕이 무기로써 갖는 윤보(輪寶)인데 이것을 가지고 전 세계를 항복시킨다고 하는 전승(傳承)에 바탕을 둔 것이다.
- 바라밀: 미혹의 차안(此岸)에서 깨달음의 경지인 피안에 도달했다. 또는 도달하기 위한 행(行)을 말한다. 대승보살의 행을 말하며 여기에는 6바라밀, 즉 6도(六度)가 있다.
- 범부지: 성자(聖者)에 반대되는 말로서 어리석은 평범한 인간, 지(地)란 경지, 경계, 환경을 가리킨다.
- 보살마하살: 위 없는[無上] 깨달음[菩提]을 구하는 대승의 수행자를 말한다.

해설

인간은 무언가 하나의 커다란 일을 완성하고자 할 때, 결의를 새롭게 하여 자기 자신에게 말해 들려준다. 새해가 되면 그 1년 동안의 계획을 세우고 일기에 그 결의를 써 둔다. 어떤 일을 이루기 위해서는 발원이 있고 그 발원이 완성되도록 서원한다.

승만 부인이 부처님의 수기를 듣고 앞으로 불도 수행을 어떤 결의로써 해야 하는가를 마음에 정하여 열 가지 서원을 세운 것이 바로 이 장이다. 이것은 열 가지의 커다란 가르침[戒]을 지켜 가겠다는 다짐이지만 그것은 불교 생활을 체험하려고 하는 승만 부인 개인에 있어서의 타이름[戒]임과 동시에 불도를 걷겠다고 하는 어떤 사람에게도 마음에 간직해야 할 타이름이기도 하다. 불교에서는 이 타이름을 계율(戒律)이라고 한다. 주로 초기의 불교 교단에서 비구·비구니가 승가 생활에서 지켜야 할 규범으로 비구에게는 250계, 비구니에게는 500계(『사분율』에 의함)라고 정해져 있었다. 그러나 불교를 포함한 사회도덕으로서 예로부터 다섯 가지의 계율이 정해졌었다. 즉 불살생(不殺生), 불투도(不偸盜), 불망어(不妄語), 불사음(不邪淫), 불음주(不飮酒)의 5계이나 이것은 깨달음을 구하는 수행승의 일반적 윤리여서 말하자면 기본적인 계(戒)이다.

그런데 불교의 사상사적 발전에서부터 대승, 소승이라는 말이 있으나 이 계율에도 소승계(小乘戒)와 대승계(大乘戒)라는 호칭이 있다. 그렇다면 승만 부인의 십대수(十大受=戒)는 어떤 구체성을 가지고 있는 것일까.

『법구경(法句經)』 제183게(偈)에 의하면

모든 악을 행하지 말 것.
선을 획득(獲得)할 것.
스스로의 마음을 맑힐 것.
이것이 모든 부처님의 가르침이다.

하고 말한다.

세상에서 7불통게(七佛通偈)라고 하여 제악막작(諸惡莫作), 중선봉행(衆善奉行), 자정기의(自淨其意), 시제불교(是諸佛敎)라고 하는 것이 그것이다.

그런데 소위 소승과 대승이라는 호칭을 전제로 하여 고찰해 볼 때 일반적으로 소승은 자리행(自利行)을, 대승은 이타즉자리행(利他卽自利行)을 실천한다고 규정하고 있다. 틀림없이 대승불교 이전의 불교 사상에서는 깨달음을 지향하는 중생 한 사람 한 사람이 부처가 되는 것을 목적으로 하고 있다. 그것에 대하여 대승은 다른 사람을 위한 행을 실천할 것을 강조하고 있다. 그렇지만 참다운 의미에서 부처가 된다는 것은 자기를 위해서라든지 남을 위해서라고 하는 개념으로 규정되는 것은 아니다. 부처가 된다는 것은 나[自]도 남[他]도 없다든지 자기를 위한 것이라고 생각한 것이 오히려 남을 위한 것이었음에 참다운 의의가 있다고 생각한다. 악을 멈추고 선을 닦는다[止惡修善]고 하는 불교 윤리의 기조에는 소승도 대승도 구별되지 않음이 실제이다.

왜냐하면 선을 행하는 것은 사회적인 관계에서 있어야 할 일이다. 물에 빠져 허우적거리는 사람을 구하는 행위는 그 자체가 사회성을 가지고 있는 것이어서 자기를 위해서 사람을 구하는 것은 아니다. 그런 경우의 행위는 자기적인 에고의 개념을 전혀 가지지 않고 오직 구하고자 하는 순수한 마음뿐이다.

소위 망아(忘我)의 무심(無心)의 경지에서 행하는 행위이다. 또 훔치려는 마음을 억누른다든지 망어(妄語)를 하지 않는다고 하는 행위도 자기를 위한 지악이기보다는 사회적인 영향 속에서의 행위인 것이다. 이렇게 보면 우리가 행하는 하나하나의 행위는 그대로 사회성을 가지고 있다고 말하지 않을 수 없다. 공원의 미화, 쓰레기의 처리, 교통법규의 엄수 등 그 하나하나는 모두 우리들 인간이 생존을 위해서 필요한 사회도덕으로서 존재하는 것이기 때문이다. 따라서 그 하나하나의 행위는 사회에 도움이 되는가 또는 사회에 해로운 것인가 하는 그 어느 것에 달려 있으며 개인을 위해서라고 생각되는 것은 없다고 생각된다.

이와 같이 생각하면 소승, 대승의 계율이라고 하는 구별은 엄밀하게는 생각할 수 없는 것이어서 모든 것은 사회성을 가지고 묻는 것에 있다. 다만 대승은 이타(利他)를 강조함으로 말미암아, 소승을 자리 중심(自利 中心)으로 본 데에 있다. 물론 항목적으로 보고 계율상의 서로 다름이 인정될지라도 계율을 엄수하는 기본적 태도나 기본적 의의에서는 차별은 있을 수 없다고 생각된다.

우선 승만 부인이 다짐한 열 가지 큰 원을 살펴보기로 한다.

① 저[승만]는 오늘부터 깨달음의 피안에 이르기까지 결코 계(戒)를 범하려는 마음을 일으키지 않겠습니다.

② 저는 오늘부터 깨달음의 피안에 도달하기까지 모든 손위 거룩한 분에 대해 잘난 체하는 마음을 일으키지 않겠습니다.

③ 저는 오늘부터 깨달음의 피안에 이르기까지 모든 사람들에 대해 성내

는 마음을 일으키지 않겠습니다.

④ 저는 오늘부터 깨달음의 피안에 이르기까지 타인의 행복이나 재산·지위에 대해 질투하는 마음을 일으키지 않겠습니다.

⑤ 저는 오늘부터 깨달음의 피안에 이르기까지 자기가 저축한 것에 대해 인색한 마음을 일으키지 않겠습니다.

⑥ 저는 오늘부터 깨달음의 피안에 이르기까지 자기 자신을 위해서는 재산을 모으지 않겠습니다. 가난하고 의지할 곳이 없는 사람들을 돕기 위해서는 저축을 하겠습니다.

⑦ 저는 오늘부터 깨달음의 피안에 이르기까지 보살이 사람들을 인도함에 즈음하여 사용하는 네 가지의 행에 의해서 사람들을 접하겠습니다.

⑧ 저는 오늘부터 깨달음의 피안에 이르기까지 고독한 사람, 감금되어 있는 사람, 병든 사람, 여러 가지로 괴로워하고 있는 사람, 가난한 사람을 모른 체하지 않겠습니다.

⑨ 저는 오늘부터 깨달음의 피안에 이르기까지 새나 짐승을 잡아서 파는 사람, 길러서 잡아 죽이는 사람, 부처님의 가르침[戒]에 배반하는 사람을 보았을 경우에는 결코 못 본 체하지 않겠습니다.

⑩ 저는 오늘부터 깨달음의 피안에 이르기까지 정법을 훌륭히 유지하고 생애를 통해 그것을 잊어버리지 않겠습니다.

지금 승만 부인의 10대수(十大受)는 참으로 대승계(大乘戒)의 범주에서 보면 대승 보살계에 통섭되는 것이다. 즉 모든 계를 유지해 가려는 의미의 ① 섭율의계(攝律儀戒)와 온갖 선법을 닦아 가는 의미에서의 ② 섭선법계(攝善法戒)와 모든 사람들을 이익케 하는 의미에서의 ③ 섭중생계(攝衆生戒)라고 하는 3취정계(三聚淨戒)이다. 승만 부인의 10대수를 이것에 배당하면 제1에서부터 제5까지는 섭율의계이고 제6에서부터 제9까지가 섭중생계이며 제10은 섭선법계가 된다. 이를 자세히 설명하면 다음과 같다.

깨달음을 구하는 사람에게는 우선 자율적인 정신을 기르는 것이 중요하다. 그것은 스스로를 규제하기 위한 것이기 때문이지만 그 기본이 되는 것은 불교에서 3독(三毒), 3화(三火)라 일컫는 탐욕과 진에와 우치의 번뇌를 지멸(止滅)하는 데 있다. 이 탐내고 성내고 어리석음의 세 가지는 아함불교 이래 불선(不善)의 근본이라고 하며 인간이 가진 번뇌의 근본적인 것으로 생각되었다.

인간은 여러 가지의 것에 집착하며, 집착하기 때문에 욕망이 증대하는 것이지만 그것들 중에서도 자기 중심으로 생각하는 자아에 대한 집착인 아집이 가장 강하다고 한다. 이 아집은 모든 것을 자기 소유로 하지 않으면 만족하지 않는 아소집(我所執)으로 된다. 따라서 자기의 의사에 거스르는 것, 자기에게 반대하는 것에 대해서 분노가 생긴다. 혹은 자기에게 만족하고 있는 사람을 보면 시새움을 내고 명성이나 권력을 동경한다. 반면에 자기보다 나은 사람에 대해서는 공경하는 마음을 갖지 않으며 자기보다 낮은 사람에게는 거만한 마음을 가지고 접하게 된다.

이와 같은 생각은 모두 자기를 중심으로 한 아집과 아소집에서 생겨난 것이다. 섭악율의계(攝惡律儀戒)로 이러한 생각을 철저하게 배제하고 계를 범하지 않도록 자기를 규제[律]해 가는 것이다.

인간은 악이라고 생각되는 모든 것을 물리치는 노력을 필요로 한다. 지악(止惡)이라고 말하면 무언가 소극적인 의미로 받아들이기 쉬우나 결코 그렇지는 않다. 악이라고 알면서 악을 저지르려는 사람은 이 세상에 없다고 생각한다. 악이라고 알면서도 악을 저지르는 경향을 전혀 인간이 가지고 있지 않다고는 단언할 수 없다. 인간은 탐욕·진에·우치라고 하는 불선(不善)의 근본을 완전히 끊어 버릴 수 있는 것은 불가능하기 때문이다. 불가능하기 때문에 그대로 방치하여 두는 것이 아니라 불선심(不善心)을 없애려고 적극적으로 노력하지 않으면 안 된다.

여기에 지악이라는 것의 적극적인 의미가 있다. 이 노력이 있음으로써 비로소 지악에서 반대로 선을 행하려는 적극성이 생겨난다. 그렇다면 『승만경』에서 선을 짓는 섭선법계는 어떤 의미를 가지고 있었던 것인가. 이 사실은 『승만경』이라고 하는 경전의 안목을 이야기하는 것도 된다.

『승만경』에 의하면 '정법을 섭수하여 잊지 않는다.'는 것이 선을 짓는 기본적인 태도라고 보고 있다. 그리고 정법이란 바로 대승이며, 이 대승인 정법을 잊어버리지 않는 것은 바라밀을 잊지 않는 것이라고 한다. 즉 여기에서는 정법=대승=바라밀이라고 하는 등식을 볼 수 있다. 더욱이 승만은 이 법이 오랫동안 머물기를 염원한 것이다.

원래 정법이라는 말에 대해서는 아육(아쇼카)왕의 소마애법칙(小摩崖法勅) 가운데 바이라트(Bairat)의 제2법칙문(第二法勅文)에 보인다. 이 법칙문은 델리 동남방 근처 자이풀 주의 바이라트 동북에 있는 산의 암석에 새겨진 것으로서 1871년에 발견되었다.

"여러 대덕들이여, 여러 스승께서는 짐이 얼마만큼 붓다와 법과 승가에 대해서 공경과 신심을 가지고 있는가를 알고 있으리라. 여러 대덕들이여 세존의 말씀은 무엇이든지 모두 선설(善說)하신 것이지만 아무튼 지금 짐이 이와 같이 하여 정법은 영구히 머물

수 있다고 생각하여 다음과 같이 이르노라.
비나야(毘奈耶)에서의 최승법설(最勝法說)

성종경(聖種經)
당래포외경(當來怖畏經)
모니게(牟尼偈)
적묵행경(寂默行經)
우파제사문경(優波帝沙門經)
설라후라경(說羅睺羅經)이다.

여러 대덕이여, 짐은 많은 비구 및 비구니가 전적으로 이들의 법문을 자주 청문하고 사념할 것을 바라고 있다. 재가의 신자 우바새와 신녀 우바이도 그와 같을 것을 바라고 있다."

여기서 정법이란 붓다께서 설하신 법문으로 이와 같이 정법을 섭수하는 것은 이 정법이 오랫동안 유지되기를 원한 것에 있다.

정법 구주(正法 久住)에 대해서 아함의 자료 가운데에 다음과 같이 보인다.

"여하(如何)한 인(因), 여하한 연(緣)이 있어서 여래가 반열반(般涅槃)하신 후, 정법이 영원히 머무를 수 있을까.
여래가 반열반하신 후, 비구·비구니, 우바새·우바이들이 스승을 공경하고 존숭하여 머물고, 법을 공경하고 존숭하여 머물고, 승가를 공경하고 존숭하여 머물며, 학(學)을 공경하고 존숭하고 머물며, 공경하고 상호간에 존숭하며 머물 때 정법은 영구히 머문다. 이것이 정법 구주의 인이며 연인 것이다."

여기에 정법은 여래 소설(如來 所說)의 법을 의미하고 있었으며, 그 정법은 불·법·승의 3보에 귀의하고 존숭함에 있어서 구주(久住)하는 인, 연이 있다고 한다.

지금 『승만경』에서 정법의 이해도 이 기본선을 거친 것이다. 그것은 이미 말했듯이 정법=대승=바라밀이며 '우리 모두 다함께'라고 말씀하신 붓다 소설(所說)의 법이었다. 그것을 다시 말하면 불교의 이상이며 목적인 깨달음의 피안에 모든 사람이 도달하는 것을 의미한다.

이 이상과 목적이 뚜렷이 밝혀진 이상, 그것의 구체화에 노력 정진하지 않으면 안 되는 것은 말할 필요가 없다. 붓다에 의해서 인간 존재의 원점이 적발되고 그 인간의 정신적인 개발이 적시된 것이 바로 불소설의 법이었다. 이 법은 우리들 한 사람 한 사람에게 주어진 것이며 오늘 이후 장래에 걸쳐서 닦아 가야 할 길이기도 했다. 따라서 우리의 생존에 있어서도 중요한 것임은 물론이지만 나 한 사람에게 주어진 길이 아닌 이상, 이 법을 서로 경승하고 미래세가 다하도록 영구히 존속시키는 것이 우리들의 공통된 희망이다. 승만 부인의 '정법섭수'는 여기에 본질이 있다고 해야 할 것이다.

그런데 3취정계 가운데의 섭중생계에 포함된다고 보는 제6에서부터 제9에 이르기까지의 네 가지 서원은 중생과 더불어 걷자고 하는 경우, 함께 가지 않으면 안 되는 기본 자세를 설한 것이다. 거기서 볼 수 있는 것은 사회봉사의 정신이며 그것을 실천하는 선상에서 위대한 관용에 기초를 둔 자비의 정신이 넘쳐흐르고 있다.

일반적으로 관용이라 하면 모든 것을 용서하는 것이라고 이해하고 있다. 응석부리는 아이를 어버이가 다독거리는 것처럼 응석을 받아 주는 것이라고 생각하고 있다. 그러나 승만 부인이 제9조에서 징벌해야 할 사람은 절복하고 부드럽게 어루만져 육성할 사람은 섭수 하겠다고 하듯이 관용의 내용에는 절복과 섭수라는 두 가지 중요한 의미가 교시되어 있다.

엄격함과 부드러움, 아버지의 엄격함과 어머니의 자애, 이 양면이 있고서야 참으로 자녀의 인간 교육이 원만하게 이루어진다. 함부로 스파르타식 일변도로는 도리어 아이의 반발을 초래할 것이며 단순한 눈먼 사랑, 즉 맹목적인 사랑은 아이의 발달을 저해할 것이다.

관세음보살은 자비의 극치라고 한다. 그러나 관음보살의 자비는 과연 어떠한 것일까. 십일면(十一面)관음의 모습을 보면 앞면의 얼굴이 세 개가 있다. 그 중심의 좌우 양측에 있는 얼굴 모습에서 하나는 분노의 상을, 다른 하나는 유화의 상을 하고 있다. 말하자면 엄함과 부드러움의 양면을 갖추고 있는 것이다. 특히 부정한 행위를 하는 사람에 대해서 관음은 이것을 용서 없이 징벌한다. 『관음경』이라고 일반인에게 친숙한 『법화경』 제25 '관세음보살보문품'의 게송에는 '저주나 여러 독약으로 몸을 해치려고 하는 사람은 관음을 염하는 그 힘으로 도리어 그 본인에게 화가 되돌아간다.'고 설해져 있음과 같이 악행자에게는 징벌을 가해 도리어 그 사람에게 죄의 과보가 되돌아온다고 가르친다. '아버지는 엄격한 가운데에 사랑을 갖고, 어머니는 사랑 속에 엄격함을 가져라.' 하는 옛말도 있듯이 관음은 바로 그 양면성을 갖추고 있다. 더욱이 모든 것을 따뜻하게 포용하여 가는 곳에 참다운 의미의 자비가 있는 것이다.

악행을 하는 사람에게는 엄중하게 그것을 다스려 악행을 하지 않도록 인도해 가는 것이 참다운 자비이다. 함부로 타협하여 악의 온상을 길러 주는 것이어서는 참다운 대화자라고는 할 수 없다. 석존의 대화 방식을 살펴보면 항상 정(正)과 사(邪)의 판별을 하고 질문의 본질을 정확히 파악하여 대답해야 할 것과 대답하지 않을 것을 판별하여 대답을 진행하고 있다. 안일한 타협, 불명확한 대답을 하는 것이 도리어 대화의 참 길에 돌아갈 수 없음을 강력히 주장하고 있다.

法主世尊 現爲我證 唯佛世尊 現前證知
법주세존 현위아증 유불세존 현전증지

而諸衆生 善根微薄 或起疑網 以十大受
이제중생 선근미박 혹기의망 이십대수

極難度故 彼或長夜 非義饒益 不得安樂
극난도고 피혹장야 비의요익 부득안락

爲安彼故 今於佛前 説誠實誓 我受此十
위안피고 금어불전 설성실서 아수차십

大受 如説行者 以此誓故 於大衆中 當雨
대수 여설행자 이차서고 어대중중 당우

天花 出天妙音 説是語時 於虛空中 雨衆
천화 출천묘음 설시어시 어허공중 우중

天花 出妙聲言 如是如是 如汝所説 眞實
천화 출묘성언 여시여시 여여소설 진실

無異 彼見妙花 及聞音聲 一切衆會 疑惑
무이 피견묘화 급문음성 일체중회 의혹

悉除 喜踊無量 而發願言 恒與勝鬘 常共
실제 희용무량 이발원언 항여승만 상공

俱會 同其所行 世尊悉記 一切大衆 如其
구회 동기소행 세존실기 일체대중 여기

所願
소원

가르침의 왕[法王]이신 세존이시여 나타나시어 저를 위해 〈방금 세운 열 가지의 큰 서원이 반드시 이루어진다고〉 증명해 주소서.

오직 부처님께서는 저의 서원이 꼭 실현될 것을 〈수행을 통해 얻으신 지혜로〉 아시겠지만 미덕의 뿌리를 심지 못한 〈까닭에 어리석게 태어난〉 중생들은 〈과연 승만 부인이 세운 열 가지 큰 서원이 이루어질 수 있을까 하고〉 의심을 일으킬 것이니 꼭 이루어진다는 확신에 도달하기까지는 극히 어려운 까닭에 중생들은 기나긴 세월에 걸쳐 〈미혹으로 인한 어두운 삶을 영위해 왔기 때문에 자기의 그릇된 생각으로〉 옳은 〈일을 행함으로써 받는〉 이익을 받지 못할 뿐만 아니라 〈마음의〉 안락도 얻지 못할 것입니다. 〈대승의 깊은 뜻을 알지 못하는〉 중생[彼]들을 〈생사의 괴로움에서 해방되어〉 안락〈한 생활을〉하도록 하기 위해서 지금 부처님 앞에서 진실 되고 정성어린 서원을 말씀드렸습니다. 제가 〈승만이가 몸으로 느껴서[受]〉 세운 이 열 가지 큰 서원을 그대로 실천하겠다는 맹세가 〈헛되지 않고〉 마땅히 이루어진다는 것을 〈증명하기〉 위해 기필코 대중들에게 천신들이 뿌리는 하늘의 꽃이 비처럼 내릴 것이며, 천신들이 연주하는 아름다운 〈음악〉 소리가 들려 올 것입니다. 이렇게 〈승만 부인이〉 말하였을 때 하늘로부터 많은 하늘의 꽃이 비처럼 내렸으며 또한 아름다운 천신의 목소리가 〈음악처럼〉 들려 왔으니 "오! 그렇도다. 그대가 말한 바와 같이 〈이 맹세는〉 진실하여 틀림없이 이루어지리라."

그러자 그 자리에 모였던 많은 사람들은 하늘에서 천신들이 내리는 〈아름다운〉 꽃을 보고 〈또한 하늘에서 들려 오는〉 아름다운 목소리를 듣자 〈그들이 가지고 있던〉 갖가지 〈대승의 가르침에 대한〉 의혹이 말끔히 사라졌다. 〈이렇게 미혹이 사라지고 마음이 밝아 오자〉 한없는 기쁨이 밀려와 〈세세생생 태어날 적마다〉 승만 부인과 함께 태어나 그 아래서 〈대승 보살도를〉 수행하기를 〈부처님 전에〉 발원하였다.

그러자 세존께서는 모든 대중이 〈세세생생 대승 보살행을 실천하겠다고〉 서원한 대로 모두 다 이루어질 것임을 예언[授記]하셨다.

주

• 법주세존: 법왕인 불·여래를 말한다. 『본생경』 제496에 여래는 타(他)에 지상자(至上者)를 찾아볼 수 없으므로 자기가 법주임에 의해서 “그것은 나에게 걸맞다.” 하고 발우의 공양식을 받고 옷감[布地]을 받으셨다고 기록되어 있다. 세존이란 부처님의 존칭이며 여래 10호의 하나이다.

해설

승만 부인이 결의한 십대수(十大受)는 이것을 실행에 옮길 경우 참으로 쉬운 일은 아니다. 열 개 중 어느 하나를 집어 들어도 매우 어려운 일이라 아니할 수 없다. 이 사실을 충분히 알면서도 부인은 자기가 불도를 걷기 위한 생활의 신조로 삼은 것이다. 그렇지만 일반인들은 대부분이 그와 같은 어려운 불도를 과연 실행할 수 있을까 없을까 하는 의문으로 삼는 것도 당연한 일이다.

우리들의 일상생활을 되돌아보면 흔히 이러한 사태를 만나게 된다. 이를테면 어느 높은 산에 오른다고 하자. 그 높은 산의 꼭대기에 도달하기 위해서는 여러 가지 루트가 있을 것이다. 그런 경우 등산하는 사람에게 신뢰할 수 있는 것은 산정(山頂)에 이르는 코스를 명시한 길 표시[里程標]이다. 처음으로 산에 올라갈 때에는 이 이정표가 무엇보다도 지표가 된다. 그러나 해가 저물고 더욱이 정상이 멀었을 때는 등산하는 사람에게는 이처럼 불안한 것은 없다.

일찍이 나는 학생시절에 친구와 지리산을 등정하기로 했었다. 가던 날이 장날이라고 마침 비가 내려서 일단 단념하고 되돌아왔다. 그 사이에 산 중턱이 맑게 개이고 거짓말처럼 쾌청해졌으므로 점심을 먹고 오르기 시작했다. 여러 사람의 입을 빌어 들은 이야기로는 지리산 산정 기슭에 휴게소가 있어 거기서 하룻밤을 새우고 이른 아침 산정으로 올라가면 좋다고 하는 것이었다. 휴게소에 도착하기까지는 분기점에 이르러 왼쪽 길을 택하도록, 그리고 길 표시를 놓치지 말고 보도록 주의를 받았다. 우리 셋은 그 말을 의지하여 올라가기 시작했다. 산길은 비가 온 탓인지 미끄럽고 누런 진흙 길이 계속되었다. 생각한 것보다는 멀었다. 태양은 점점 서쪽으로 기울고 길 표시는 나아감에 따라 뚜렷이 보이지 않았다. 어떤 때는 풀에 덮여 있었고 어떤 때는 넘어져 있었으므로 차츰 초조감에 사로잡히기 시작했다. 그때 사람들의 주의만이 우리들을 지탱해 주었던 것이다. - 아무튼 길이 갈라질 때에는 왼쪽으로 접어들면 도착한다. - 하는 말을 믿으면서 나아갔다. 얼마만큼 올라갔을까. 시계는 이미 여덟 시를 가까이 가리키고 있었다. 나무 사이로 전등 불빛이 눈앞에 들어왔을 때 우리는 일제히 환성을 높이 질렀던 것이다. 그리고 간신히 도달한 그 휴게소에서 저녁밥을 먹었을 때의 그 꿀 같은 맛은 지금도 나의 혀에 남아 있다. 하늘 가득히 보석을 깔아 놓은 것 같은 반짝이는 밤 하늘, 그리고 아득히 멀리 아래쪽에 점멸하는 이름 모를 작은 동네의 불빛이 우거진 나무 사이로 비치었던 그 밤의 인상은 깊이 나의 뇌리에 붙어 떨어지지 않고 있다.

의심이란 자기가 불안할 때에 일어나는 것이다. 그리고 그 불안이 커지면 커질수록 최초의 확신은 차츰 사라지고 의심의 파문이 2중 3중으로 그 테[輪]가 크게 되어 간다. 이와 같은 의심을 끊고서야만 확신으로 되어 나타나는 것이다. 승만 부인이 사람들의 의심의 그물을 제거하고 싶다고 원하며 만일 자기가 십대수(十大受)를 실행할 수 있다고 생각되면 그 증명으로서 하늘의 아름다운 소리를 들리게 하고 하늘의 비를 내리게 하소서 하고 부처님께 원했던 것은 그러한 것이리라. 이 길은 반드시 지향하는 데에 연결된다고 하는 신념, 신뢰가 있고서야 비로소 확신이 생기고 의심을 끼어 넣을 여지가 없어져 버린다.

본래 보살행을 실천하는 것은 입으로 하기는 쉽지만 행동으로 나타내기는 매우 어렵다. 그러나 "당신도 보살행을 행할 수 있습니다." 하는 증언은 대단히 마음의 큰 받침대가 될 수 있을 것이다. 부동의 신념과 확고한 결의, 여기에 일의 성취가 약속된다고 말할 수 있다.

세 가지 큰 서원을 세움

三願章 第三

爾時勝鬘 復於佛前 發三大願 而作是言
이시승만 부어불전 발삼대원 이작시언

以此實願 安隱無量 無邊衆生
이차실원 안은무량 무변중생

以此善根 於一切生 得正法智 是名第一
이차선근 어일체생 득정법지 시명제일

大願
대원

我得正法智 已以無厭心 爲衆生說 是名
아득정법지 이이무염심 위중생설 시명

第二大願
제이대원

我於攝受正法 捨身命財 護持正法 是名
아어섭수정법 사신명재 호지정법 시명

第三大願
제 삼 대 원

爾時世尊 卽記勝鬘 三大誓願 如一切色
이 시 세 존 즉 기 승 만 삼 대 서 원 여 일 체 색

悉入空界 如是菩薩 恒沙諸願
실 입 공 계 여 시 보 살 항 사 제 원

皆悉入此三大願中 此三願者 眞實廣大
개 실 입 차 삼 대 원 중 차 삼 원 자 진 실 광 대

이때 승만 부인은 다시 부처님 앞에서 〈진실로 크고 넓은 보살이 간직해야 할〉 3가지 서원을 세워 〈부처님께〉 다음과 같이 말씀드렸다.

"〈지금부터 말씀드리려는〉 이 진실한 서원을 가지고 〈시간적으로〉 한량없고 〈공간적으로〉 가없는 중생들을 〈지혜를 가로막는 탐내고 성내고 어리석은 세 가지 독으로부터 벗어나도록 대승의 진실한 가르침에 의해 마음을〉 평안토록 하려 하오니 〈부처님의 깨달음을 성취하는 밑동이 되는〉 이 선근으로 인해서 모든 사람들이 태어날 때부터 〈부처님께서 설하시는 대승의〉 바른 가르침에 의해 지혜를 얻게 하여지이다. 이것이 〈보살이 간직해야할〉 첫번째 서원입니다."

"제가 〈부처님께서 설하시는 대승의〉 바른 가르침에 의해 〈절대 진리의〉 지혜를 성취한 이후에도 〈중생을 구제하기 위해 보살행을 실천할 때 조금도〉 싫어하지 않는 마음으로 〈부처님의 바른 가르침인 대승을〉 중생의 근기에 따라 널리 펴서 〈모든 보살로 성숙토록〉 설하겠습니다. 이것이 〈보살이 간직해야 할〉 두 번째 서원입니다."

"제가 〈부처님께서 깨달으신 대승의〉 바른 가르침을 체득한 후에도 〈어떠한 경우에도 내 것에 대해 집착하지 않고〉 재물과 몸과 목숨까지도 바쳐 〈대승의〉 바른 가르침을 지켜 〈이 대승의 가르침이 이 세상에 영원토록 머물러 모든 중생이 구제 받을 수 있게 후대에까지 이어〉지게 하겠습니다. 이것이 〈보살이 간직해야 할〉 세 번째 서원입니다."

이때 세존께서는 즉시 승만 부인의 세 가지 큰 서원을 들으시고 그가 장차 〈수많은 보살행을 한 후에〉 성불하리라는 예언을 하셨〈으며 아울러 다음과 같이 말씀하셨〉다.

"〈진실로 크고 넓은 보살의〉 이 세 가지 서원은 일체의 물질적 현상은 허공 가운데 들어 있는 것처럼 보살이 세운 헤일 수 없이 수많은 서원도 모두 이 크나큰 서원 가운데 들어 있으므로 이 세 가지 서원은 진실로 넓고 큰 〈서원인〉 것이다."

주

- 안은[위](安隱[慰]): 위로하고 위안(慰安)하다. 고려대장경에는 은(隱)은 안야(安也)라 하고 평안이라고 읽는다. 안온(安穩)과 동의어(同義語)이다.
- 정법지: 정법을 이해하는 지혜이다.
- 무염심: 게으르지 않고 태만하지 않는 마음.
- 항사: 인도의 어머니인 강이라고 이르는 갠지스 강의 모래. 헤아릴 수 없는 무량 무수한 것을 표현하는 경우에 비유하여 사용하고 있다.

해설

승만 부인은 다시 세 가지 큰 서원을 세운다. 세 가지란 ① 정법을 아는 지혜를 구한다는 서원, ② 이 지혜를 얻는다면 권태로운 마음 없이 모든 사람에게 정법을 설하여 중생을 교화하겠다는 서원, ③ 정법을 섭수하게 된다면 자기의 몸과 목숨을 걸지라도 정법 선포를 위해 노력을 아끼지 않겠다고 하는 서원이다. 참으로 웅대한 결의이며 불도를 닦는 경우의 기백을 느끼게 한다.

『법화경』에 '부자석신명(不自惜身命)'이라는 말이 있다. 내 몸을 희생으로 삼아 생명을 바칠지라도 불도를 걸어가겠다고 하는 태도는 참으로 인간의 귀감이라 아니할 수 없다. 지금 승만부인이 정법을 아는 지혜를 얻으려고 하는 첫 번째 서원은 내 몸이 앞으로 진실지(眞實智)를 획득함에 있어 그 자체는 자기 자신을 위한 것이라고 생각하겠지만, 그 지혜의 획득은 마침내 모든 사람을 위해 발동하기 위한 자리행(自利行)이나 이타행(利他行)이라는 개념으로 파악되는 것은 아니다.

부인은 정법을 아는 참다운 지혜를 획득할 때 권태로운 마음 없이 선포·교화하겠다는 염원을 가지고 있었다. 이 사실은 모든 사람을 위한다는 정신이 부인의 근저에 있기 때문이어서 자기를 생각한다는 것이 그대로 남을 위한 것이다. 아니 남을 위한다고 생각하는 것이 자기가 본래 가지고 있는 모습이라고 이해함에 뒷받침되고 있기 때문이다.

인간이 살아가는 데 있어 사회와 관련하여 유형·무형의 은혜를 입고 있다. 불교의 이해에 의하면 부모의 은혜, 중생의 은혜, 국가의 은혜, 삼보(三寶)의 은혜라고 하는 네 가지를 들고 있는(『심지관경』 권2 보은품)데 우리들은 이러한 배경 속에서 살아가고 있다. 이렇게 보면 한 사람의 행위는 그대로 많은 사람을 위한 것이 아니면 안 된다.

석존께서는 그 전도의 선언에 즈음하여 "그대들은 동일한 지방에 두 사람이 가지 말라."고 비구들에게 말하고 있다. 그 뜻은 한 사람이라도 많은 사람에게 정법을 나누어 주기 위해서 같은 지방에 두 사람이 함께 갈 필요가 없는 것일 뿐만 아니라 그보다도 따로따로 다른 지방에 한 사람씩 전도·교화에 출발해야 한다고 가르친 것이다. 붓다가 설한 법문이 인생의 고뇌에 대해 적극적인 대응과 그 해결을 주는 법문을 내 혼자의 것으로 해서는 안 된다. 한 사람이라도 많은 세상 사람들에게 나누어 주지 않으면 안 된다. 그리고 훌륭한 가르침을 청문함에 의해서 붓다의 가르침은 한사람 한사람의 마음에 등불을 켜는 데 있는 것이다.

승만 부인은 신명, 재산을 던지는 한이 있더라도 이 정법을 지키며 기억하고 많은 사람들에게 정법을 알려서 정법이 영원히 머물도록 하자는 서원을 세웠다. 우리들은 부인의 이 서원 가운데 부인의 보살행 실천의 모습을 볼 수 있다. 법이라고 하는 불교의 진리가 오직 그 절대성의 영역에 정체하고 있는 한, 법은 진리성을 나타내지 못한다. 반드시 우리들이 살아가고 있는 세계에 나타나서 사람에 의해 그것을 배우고 실천하고 받들어진다고 하는 영역에서 작용하지 않으면 그 의의가 없다.

초기 불교 성전은 그 동안의 사정을 이렇게 말하고 있다.

> "존자시여, 어떠한 인(因)과 어떠한 연(緣)에 의해서 이 전에는 학칙이 적었는데도 많은 비구는 지(智)에 안립(安立)해 있었습니다. 존자시여, 어떠한 인과 어떠한 연에 의해서 지금은 학칙이 많은데도 많은 비구는 지(智)에 안립하지 못합니까."

"가섭이여, 그것은 이러한 까닭이 있다. 사람들이 서두르게 되고 정법이 멸해 가기 때문이다. 정법이 멸하지 않은 한, 상법(像法)이 세상에 생기는 일은 없다. 상법이 세상에 생길 때에는 정법은 멸하는 것이다. 이를테면 금(金)이 멸하지 않는 한 가짜 금이 생기는 일은 없다. 〈그러나〉 가짜 금이 세상에 생겨날 때에는 금의 멸이 있다고 하는 것과 같다."
-『상응부』권2-

이렇게 정법의 혼란, 정법의 쇠퇴, 정법의 멸진이 필연적으로 세상의 혼란과 더불어 항상 붙어 다닌다. 여기에 '정법의 구주(久住)'라는 사명이 후세의 불교도에게 커다란 과제로 된다. 승만 부인의 서원을 들었을 때, 우리들은 '정법 구주'를 위해 열렬한 신앙을 북돋운 부인의 생명이 약동함을 느끼지 않을 수 없다.

이상, 정법을 섭수하는 것이 부인에 의해서 역설되고 그것을 호지(護持)할 것에 대한 결의가 나타나 있다. 그렇다면 정법을 섭수한다는 것은 어떤 의미와 내용을 가지고 있었는가 하는 것을 다음에 묻지 않을 수 없다. 이 질문에 대답한 것이 다음의 '제4 섭수정법장(第四 攝受正法章)'이다.

바른 가르침을 체득함

攝受正法章 第四

爾時勝鬘白佛言 我今當復 承佛威神 說
이시승만백불언 아금당부 승불위신 설
調伏大願 眞實無異 佛告勝鬘 恣聽汝說
조복대원 진실무이 불고승만 자청여설
勝鬘白佛 菩薩所有 恒沙諸願 一切皆入
승만백불 보살소유 항사제원 일체개입
一大願中 所謂攝受正法 攝受正法 眞爲
일대원중 소위섭수정법 섭수정법 진위
大願
대원

佛讚勝鬘 善哉善哉 智慧方便 甚深微妙
불찬승만 선재선재 지혜방편 심심미묘
汝已長夜 殖諸善本 來世衆生 久種善根
여이장야 식제선본 내세중생 구종선근

者 乃能解汝所說 汝之所說 攝受正法
자 내능해여소설 여지소설 섭수정법
皆是過去未來現在 諸佛已說 今說當說
개시과거미래현재 제불이설 금설당설
我今得無上菩提 亦常說此 攝受正法 如
아금득무상보리 역상설차 섭수정법 여
是我說 攝受正法 所有功德 不得邊際
시아설 섭수정법 소유공덕 부득변제
如來智慧 辯才亦無邊際 何以故 是攝受
여래지혜 변재역무변제 하이고 시섭수
正法 有大功德 有大利益
정법 유대공덕 유대이익

이때 승만 부인이 부처님께 말씀드렸다.

"저는 지금 〈무명을 밝혀 참다운 진리를 몸으로 나타내신〉 부처님의 위덕과 신통력에 힘입어 모든 사람들의 마음 속 미혹을 없애고 대승으로 인도하려는 크나큰 서원이 진실하여 〈모든 부처님과 보살님의 서원과 서로〉 다르지 않다는 사실을 말하려 합니다."

〈그러자〉 부처님께서 승만 부인에게 말씀하셨다.

"〈그래 어디〉 그대의 말을 들어 보겠으니 말하라."

〈이리하여〉 승만 부인은 부처님께 말씀드렸다.

"보살이 〈중생을 구제하기 위해〉 세운 갠지스 강 모래알만큼의 수많은 서원도 〈결국에는〉 모두 〈부처님께서 세우신〉 일체 중생을 행복으로 이끌겠다는 하나의 큰 서원으로 귀착하는 것입니다. 올바른 진리[正法]를 체득한다는 것은 참으로 크나큰 서원입니다."

〈이 말을 들으신〉 부처님께서는 승만 부인을 칭찬하시기를 다음과 같이 하셨다.

"오! 훌륭하도다. 〈부처님들께서 성취한〉 지혜와 〈널리 중생을 구제하기 위한〉 교묘한 수단은 〈그 뜻이〉 매우 깊고 미묘하〈여 이해하기 어렵〉다. 〈그러나〉 그대는 이미 〈전생에서부터〉 오랫동안 많은 선의 뿌리를 심〈고 가꾸어 왔기에 이 대승의 가르침을 믿고 이해할 수 있〉었다. 그리고 미래세의 중생도 오래오래 갖가지 선근의 씨앗을 뿌린 사람은 마침내 지금 그대가 말한 바 〈대승의 참뜻에 대해 이〉를 믿고 이해할 수 있을 것이다. 〈그리고〉 그대가 말한 〈대승의〉 바른 가르침을 체득한다는 것은 과거·현재·미래의 모든 부처님께서 이미 말씀하셨으며 지금도 말씀하시고 계시고 미래에도 말씀하실 것이며 〈여래인〉 나도 〈부처님들의 깨달음인〉 위 없는 지혜를 성취한 지금, 이 바른 가르침을 〈보살도의 수행을 통해〉 체득하도록 항상 설하고 있다. 이와 같이 〈여래인〉 내가 〈대승의〉 바른 가르침을 설하는 공덕은 〈시간과 공간을 초월하여〉 끝간데없〈이 한량없〉으며 여래의 지혜와 설득력[辯才] 또한 끝간데없〈이 넓고 크〉다. 왜냐하면 이 대승의 바른 가르침을 체득한다는 것은 큰 은혜가 있으며 〈모든 중생이 윤회로부터 해탈하는〉 큰 이익이 있는 것이다."

주

• 지혜방편: 지혜는 모든 도리를 명확히 아는 작용, 특히 번뇌를 끊는 데 필요한 정신 작용을 말한다. 방편은 어떤 목적에 가까이 가기 위한, 도달하기 위한 수단. 예를 들면 1승이라는 진실에 이르기 위해서 사람들에

게 2승의 가르침, 3승의 가르침을 빌려서 설하는 것, 이런 경우의 방편을 선교방편(善巧方便) 또는 방편선교(方便善巧)라고 한다.

해설

이 장은 정법을 섭수하는 뜻은 어디에 있는가를 밝힌 장으로서 『승만경』 전체를 통한 중요한 1장이다. 더욱이 이 섭수 정법이라는 대원에 대해서 승만 부인 자신이 어떻게 이해하고 있었는가를 부인 자신이 말한 것이다. 부처님은 그것을 듣고 승만 부인의 이해가 바르고 또한 훌륭하다고 말씀하시며 이 정법이야말로 과거·현재·미래의 모든 부처님도 똑같이 설하고 또한 설할 진실한 법이라고 부인에게 말씀하신다는 내용으로 꾸며져 있다.

이 장에서 취택(取擇)될 내용으로서는 ① 방편과 진실지와의 관계, ② 정법이란 일승법이라는 것, ③ 따라서 정법을 섭수 하는 것은 붓다가 설한 대승정신을 몸으로써 나타내야 할 것, ④ 모든 서원은 필경 섭수 정법이라는 하나의 큰 원에 귀일할 것, ⑤ 그 공덕은 헤아려 알 수 없는 것, ⑥ 그 정법을 섭수하는 사람은 온갖 사람들에게 봉사하는 대승 보살행을 실천하는 사람이기 때문에 어떠한 계층의 사람들에게도 평등하게 정법의 공덕을 나누어 준다고 하는 무거운 책임을 짊어진 사람일 것, ⑦ 그렇게 하기 위해서는 스스로 나아가 세상 사람들의 법모(法母)가 되고 불청(不請)의 벗이어야 할 것, ⑧ 이리하여 섭수 정법자가 그대로 정법의 체현자(體現者)이기 때문에 섭수되는 정법과 섭수하는 사람이 일치한다. 여기에 정법을 섭수한다는 의의가 있다고 한다. 그것은 대승 보살행의 실천 항목으로서의 6바라밀행을 행하는 사람이며 그와 같은 사람의 행위가 그대로 정법을 섭수하는 것이 된다고 결론짓고 있다.

붓다는 이상과 같이 이해하는 부인의 설하는 바에 대해 "정법을 받아 기억하는 일은 넓고 크기 때문에 모든 중생에게도 반드시 정법을 전하여 정법을 받아 기억하는 사람이 되도록" 거듭하여 부인의 이해에 찬동하고 있다.

그런데 우선 방편과 지혜에 대해 고찰해 보자. 승만이 "보살의 여러 원은 하나의 큰 원에 돌아간다. 그것은 섭수 정법이라는 한 가지의 원에 있다."고 말한 것에 대해 부처님께서는 "지혜와 방편이란 심심(甚深)하고 미묘(微妙)한 것이다."고 설하신다. 그런데 왜 여기에 이와 같이 방편과 진실한 지혜를 설하신 것일까. 그것은 또한 승만 부인의 '하나의 큰 원에 돌아간다.'고 하는 것과 어떻게 관계되는 것일까.

그런데 이 『승만경』의 이름은 원래 『승만사자후일승대방편방광경(勝鬘師子吼一乘大方便方廣經)』으로 이 경명에 '일승대방편(一乘大方便)'이라는 말이 보이는 것처럼 『승만경』은 그대로 일승대방편이라는 대승불교의 사상을 계승하면서 일승법을 선양한 대승(방광)경전이었다고 말하지 않을 수 없다. 지금 여기에서 말하는 1승이라는 사상과 방편이라는 사상은 『승만경』의 성립에 앞선 『법화경』의 사상과 관계하고 있다. 즉 『법화경』에는 법화 일승법과 방편 선교의 사상이 설해져 있기 때문이다. 따라서 섭수정법을 대승으로 하는 『승만경』의 입장은 바로 정법즉일승(正法卽一乘)이어서 섭수 정법이라는 하나의 큰 원에 모든 원이 귀납(歸納)된다는 입장은 1승에 모든 원이 돌아감을 말한 것이다. 그렇다면 방편이라고 하는 여타의 모든 원과의 관계는 어떠한 것인가. 여기에 방편과 지혜, 방편과 진실지와의 관계를 불교의 사상사 위에서 파악해 둘 필요가 있다.

방편이라는 말은 현대 우리들의 일상생활 속에 사용되고 있는 불교 용어의 하나이다.

『국어대사전』(이희승 편저; 민중서림)의 '방편'항을 보면 보살이 근기가 얕은 중생을 구제하기 위하여 쓰는 편의적인 수단, 또 진실한 교법에 끌어넣기 위하여 임시로 설치한 법문과 같은 불교적인 해설과 더불어 목적을 위하여 이용되는 일시적인 수단 등으로 해설하고 있다. 우리들의 일상용어로서는 오히려 첫번째 의미보다는 두 번째 의미로 사용하는 경우가 많다. 그 의미에서 다시 와전되어 진실에 대한 허위적인 것이라고 이해되고 있다. 흔히 귀에 익은 '거짓말도 방편' 이라고 하는 관용어는 그러한 것에 발생의 이유가 있다. 실제로는 집에 있으면서도 없다고 하며 친구에게 초대되어도 거짓 일을 내세워 거절하는 경우가 때때로 우리들의 주변에서 볼 수 있다. 그리고 그러한 경우에 '이것도 방편이지.'라 말한다. 이처럼 방편이라는 말은 진실에 대한 허위적인 것이라고 하는 뜻에서 사용되고 있다. 그렇다면 불교에서 방편은 어떠한 의미를 가지며 또한 그것이 진실이나 진실지(眞實智)나 지혜와 어떤 관련성을 가지고 있었던 것일까.

방편을 진실을 위한 방법, 임시적인 수단으로 이해하는 경우는 어디까지나 진실에 대립하는 것 같은 방편을 생각하는 것이 아닐까. 거기서는 진실은 '참다운', '실다운' 것이며 방편은 그렇기 때문에 '임시적인 것', '허위적인 것'이라고 하는 이해가 생겨난다. 이 '임시적인 것'은 따라서 '진실한 것'과 비교할 때 당연히 차원을 달리한 말하자면 제이 의적(第二 義的)인 의미만 주어진다. 만일 그렇다면 어찌해서 방편이 사용되지 않으면 안 되는가 하는 이유가 없어져 버리고 마는 것이 아닌가. '임시적인 것'이나 '수단'은 '진실한 것'과 관련 있을 때만이 비로소 '임시'이며 '수단'일 수 있는 것이다. 바꾸어 말하면 진실한 것이 있음으로써 방편을 세우는 의의도 있는 것이 아닌가. 방편과 진실이 어디까지나 대립적인 것으로 존재한다면 양자가 접촉하는 경우는 없을 것이다.

원래 방편은 산스크리트어 우파야(upāya)를 번역한 말이다. 일본의 『범화대사전(梵和大辭典; 강담사)』에 의하면 접근·도착·수단·방책(方策)·공부·교사(巧使)·권(權)·권방편(權方便)·여법(如法)·인연(因緣) 등으로 번역되고 있다. 이 산스크리트어(팔리어도 같다)의 우파야는 어느 목적을 향해서 '가까이 가다', '도달하다'는 동사 upa-√i에서 파생된 명사이다. 따라서 어떤 목적이 당연히 문제가 된다.

그런데 불교 사상에서 어떤 목적이 주어질 경우 그것은 당연히 깨달음이라든가 해탈, 열반이 의취(意趣)된다. 따라서 초기불교에서는 인간이 붓다라고 하는 목적으로 향해 가까이 가려고 하는 움직임 속에서 파악된다. 예를 들면 강을 건너서 목적지인 저 언덕에 도달하려는 경우, 배나 뗏목이 강을 건너기 위한 방편인 것이다. 그 배는 언덕에 도달하기 위한 방법이며 길이었음으로 그러나 반면에 붓다의 측면에서 보면 중생을 저 언덕으로 건너가게 하지 않고는 견딜 수 없는 자비사상으로 생각된다. 그리고 그 자비 사상은 대승 불교에서 특히 강조되기 때문에 붓다는 온갖 수단을 강구하여 저 언덕에 도착하도록 중생에게 손을 내미는 것이다.

초기 불교에서도 이와 같은 측면에서 방편 선교(方便 善巧), 교묘한 수단이나 방편을 안 사람, 방편 지혜라는 말을 사용하고 있다. 예를 들어 『숫타니파타』 제321게(偈)에 의하면 다음과 같다.

> "이를테면 견고한 배에 타고 삿대와 키가 갖추어져 있으면
> 방편을 아는 그 교묘한 지혜자는 다른 많은 사람을 그[배]에 태워서
> 건너게 함과 같이."

여기에 교묘한 지혜자란 방편을 아는 사람이며 내용적으로는 배의 조종법을 숙지한 사람이다. 위의 시게(詩偈)에 대한 주석에 의하면, '배의 운반이나 수류(水流)를 건너는 것 등의 지식에 의해서 길을 나타냄에 의해서 방편을 아는 사람'인 것이라고 한다. 혹은

> "붓다는 넓고 큰 지(智)가 있고 명지(明知)가 있고 민첩한 지혜, 투철한 지혜가 있고 〈임기응변의〉 방편지(方便智)도 구족하고 그 지(智)는 대지와 같이 광대하며 큰 바다와 같이 매우 깊고 허공과 같이 넓고 윤택한 것이다."

이 사실은 붓다를 가리켜 '전생에서도 여래는 지혜 있고 방편에 교묘했다.'는 이해와 일치하는 것이다.

이와 같이 아함경전의 초기 불교 자료에서 이미 ① 중생이 붓다가 된다는 목적에 가까이 간다고 하는 방편 본래의 의미와 더불어 ② 붓다가 중생에게 교묘한 방편행을 나타내고 그 목적에 향하게 한다는 붓다의 방편 선교가 설해져 있음을 안다. 그리고

바로 ②의 측면이야말로 뚜렷하게 자비 사상에 연결되는 것은 새삼 말할 필요가 없다. 따라서 방편 선교는 부처의 행이라고 하는 생각, 더욱이 그것은 부처님의 지혜와 끊을 수 없는 방편행으로써 생각되고 있었던 것이다. 이 사상이 대승 불교에서 어떻게 전개되어 갔던가. 이 질문에 대답하는 것이 『법화경』의 방편 사상이다.

『법화경』의 제3(第三) '비유품'에서는 다음과 같이 말하고 있다.

> "여래는 지혜·위력(威力)·자신(自信)·수승한 특질(特質)·붓다의 가르침을 갖추고, 신통력에 의해서 매우 힘이 있는 세계의 아버지이다. 위대한 교묘한 수단과 최고 지혜를 완성한 상태에 도달해 있고 매우 연민이 깊고 게으르거나 피로하지 않는 마음의 주인이며 세간의 이익을 염하여 연민을 내리는 사람이다." (범문(梵文)에 의함)

방편 선교는 바로 붓다의 지혜의 내용으로 되는 것이라고 알 수 있다. 그렇다면 왜 여러 가지 교묘한 수단을 필요로 했던 것인가. 또 그것과 진실지와의 관계는 어떠한가.

붓다가 성도한 후 최초로 설법을 하겠다고 결의한 직전에 다음과 같은 시를 노래하고 있다.

> "고생하며 간신히 내가 얻은 것을
> 지금 또한 어찌하여 사람들에게 설하지 않으면 안 되는가.
> 탐내고 성냄에 사로잡힌 사람들에게는
> 도저히 이 법은 깨닫기 어렵다.
> 이 법은 세간 일반의 존재 방식에는 거역되고
> 미묘하고 매우 깊으며 보기 어렵고 또한 정세(精細)하기 때문에

욕망을 탐하고 어둠에 덮여 있는 사람에게는
도저히 볼 수가 없다."

그렇지만 스스로부터 획득한 진실한 가르침은 어떻게 해서라도 세간의 사람들에게 전해지지 않으면 안 되었다. 그 경우, 어떻게 해서라도 그 가르침을 알릴 필요가 있으며 알리기 위해서는 세간의 언설(言說)에 의하지 않으면 나타낼 수 없다. 여기서 고타마 붓다는 초전법륜에 발을 내딛게 된 것이다.

『법화경』의 설상(說相)도 마치 그것과 흡사하다. 붓다는 오직 하나의 탈것인 유일불승(唯一佛乘)을 중생의 모든 사람들에게 열고[開] 보이고[示] 깨닫게 하고[悟] 들게[入] 하려는 목적을 가지고 있더라도 중생 가운데는 성문승이나 연각승을 가지고 최고의 탈것이라고 고집하고 있는 사람이 있어 쉽게 1불승을 이해해 주지 않는다. 거기서 『법화경』은 1승, 3승이라고 하는 중요한 문제에 대해

"나는 유일한 탈것을 비롯하여 그러한 사실을 생명 있는 사람들에게 가르쳐 보이는 것이다. 그 유일한 탈것이야말로 붓다의 탈것이다. 제2 혹은 제3의 탈것은 결코 없는 것이다." -방편품-

그리하여 '자기가 3종의 탈것[三乘]을 나타낸 것은 이른바 나의 교묘한 수단인 것이다(방편품).' 하고 뚜렷이 말한다. 여기에 방편 선교는 붓다의 진실지(眞實智)의 내용이었음을 알 수 있다.

참다운 의미로서의 방편이라는 불교 용어는 붓다의 지혜의 내용으로서 있었던 것이며 결코 진실에 대한 허위라든가 '거짓

말도 방편'으로 세간에서 이해되는 것 같은 의미는 아니었던 것이다.

여기에 하나의 비유를 인용해 보기로 한다.

『중부(中部)』경전 제22경에 뗏목[筏]의 비유에 대한 가르침이라는 이야기를 볼 수 있다. 그에 의하면

> 비구들이여, 그대들이 구제되어 건너가기 위하여, 집착하지 않기 위하여, 나는 뗏목의 비유에 관한 가르침[法]을 설하리라. 비구들이여, 예를 들면 길거리를 걸어가고 있는 사람이 있었다. 그 사람이 큰물이 흐르는 것을 보았다고 하자. 이쪽 언덕은 위험하여 무섭고 저쪽 언덕은 안전하여 무섭지 않다. 더욱이 이쪽 언덕에서 저쪽 언덕에 갈 나룻배도 없고 또 다리도 없다. 그때 그 사람은 이렇게 생각했다.
> "이것은 참으로 큰 강물이다. 그럼 나는 풀·나무·가지[枝]·잎을 모아서 뗏목을 만들어, 그 뗏목에 의해서 손과 발로 노력하면서 안전하게 저 언덕으로 건너가겠다."
> 그런데 비구들이여, 이 사람이 뗏목을 만들어 안전하게 저쪽 언덕으로 건너갔다고 하자, 그리고 그때 그 사람이 이렇게 생각했다고 하자.
> "아! 나는 이 뗏목에 의해서 저쪽 언덕에서 건너왔다. 나는 이 뗏목을 머리에 이고 혹은 어깨에 메고 가겠다."
> 그런데 비구들이여, 그대들은 이것을 어떻게 생각하는가. 만일 그 사람이 그렇게 한다면 그 사람은 할 일을 한 사람이라고 생각하는가.
> 그러자 비구들은,
> "거룩한 분이시여, 그렇지 않습니다."
> 하고 대답했다. 거기서 세존께서는
> "비구들이여, 만일 그 사람이 저쪽 언덕에 도달했을 때, 이런 생각을 했다면 어떻겠는가."
> "오! 참으로 이 뗏목은 나에게는 크게 이바지했다. 나는 이 뗏목을

언덕에 끌어 올려 두거나 혹은 물에 띄워 두고 전진하겠다."
"비구들이여, 이와 같이 했다면 그 사람은 뗏목에 대해 해야 할 일을 했던 것이다."

이것이 뗏목의 비유이다. 여기서 볼 수 있듯이 강을 건너는 데는 배나 뗏목이 필요하다. 그러나 건너고 난 시점에서는 그 배나 뗏목은 이미 그 사람에게는 필요치 않다. 더욱이 우리들은 그 배나 뗏목에 집착하여 그것이야말로 가장 소중한 것이라고 생각하기 쉽다. 그런 의미에서도 이 뗏목의 비유는 우리들에게 많은 것을 가르치고 있다.

勝鬘白佛 我當承佛神力 更復演說 攝受
승만백불 아당승불신력 갱부연설 섭수

正法 廣大之義 佛言便說 勝鬘白佛言
정법 광대지의 불언갱설 승만백불언

攝受正法 廣大義者 則是無量 得一切佛
섭수정법 광대의자 즉시무량 득일체불

法 攝八萬四千法門 譬如劫初成時 普興
법 섭팔만사천법문 비여겁초성시 보흥

大雲 雨衆色雨 及種種寶 如是攝受正法
대운 우중색우 급종종보 여시섭수정법

雨無量福報 及無量善根之雨 世尊又如
우무량복보 급무량선근지우 세존우여

劫初成時有大水聚 出生三千大千界藏
겁초성시유대수취 출생삼천대천계장

及四百億種種類洲 如是攝受正法大乘無
급사백억종종류주 여시섭수정법대승무

量界藏一切菩薩神通之力一切世間安隱
량계장일체보살신통지력일체세간안은

快樂一切世間如意自在及出世間安樂劫
쾌락일체세간여의자재급출세간안락겁

成乃至 天人本所未得 皆於中出
성내지 천인본소미득 개어중출

승만 부인은 〈다시〉 부처님께 말씀드렸다.

"저는 부처님의 위덕과 신통력을 받들어 다시 대승의 올바른 가르침을 체득하는 것의 넓고도 큰 의미를 말씀드리겠습니다."

〈그러자〉 부처님께서 말씀하셨다.

"〈그래〉 다시 말해 보라."

〈이에〉 승만 부인은 부처님께 말씀드렸다.

"대승의 올바른 가르침을 체득하는 것의 넓고 크다는 것은 곧 〈그 공덕이〉 무량하다는 의미입니다. 즉 그것은 일체 불법을 증득함으로써 8만4천의 법문을 모두 포섭하기 때문입니다.

비유하자면 마치 〈세상이 처음 생겨난〉 성겁(成劫) 초기에 〈엄청나게〉 큰 구름이 일어나 많은 비와 갖가지 보배를 〈비처럼〉 뿌리는 것과 같이, 대승의 올바른 가르침을 체득한다고 하는 것은 〈곧 많은 중생에게〉 한량없는 복덕과 〈그 복덕의 근본이 되는〉 무량한 선근을 비처럼 내리게 됩니다.

세존이시여, 또 마치 성겁 초기에 큰물이 있어 〈매우 많은 세계인〉 삼천대천세계장과 4백억의 갖가지 세계를 만들어내는 것과 같이, 대승의 올바른 가르침을 체득한다고 하는 것은 대승의 무량세계장과 일체의 〈모든〉 보살이 중생을 구제하기 위해 사용하는 신통력과 일체 〈보통 사람들이 살고 있는 중생〉 세간의 안락함과 쾌락, 일체 세간〈의 일〉이 순리대로 〈풀려〉 자유자재함과, 또한 〈세속을 떠나 깨달음을 추구하는 성문·연각〉 출세간의 안락 등을 낳는 것을 의미합니다.

세상이 처음 만들어지는 것과, 천신과 인간이 근본적으로 〈아직 깨달음을〉 얻지 못한 것도 모두 이 〈대승의 올바른 가르침〉 가운데서 나오게 되는 것입니다."

• 겁: 산스크리트어 칼파(kalpa)의 음사로서 극히 긴 시간을 말한다. ① 4방 40리의 성(城)에 겨자씨를 가득 채우고 100년마다 한 알씩 집어내어

마침내 그 전부를 집어내어 버렸다고 해도 겁은 다하지 않는다는 설, ② 4방 40리의 돌을 100년마다 한 번씩 엷은 옷으로 스쳐서 마침내 그 돌이 마멸(磨滅)되어 버려도 겁은 다하지 않는다는 설이 있다. 모두 다 초시간적인 표현이다.

해설

승만 부인에게 정법은 일승법이며 대승이었다. 일반적으로 불교에는 8만4천 법문이 있다고 말한다. 붓다의 가르침은 마치 인간의 고뇌, 번뇌에 여러 가지의 형태가 있음과 같이 그 괴로움을 제거하는 데에도 여러 가지 가르침, 여러 가지 방법이 있기 때문이다. 지금 승만의 이해에 의하면 『법화경』 이래의 사상사적 전개에서부터도 붓다의 온갖 가르침은 이 일승법에 귀착되는 것이며, 그 많은 가르침은 붓다의 선교 방편으로 이해되는 것이었다.

그런데 승만 부인이 설한 섭수 정법에 대해 부처님은 "과거·미래·현재의 모든 부처님도 이미 그것을 설했고 지금 설하며 앞으로도 설할 것이다. 부처님은 지금 무상보리를 얻었으므로 이 섭수 정법을 설하는 것이다. 이 섭수 정법은 큰 공덕이 있기 때문" 이라고 말한다. 여기에 우리들은 정법의 보편성을 본다. 이것은 붓다가 연기의 깊고 깊음을 설하심에 즈음하여

이 법은 부처가 세상에 출현하든 출현하지 아니하든 법으로서 정해져 있는 것이다. 그것은 스스로가 만든 것도 아니고 또 다른 것에 의해서 만들어진 것도 아니다. 연기 법주(緣起 法住)이며 법공(法空)·법여(法如)·법이(法爾)이며, 또 법은 진여를 떠나지 않고 또 진여와도 같지 않고 심제(審諦)·진실이며 부전도(不顚倒)이다. -『상응부』제2권-

라는 이해를 계승한 것이다. 이리하여 과거·현재·미래의 3세를 관통하여 정법이 일승법이라는 것을 부처님은 승만의 이해를 받아서 찬탄한 것이다.

그런데 이와 같은 정법을 섭수하는 사람의 각오에 대해 본경은 다음과 같이 설하고 있다. 말할 필요도 없이 정법을 섭수하는 사람은 자기 자신을 위한 것만이어서는 안 된다. 왜냐하면 섭수 정법의 안목은 대승인 일승법을 몸에 가지고 체현(體現)하고 대승을 완성시키는 것이었기 때문이다. 이 대승을 완성하기 위해서는 모든 사람에게 똑같이 정법의 섭수자가 되었으면 하는 원(願)과 자기 스스로가 그러한 사명을 등에 업고 있다고 하는 자각을 필요로 한다. 이 사실을 자기 자신에게 확인하지 않으면 안 된다. 이것이 정법을 섭수하는 사람에게는 불가결의 자격이라고 생각한다.

又如大地 持四重擔 何等爲四 一者大海
우여대지 지사중담 하등위사 일자대해

二者諸山 三者草木 四者衆生 如是攝受
이자제산 삼자초목 사자중생 여시섭수

正法 善男子 善女人 建立大地 堪能荷
정법 선남자 선여인 건립대지 감능하

負 四種重任 喩彼大地
부 사종중임 유피대지

何等爲四 謂離善知識 無聞非法衆生 以
하등위사 위리선지식 무문비법중생 이

人天善根 而成熟之 求聲聞者 授聲聞乘
인천선근 이성숙지 구성문자 수성문승

求緣覺者 授緣覺乘 求大乘者 授以大乘
구연각자 수연각승 구대승자 수이대승

是名攝受正法 善男子 善女人 建立大地
시명섭수정법 선남자 선여인 건립대지

堪能荷負 四種重任
감능하부 사종중임

世尊 如是攝受正法 善男子 善女人 建
세존 여시섭수정법 선남자 선여인 건

立大地 堪能荷負 四種重任 普爲衆生
립대지 감능하부 사종중임 보위중생

作不請之友 大悲安慰 哀愍衆生 爲世法
작불청지우 대비안위 애민중생 위세법

母
모

또한 마치 대지가 큰 바다와 모든 산과 초목 그리고 여러 생명체 등의 네 가지 무거운 짐을 지고 있는 것과 같이, 대승의 올바른 가르침을 체득한 〈자질이 훌륭한〉 선남자·선여인은 〈부처님의 정법이 널리 행해지는〉 세계를 만드는 데 다음과 같이 중요한 책임을 감당할 것입니다. 즉 〈그것은 앞에서〉 대지가 〈네 가지 종류의〉 무거운 짐을 감당하고 있다는 비유와 같습니다.

〈그러면 대승의 올바른 가르침을 체득한 선남자·선여인이 감당해야 할〉 네 가지 중요한 책임은 어떤 것인가 하면, 이른바 〈대승의 올바른 진리를 가르치는〉 훌륭한 스승을 버리고 진리가 아닌 것을 들으려는 중생들에게 〈대자대비로써 어여삐 여겨 우선〉 사람과 천상인의 선근을 가르쳐 이들의 〈근기를〉 성숙시켜 줍니다.

그리고 성문을 구하는 사람에게는 열반의 가르침을 설해 주고, 연각을 구하는 사람에게는 12인연의 가르침을 설해 주고, 대승을 구하는 사람에게는 보살도를 가르쳐 각각 〈그 근기에 따라 알맞은 선교 방편으로써 차츰 최고의 깨달음으로〉 이끌어 줍니다.

이것을 이르러 대승의 바른 가르침을 체득한 선남자·선여인이 〈부처님의 정법이 널리 실행되는〉 세계를 만드는 데 감당해야 할 네 가지의 중대한 책임이라 말합니다.

세존이시여, 이와 같이 대승의 올바른 가르침을 체득한 선남자·선여인이 부처님의 바른 가르침이 실천되는 세계를 만드는 데 네 가지의 중대한 책임을 감당한다면, 널리 중생을 위해 청하지 않아도 〈자진해서 그들을 위해 올바른 진리를 설하는〉 좋은 벗이 될 것입니다. 그리고 대자대비한 마음으로 〈미혹에 싸여 있는〉 중생들을 불쌍히 여겨 〈번뇌를 제거하도록 그들을〉 **위로함으로써 세상에** 〈대승의 올바른〉 **가르침을 펼치는 어머니**〈와 같은 존재〉**가 되는 것입니다.**

주

- 중담: 무거운 짐, 짊어지는 물건, 『아함경』에서는 '중담이란 5온(五蘊)을 말한다. 짐을 짊어지는 것은 사람이다. 짐을 짊어지는 물건을 갖는 것은 고(苦)이며 짐을 버리는 것은 낙(樂)이다.' 하여 존재를 구성하는 다섯 가지 요소에 대해서 취착(取着)함을 훈계한다.
- 유: 비유를 말한다. 넘는다는 뜻으로서 앞의 비유[喻]가 되면 '섭수 정법자는 대지와 같다.'의 뜻이고 , 넘는다[踰]가 되면 섭수 정법자는 가르쳐서 악을 멈추게 하고 선을 닦게 하는 중임을 가지므로 대지보다도 뛰어나다.'의 뜻이다. 티벳 역, 『대보적경』 '승만부인회(勝鬘夫人會)'에는 후자의 뜻으로 되어 있다.
- 성문: 소리를 듣는 사람이라는 뜻으로서 부처님의 말씀을 듣고 깨달은 사람을 말한다.
- 연각: 독각(獨覺)으로 번역하며 벽지불로도 음역한다. 부처님의 가르침에 의하지 않고 스스로 도(道)를 깨닫고 자기 혼자 고독을 즐기며 적정한 생활에 든 사람으로 다른 사람을 위해 설법 교화를 하지 않는다.
- 불청지우: 청하지 않는데도 친절을 베풀어 오는 벗. 불·보살이 중생을 구제하기 위해서 자진해서 작용해 오는 것을 벗에 비유함. 벗은 서로 상호부조를 본분으로 하는데 청하기 때문에 구제의 손길을 뻗치는 것은 참다운 벗이라고 할 수 없다고 함에 의해서 불청지우가 되기를 강조한다.
- 법모: 법의 어머니, 사람들에게 초청 받지 않고서도 자진해서 사람들을 생사의 세계에서 구출하고 법을 널리 펴는 자모(慈母).

해설

우리들이 살고 있는 대지는 대해(大海), **제산**(諸山), **초목**(草

木), 그리고 중생(衆生)이라는 네 가지 무거운 것을 짊어지고 있다. 정법을 섭수하는 사람은 이 대지와 같이 남녀를 묻지 않고 네 가지 무거운 것을 짊어진 채 가는 사람이다. 즉 ① 무문 비법(無聞 非法)의 중생, ② 성문, ③ 연각, ④ 대승을 구하는 사람이라는 네 가지 종류이다. 그것은 대지를 아득히 초월하는 짐을 등에 짊어지고 갈 수 있는 사람이라고 할 수 있다.

여기에 모든 사람을 네 개의 그룹으로 분류하고 있다. 우리들 한사람 한사람은 이 네 종류의 어느 하나에 속한 것 같으나 크게 나누면 불교를 믿지 않고 법에 등져 법을 비방하는 무리들과 불법을 믿고 불도를 걸어가려는 부류의 둘이 된다고 생각한다. 그 중에서 전자는 불교에 연(緣)이 없는 사람, 불법을 듣고자 하는 귀를 갖지 않은 사람이다. 이러한 부류도 또 둘이라고 생각된다. 하나는 물론 다른 종교를 굳게 믿고 불교를 믿지 않는 부류를 말하고, 다른 하나는 불교를 포함하여 모든 종교를 무시하는 부류의 사람이다. 특히 후자는 흔히 세간에서 말하는 '연(緣)이 없는 중생'이다. 그러나 '연이 없는 중생은 제도하기 어렵다.'고 말하듯이 전혀 무연(無緣)의 사람은 문제 밖이라 하여 도외시해서는 진정으로 섭수 정법자라고는 할 수 없다. 이러한 무연의 사람이라도 정법을 섭수하기 위해서는 짊어지고 갈 것이 요구된다.

불법을 믿지 않는 사람 중에는 불법을 들을 기회를 갖지 않았다는 이유의 사람들도 있을 것이며, 설령 청문할 기회가 있어도 정면으로부터 부정하는 사람도 있을 것이다. 그러나 그러한 사람일지라도 사회의 일원으로서 생존하는 한, 사회의 도덕과 윤리를 무시하고는 살아갈 수 없다. 또한 살아가는 한에는 사회의 은혜를 의식하지 않을 수 없다. 특히 인간으로서의 도덕과 인륜의 대도(大道)에 위반할 수는 없는 것이다. 적어도 인간이 사회 구성원인 한, 이상의 것들은 엄연한 사실이며 인간 생활의 대전제가 되는 것이다. 그 기본적 입장에 선다면 인간의 행위와 행위의 결과를 연결하는 인과응보의 사상도 부정할 수 없다.

과연 불교의 사상은 '이 법은 세상 사람들에게는 이해하기 어렵고 세상 〈당시의 사상〉의 흐름에 거역되는 것도 있다.'고 붓다의 말씀에 있었던 것과 같이 이해하기 어렵고[難解], 들어가기도 어려운[難入] 법이다. 따라서 깊고 깊은 법을 불교에 연이 없는 사람에게 최초로 설할지라도 그것을 받아들이기는 불가능하다고 말하지 않을 수 없다. 여기에 붓다의 대기설법(對機說法), 차제설법(次第說法)이 갖는 의미가 있다.

모든 사물에는 차례 순서가 있다. 산에 오르기 위해서는 여러 가지 준비를 갖추지 않을 수 없다. 1백 계단의 돌계단은 한걸음 한걸음씩 올라가 이것이 쌓여야만 올라갈 수 있다. 수영에는 물에 뛰어들기 전에 준비운동이 중요하다. 석존께서 세상에 계실 당시 재가의 사람들이 붓다의 가르침을 듣기 위해 여러 곳에서 모여 왔다. 그 중에는 출가하여 석존의 제자가 된 사람도 많았으나 그러한 경우, 석존은 재가 사람들에 대해서 연기(緣起)·4제(四諦)와 같은 깊고 깊은, 최승(最勝)의 법을 설하지 않았다. 석존이 설한 것은 당시의 사회 통념으로써 일반 사회의 윤리로서 받아들여지고 있던 생각들을 우선 긍정하여 재가의 사람들을 서서히 불교의 큰 바다에 들어올 수 있게 노력하고 있다. 이것을 차제설법(次第說法)이라 한다.

이를테면 속가의 신자에 대한 교화, 즉 야사(耶舍) 및 야사의 어머니, 이교도인 브라흐만·폭카라사티에 대한 대화, 거사 우바리에 대한 대화 등에서 볼 수 있는 동일 형식이다. 그 내용은 보시의 이야기, 훈계[戒]의 이야기, 천(天)〈계(界)〉에 태어나는 이야기라고 하는 것이다.

여기에 시(施)·계(戒)·생천론(生天論)이라고 하는 사상은 재가자의 이상이며 목적이 되는 것이어서 천계에 태어나기 위해서는 보시와 계(戒) 즉 사회도덕을 지키는 것이 중요하다고 하는 사상이다. 그것은 불교가 지향하는 열반과는 서로 어긋난 것이다. 따라서 석존의 입장에서 말하면 생천(生天)의 윤리는 재가자에게는 필요한 것이지만 출가자에게는 해당하지 않는다. 그렇지만 석존은 재가자에 대해서 이러한 생천의 윤리를 설하여 사회 통념을 긍정하고 있다. 왜냐하면 이러한 훈화를 함에 의해서 그것을 듣는 사람이 '순종하는 마음, 유연한 마음, 편견에 사로잡히지 않는 마음, 환희의 마음, 맑게 갠 마음'을 구비할 때 비로소 4성제의 가르침을 설할 수 있기 때문이다.

법을 설하기 위해서는 법을 받아들일 수 있는 바탕이 듣는 사람의 마음에 육성되는 것이 선결 문제이다. 그 근기가 성숙됨을 기다리고 감내하는 마음이 요청된다. 묘목을 심기 위해서는 그 묘목이 잘 자라기 위한 토양이 필요한 것처럼, 인간에 있어서도 또한 마음의 토양을 필요로 함은 말할 필요조차 없다. 이리하여 법에 접하지 않은 사람들, 길을 잘못 걷는 사람들에 대해 법을 받아들이는 토양으로서의 인간의 길, 선악 인과의 도리를 우선 설하여, 인간의 행복과 내세의 모습을 설함에 의해서 그러한 사람들과 연을 맺는 것이 중요하다. 정법을 널리 펴려고 하는 사람은 모름지기 이와 같은 노력을 통하여 무문비법(無聞非法)이라

하는 연이 없는 사람들의 마음의 버팀목이 되어야 할 것이다. 이것을 우선 섭수 정법자가 취해야 할 대상으로 삼는 것이다.

다음에 제2의 그룹 사람들인데, 이쪽은 이미 불법과 접촉을 가진 사람들이기 때문에 그 대처하는 방법도 자연히 별도의 것이 요구된다. 이미 앞에서 이에 관해 설한 바와 같이 불교에서는 인간의 성질, 능력에 성문·연각·보살이라는 세 가지 범주를 세운다. 성문은 스승의 가르침을 듣고 깨닫는 사람의 부류이고, 연각은 스승의 가르침을 받지 않고서도 자기 홀로 불교의 진리를 깨닫는 사람을 가리키며, 보살은 스스로의 깨달음을 얻는 데 끝나지 않고 모든 사람들을 교화하여 함께 깨달음으로 들어가도록 한다. 소위 '상구보리(上求菩提) 하화중생(下化衆生)'의 입장을 취하는 사람들이다. 대승을 구하는 사람들이란 이 입장에 선 사람들을 말하지만 섭수 정법자는 이 세 가지에 속하는 모든 사람들을 대상으로 하여 그들에게 각각 연을 맺게 한다는 처방전을 준비하지 않으면 안 된다고 가르친다.

이 경우 중요한 것은 이미 어떤 고정관념을 가진 사람들, 또는 자기가 살고 있는 방식이 최고의 것이라고 고집하는 사람들에 대해 어떻게 대응할 것인가 하는 점이다.

인간은 누구나 자기의 생각을 베스트인 것으로 생각한다. 그 결과 자기의 주장을 절대시하려는 경향을 갖는다. 그래서 상대방의 주장에 대해 솔직하게 귀 기울이려고 하지 않는다. "자기의 의견이 바르다고 생각한다면 상대방의 주장도 바르다고 귀 기울여야 한다."란 불교왕(佛敎王) 아쇼카의 유명한 말이다.

또 인간에게는 자기만 좋으면 그로서 좋다고 생각하는 경향도 있다. 다른 사람은 어찌해도 좋다. 자기만 좋으면 그로써 된다고 한다. 이것도 자기중심적인 사고방식이며 남을 위하는 생각이나 불쌍하다는 감정에서 멀리 떠난 것이다. 물론 자기의 본분을 잊고 남을 위해서만이 몰두하는 것은 좋지 않다. 그러나 자기의 행복을 함께 나누고 함께 한다는 생각이 있고서야 만이 그 사람의 마음은 차츰차츰 따뜻해져서 풍성함을 증장할 것이다. 많은 큰 강, 작은 강을 받아들이는 큰 바다와 같이 모든 것을 감싸는 큰 하늘과 같은 마음의 주인이기를 바란다.

이리하여 섭수 정법자의 존재 방식은 붓다의 전도 선언서도 볼 수 있다. '나·남과 함께' 라는 이상을 높이 들고 그 이상의 달성과 실현에 노력·정진하는 임무를 짊어지고 있었던 것이다. 그것은 대지보다도 더욱 무거운 짐을 짊어지고 있다고 말하지 않을 수 없다.

이와 같은 섭수 정법자는 남자든 여자든 "널리 중생을 위해 불청의 벗이 되어 대비를 가지고 중생을 애민하고 세상의 법모(法母)가 된다."고 『승만경』은 말하고 있다.

여기서 볼 수 있는 '불청의 벗'이라는 말은 내가 가장 애호하는 말 가운데 하나이다. 우리가 생활상에서 누구나 좌우명을 지표로 하는 경우가 많다. 근대 불교 연구의 시조라고 생각되는 일본의 고(故) 난조 분유(南條文雄) 박사는 '위법불위신(爲法不爲身)'이라는 법어를 매우 사랑해 왔다고 한다. 선생의 『회구록(懷舊錄)』 맨 끝에 보이는 '조설처79년(爪雪處七十九年)' 가운데 "명교대사(明教大師) 계숭(契嵩)의 위법불위신(爲法不爲身)"이라는 말이 깊이 자기의 마음을 사로잡았다고 서술하고 있다. 그것은 내 몸을 위하지 않고 법을 위해서 해야 한다고 하는 자세이며, 정법의 구현화에 신명을 아끼지 않았음을 말하는 것이다.

지금 『승만경』에 보이는 '불청의 벗'이 된다는 말은 『승만경의소』에 의하면

> 벗이란 서로 구제하는 것을 참뜻으로 한다. 반대로 청하고 난 후에 구제하는 것은 곧 참다운 벗이 아니다. 그러므로 불청의 벗이 된다고 한다.

고 되어 있으므로 남에게 초청받지 않고서도 자진하여 자비의 마음으로 사람들을 구제한다는 뜻이다. 이 『승만경』의 티벳역에 의하면 '모든 사람들의 근본적인 의지처(依支處)로 되다.'이므로 이를 산스크리트어에 환원하면 '모든 사람들에게 기본적인 의지처로 된다.'는 것이다.

『대보적경』 119권 '승만부인회' 제48에는 작불청우(作不請友)라고 보이는데, 여기의 벗이란 자기의 벗[友人]이라고 하는 협의로 해석하기보다는 모든 사람을 내 벗으로 보는 해석이 바람직하다. 따라서 간접적으로는 세상 속의 모든 사람이 된다. 우리의 생활 주변에는 자기를 에워싼 많은 지인(知人)이 있다. 그것이 남자이든 여자이든 아이이든 어른이든 인생 경험을 쌓으면 쌓을수록 그 원주는 넓어져 간다. 또한 자기 혼자가 아닌 가족 구성원을 단위로 하여 생각해 보면 이 원주(圓周)는 더욱 더욱 넓어져 가며, 자기의 지인을 통하여 그 때까지는 알지 못했던 사람과의 접촉이 새롭게 시작된다.

우리의 일상생활 가운데서 남이라고 생각했던 사람마저 알고 보면 연고가 있는 사람이었음에 눈뜨는 경우가 가끔 있다. 그런 의미에서 우리 한국인은 크고 작고 간에 동일한 핵에서 분열한

것이라고 말할 수 있다. 아니 한국인이라는 좁은 틀에서만이 아니라 요즘처럼 해외와의 교류가 성해지면 세계 사람들과 친해지는 경우가 많아진다. 그래서 "세계는 하나의 마을이다."는 독일의 격언이 실감난다. 그리고 그로부터 인류는 하나의 공동체라고 하는 자각이 생겨나 사회 연대성, 운명 공동체라는 생각이나 단 하나뿐인 지구를 소중히 하자고 하는 생각에까지 발전해 가는 것이다. 아무튼 현대와 같이 공해와 환경위생의 문제가 사회 전체의, 지구 전체의 문제가 되어 오면 '둘도 없는 인생'이라는 의식에서 '둘도 없는 지구' 라는 의식으로 바뀌어 가는 것이다.

이와 같이 이해하여 가면 우리 주변의 한 사람 한 사람은 모두 자기에게는 벗으로서 같은 붕우(朋友)로서 존재하고 있었던 것이다. 그 벗에 대해서 대자비의 정신으로 접하는 소중함을 『승만경』은 강조하고 있었던 것이다. 청함을 받지 않고, 초청되지 않은 벗이 된다는 의미는 『승만경의소』에도 있듯이 본래 인간은 모두 남의 벗인 한 그 벗을 구제하는 것은 당연한 일이며, 청함을 받고 후에 손을 내미는 것은 참다운 인간으로서의 자각을 결여하고 있다고 말해도 된다.

이와 같이 말하면 인간의 존재 방식은 항상 스스로를 반성케 하고 자기와 남과의 관계를 새삼 확인시켜 준다. 그것은 사회 연대 의식을 요청하고 자각을 촉구하는 것이며 현대 사회에 대한 경종을 이 『승만경』 자체가 말한다고 보아야 할 것이다.

又如大地有四種寶藏 何等爲四 一者無
우 여 대 지 유 사 종 보 장 하 등 위 사 일 자 무

價 二者上價 三者中價 四者下價 是名
가 이 자 상 가 삼 자 중 가 사 자 하 가 시 명

大地四種寶藏 如是攝受正法 善男子善
대 지 사 종 보 장 여 시 섭 수 정 법 선 남 자 선

女人 建立大地得衆生四種最上大寶
여 인 건 립 대 지 득 중 생 사 종 최 상 대 보

何等爲四 攝受正法 善男子善女人 無聞
하 등 위 사 섭 수 정 법 선 남 자 선 여 인 무 문

非法衆生以人天功德善根而授與之 求聲
비 법 중 생 이 인 천 공 덕 선 근 이 수 여 지 구 성

聞者授聲聞乘 求緣覺者授緣覺乘 求大
문 자 수 성 문 승 구 연 각 자 수 연 각 승 구 대

乘者授以大乘 如是得大寶衆生 皆由攝
승 자 수 이 대 승 여 시 득 대 보 중 생 개 유 섭

受正法 善男子善女人 得此奇特希有功
수 정 법 선 남 자 선 여 인 득 차 기 특 희 유 공

德
덕

世尊 大寶藏者 卽是攝受正法
세 존 대 보 장 자 즉 시 섭 수 정 법

또 세상[大地]에는 네 가지 보배가 있습니다. 값을 헤아릴 수 없는 보배[大乘], 값이 아주 비싼 보배[緣覺乘], 값이 약간 비싼 보배[聲聞乘], 값이 싼 보배[人天乘] 등을 네 가지 보배라 합니다.

이와 같이 대승의 올바른 가르침을 체득한 선남자, 선여인은 〈부처님의 가르침이 실현되는〉 세계를 만듦으로 중생 가

운데서 가장 크고 훌륭한 네 가지 보배〈인 대승·연각승·성문승·인천승〉를 얻게 됩니다.

그 네 가지 보배에 대한 설명은 다음과 같습니다.

대승의 올바른 가르침을 체득한 선남자·선여인이 참된 진리를 아직 듣지 못한 중생들에게는 〈10선법을 으뜸으로 하는〉 인천의 공덕과 선근으로써 그에 알맞게 가르침을 줍니다. 그리고 성문을 추구하는 사람에게는 성문에게 알맞은 〈4성제·8정도의〉 가르침을 펼쳐 줍니다. 또한 연각을 추구하는 사람에게는 연각에게 알맞은 〈12인연법의〉 가르침을 설해 줍니다. 그리고 대승을 추구하는 사람에게는 그에 알맞은 〈6바라밀인〉 대승을 설하여 각각 〈그들의 근기에 알맞은 방편으로써〉 가르쳐 줍니다.

이와 같이 가장 큰 보배를 얻은 중생들은 모두 대승의 올바른 가르침을 체득한 선남자·선여인으로부터 기이하고 드문 은혜를 받게 됩니다.

세존이시여, 가장 큰 보배라는 것은 대승의 올바른 가르침을 체득한 것입니다.

주

- 무가: 헤아릴 수 없는 최상으로 귀중한 것.
- 상가: 매우 훌륭한 가치가 있는 것.
- 중가: 중간 쯤 되는 가치가 있는 것.
- 하가: 보배 중에서도 가장 가치가 낮은 것 .

해설

이미 말한 바와 같이 정법을 섭수하는 사람은 모든 사람에게 진실한 가르침을 평등하게 나누어 주어야만 한다. 그러한 경우 인간에게는 제 나름대로의 성격, 제 나름대로의 환경 속에 있다고 하는 차이가 있다. 마치 이 대지 속에 다이아몬드·금·은·동·철·석탄 등의 무한한 보고(寶庫)가 매장되어 있음과 같이 가치의 점에서는 제각각 차이가 있어도, 그 차이는 대지라고 하는 대자연 속에 매몰되고 대지가 자기 스스로의 속에 감싸고 있다. 정법을 섭수하려는 사람에게는 마치 대지처럼 여러 사람들과 접촉하는 경우가 있다. 이러한 사실은 섭수 정법자는 인간과 천신·성문·연각·보살이라고 하는 네 가지 가르침을 구하는 사람들을 항상 포함하고 있음과 같은 의미이다.

이와 같이 고찰해 가면 정법을 섭수하는 사람의 마음과 섭수되는 정법과는 결코 별개의 것이 아니다. 더욱이 대지가 네 가지의 보배를 생하는 장소임과 같이 정법을 섭수하는 사람의 마음에는 네 가지의 보배가 내장되어 있었다. 여기에 네 가지의 보배가 제각각 빛내기 위해서는 정법이 섭수되지 않으면 안 되는 것도 당연한 일이다.

世尊 攝受正法 攝受正法者 無異正法
세존 섭수정법 섭수정법자 무이정법

無異攝受正法 正法卽是攝受正法
무이섭수정법 정법즉시섭수정법

世尊 無異波羅蜜 無異攝受正法 攝受正
세존 무이바라밀 무이섭수정법 섭수정

法 卽是波羅蜜
법 즉시바라밀

何以故 攝受正法 善男子善女人 應以施
하이고 섭수정법 선남자선여인 응이시

成熟者 以施成熟 乃至捨身支節 將護彼
성숙자 이시성숙 내지사신지절 장호피

意而成熟之 彼所成熟衆生建立正法 是
의이성숙지 피소성숙중생건립정법 시

名檀波羅蜜
명단바라밀

應以戒成熟者 以守護六根 淨身口意業
응이계성숙자 이수호육근 정신구의업

乃至正四威儀 將護彼意而成熟之 彼所
내지정사위의 장호피의이성숙지 피소

成熟 衆生建立正法 是名尸波羅蜜
성숙 중생건립정법 시명시바라밀

應以忍成熟者 若彼衆生 罵詈毀辱誹謗
응이인성숙자 약피중생 매리훼욕비방

恐怖 以無恚心饒益心第一忍力乃至顏色
공포 이무에심요익심제일인력내지안색

無變 將護彼意而成熟之 彼所成熟衆生
무변 장호피의이성숙지 피소성숙중생

建立正法 是名羼提波羅蜜
건립정법 시명찬제바라밀

應以精進成熟者 於彼衆生 不起懈心生
응이정진성숙자 어피중생 불기해심생

大欲心第一精進乃至 若四威儀 將護彼
대욕심제일정진내지 약사위의 장호피

意 而成熟之 彼所成熟衆生 建立正法
의 이성숙지 피소성숙중생 건립정법

是名毘梨耶波羅蜜
시명비리야바라밀

應以禪成熟者 於彼衆生 以不亂心不外
응이선성숙자 어피중생 이불란심불외

向心第一正念乃至久時所作 久時所説
향심제일정념내지구시소작 구시소설

終不忘失 將護彼意 而成熟之 彼所成熟
종불망실 장호피의 이성숙지 피소성숙

衆生 建立正法 是名禪波羅蜜
중생 건립정법 시명선바라밀

應以智慧成熟者 於諸衆生 問一切義 以
응이지혜성숙자 어제중생 문일체의 이

無畏心 而爲演説 一切論一切工巧究竟
무외심 이위연설 일체론일체공교구경

明處乃至種種 工巧諸事 將護彼意 而成
명처내지종종 공교제사 장호피의 이성

熟之 彼所成熟衆生 建立正法 是名般若
숙지 피소성숙중생 건립정법 시명반야

波羅蜜
바라밀

是故世尊 無異波羅蜜 無異攝受正法 攝
시고세존 무이바라밀 무이섭수정법 섭

受正法 卽是波羅蜜
수정법 즉시바라밀

세존이시여, 대승의 올바른 가르침을 체득한 것 〈즉 깨달은 대상으로서의 마음〉과 대승의 올바른 가르침을 체득한 〈깨닫는 주체로서의〉 사람이란 〈부처님께서 설한〉 올바른 가르침[正法]일 뿐입니다. 이것 이외에 다른 정법은 없습니다. 또한 그 외에 다른 대승의 가르침을 체득한다는 것도 없습니다. 〈왜냐하면 여기서 말한〉 올바른 진리란 대승의 올바른 가르침을 체득하는 것을 말합니다.

세존이시여, 대승의 올바른 가르침은 〈보살이 실천하는 여섯 가지〉 바라밀과 다르지 않습니다. 〈또한 보살이 실천하는 바라밀은〉 대승의 올바른 가르침을 체득하는 것과도 다르지 않습니다. 그러므로 대승의 올바른 가르침을 체득하는 것이 곧 〈보살이 실천 수행하는〉 바라밀인 것입니다.

왜냐하면 대승의 올바른 가르침을 체득한 선남자·선여인은 반드시 〈중생을 구제함에 있어〉 보시(布施)로써 〈그 자질을〉 성숙시킬 수 있는 사람에게는 보시〈를 행하게 함으〉로써 〈그 자질을〉 성숙시켜 줄 것입니다. 또한 〈경우에 따라서는〉 몸과 팔·다리까지 다 바쳐 장차 〈참된 일을 추구하는〉 마음을 보호하고 성숙시켜 줍니다. 그렇게 자질이 성숙된 중생은 〈앞으로〉 계속 올바른 가르침을 추구하게 될 것입니다. 이것이 바로 보시바라밀(단바라밀)이라고 합니다.

반드시 계(戒)로써 〈그 자질을〉 성숙시킬 수 있는 사람에게는 〈우선 여섯 가지 감각 기관인〉 6근을 잘 다스리게 합니다. 그리고 〈몸으로 짓는〉 행위와 〈입으로 짓는〉 구업과 〈생각으로 짓는〉 의업 등 3업을 깨끗하게 합니다. 나아가 〈움직이거나[行] 머물거나[住] 앉거나[坐] 눕는[臥]〉 것이 모두 규칙에 맞고

방정하여 숭배할 생각을 내게 하는 네 가지 위의[四威儀]를 바르게 합니다. 또한 그들이 마음을 잘 조절하게 함으로써 〈그 근기를〉 성숙시킵니다. 그렇게 자질이 성숙된 중생은 올바른 〈대승의〉 가르침을 확립시킬 수 있을 것입니다. 이것이 바로 지계바라밀(시라바라밀)이라고 합니다.

반드시 인욕(忍辱)으로써 〈그 자질을〉 성숙시킬 수 있는 사람도 있습니다. 가령 저 중생을 꾸짖고 헐뜯고 욕하고 비방하며 위협하고 두렵게 하더라도 화내지 않는 마음을 내게 합니다. 〈오히려 다른 사람을〉 이롭게 하려는 마음과 〈어떠한 일이 있어도 화를 내지 않고〉 가장 잘 참아 내겠다는 결심으로써 얼굴빛을 붉히지[變] 않게 합니다. 그렇게 그들의 마음을 보호함으로써 〈그 자질을〉 성숙시킬 수 있게 됩니다. 이것을 인욕바라밀(찬제바라밀)이라고 합니다.

반드시 정진으로써 〈그 자질을〉 성숙시킬 수 있는 사람에게는 우선 그 중생들이 게으르고 나태한 마음을 일으키지 않게 합니다. 〈나아가 모든 중생을 구제하겠다는〉 크나큰 원력[大欲心]과 언제나 가장 훌륭한 정진을 하게 합니다. 그리고 갖가지 위엄 있는 태도[威儀]를 보여 주어서 그들의 생각을 잘 보호하게 합니다. 〈그렇게 함으로써 그 자질을〉 성숙시킬 수 있게 됩니다, 이것을 정진바라밀(비리야바라밀)이라고 합니다.

반드시 선정으로 그 자질을 성숙시킬 수 있는 사람의 경우, 우선 그 중생들의 마음이 산란하지 않게 합니다. 그리고 그 마음이 외부의 〈대상〉 세계로 향하지 않게 합니다. 또한 가장 바른 생각과 심지어 오래 전에 행한 〈바른〉 일과 오래 전에 설한 가르침을 끝내 잊지 않게 합니다. 〈이와 같이〉 그들의 생각을 잘 보호함으로써 〈그 자질을〉 성숙시킬 수 있게 됩니다. 이렇게 〈그 자질이〉 성숙된 중생은 올바른 대승의 가르침을 확립할 수 있습니다. 이것을 선정바라밀이라고 합니다.

반드시 지혜(智慧)로써 〈그 자질을〉 성숙시킬 수 있는 사람에게는 그 중생들이 물어 오는 일체의 〈질문에 대하여〉 그 이치를 두려움 없는 마음으로 설해 줍니다. 그리고 일체의 논의와 일체의 기교 그리고 궁극적인 이치 내지 갖가지 수단으로써 모든 현상을 설명합니다. 〈이와 같이〉 그들의 생각을 잘 보호함으로써 〈그 자질을〉 성숙시킬 수 있게 됩니다. 이렇게 성숙된 중생들은 〈대승의〉 올바른 가르침을 확립할 수 있습니다. 이것을 지혜바라밀(반야바라밀)이라고 합니다.

그러므로 세존이시여, 바라밀〈을 실천하는 것〉과 대승의 올바른 가르침을 체득하는 것은 서로 다르지 않습니다. 즉 대승의 올바른 가르침을 체득하는 것이 곧 바라밀〈을 실천하는 것〉입니다.

주

• 섭수 정법: 섭수되는 정법, 소섭(所攝)의 만행 정법(萬行正法)을 말한다.
• 섭수 정법자: 정법을 섭수하는 사람, 즉 능섭(能攝)의 마음을 말한다.
• 장호: 도와서 지키는 것.
• 단바라밀: 단(檀)은 산스크리트어 다나(dāna)의 음사인데 단나를 줄인 말로서 보시(布施)·시(施)로 번역한다. 베풀어 주는 것으로서 재시(財施)·법시(法施)·신시(身施)가 있다. 따라서 보시바라밀을 말하며 대승 보살행으

로서의 6바라밀행의 하나.

• 6근: 안근(眼根)·이근(耳根)·비근(鼻根)·설근(舌根)·신근(身根)·의근(意根) 여섯 감각기관을 말한다.

• 4위의: 일상적인 기거동작 행(行)·주(住)·좌(坐)·와(臥)의 네 가지에 대해서 지켜야 할 법규에 따라서 위엄 있는 모습, 태도를 말함.

• 시(라)바라밀: 산스크리트어 시라(śila)의 음사인데 계바라밀(戒波羅蜜), 지계바라밀을 말하며 보살의 계[大乘]. 6바라밀의 하나이다.

• 매리: 헐뜯고, 매도하는 것.

• 훼욕: 수치스럽게 하는 것.

• 무에심: 성내는 마음이 없는 것.

• 찬제바라밀: 산스크리트어 크샨티(ksānti)의 음사로 인욕(忍辱)이라 번역하며 인욕바라밀이라 한다.

• 해심: 게으른 마음.

• 비리야바라밀: 산스크리트어 비리(virya)의 음사로서 근(勤), 정진(精進)이라 번역함. 부지런히 좋은 일을 행하고 과실을 범하지 않는 용맹심, 노력 정진하는 것. 따라서 정진바라밀이라 한다.

• 선바라밀: 산스크리트어 디야나(dhyāna)의 음사를 줄인 말. 마음을 하나의 대상에 집주(集注)하여 사유하는 것으로 선정바라밀이라 한다.

• 불란심: 산란(散亂)하지 않는 마음.

• 불외향심: 외계(外界)의 사물에 동요하지 않는 마음.

• 반야바라밀: 산스크리트어 프라즈나(prajñā)의 음사로서 혜(慧)·지혜(智慧)·명(明)으로 번역한다. 진리를 체득한 깨달음의 지혜로서 지식과는 다르다. 6바라밀 중에서는 다른 5바라밀을 성립시키는 근거가 된다. 지혜바라밀이라고도 한다.

• 공교: 기술·공예·예능 등의 예술.

• 명처: 배워서 밝게 하는 곳, 인도에서는 예로부터 다섯 가지의 명처가 있다고 한다. 즉 학문이나 기예를 분류하여 ① 종교·철학을 배우는 학

문으로서의 내명(內明)과 ② 정사(正邪)를 고구(考究)하여 진위를 밝히는 논리학으로서의 인명(因明)과 ③ 언어·문학·음성학·문법을 배우는 성명(聲明)과 ④ 의학·약학 분야로서의 의방명(醫方明) 및 ⑤ 공예·기술·역법(曆法)을 배우는 분야로서의 공교명(工巧明)을 말한다.

해설

대승 불교는 보살행의 실천을 강력히 호소한다. 그 근간을 이루는 것은 사회봉사의 사상이다. 보통 6바라밀행을 가지고서 대승 보살행의 기조로 삼는데 그것은 보시·지계·인욕·정진·선정·지혜라고 하는 여섯 가지의 바라밀행이다. 여기에서 말하는 바라밀이란 산스크리트어 파라미타(pāramitā)의 음사이며 도피안(到彼岸)이라 번역한다. 그 의미는 미혹의 차안(此岸)에서 깨달음의 피안(彼岸)에 도달하는 것을 말한다. 왜 그것이 대승 보살행으로 되었는가 하면 보살은 이 6바라밀행을 행함에 의해서 모든 사람을 도피안이라고 하는 이상향에 도달케 하는 노력을 아끼지 않기 때문이다. 그것은 자기 혼자를 위한 것이 아니라 모든 사람을 위한 것이기 때문이다.

그런데 이 6바라밀행의 첫번째에 보시행이 손꼽히는데 그것은 자비의 정신에서 발현되는 행위이다. 더욱이 그 보시라는 행위에 의해서 그 어떤 결과를 기대하며 자기의 욕망을 만족시키는 수단으로서의 보시 행위는 참다운 보시행이라고 말할 수 없기 때문이다. 힌두교는 성전 『바가밧드 기타』에서 흔히 말하는 바이지만 "행위의 과보를 기대하고 행위를 하지 말라."고 훈계하고 있는 것도 바로 그것이다.

원래 보시라고 하는 행위는 보시하는 사람, 보시를 받는 사람, 보시물의 3자에 의해서 성립하는 것이나 이 3자가 모두 무사(無私)의 청정 즉 삼륜 청정(三輪 淸淨)한 것이 아니면 참다운 보시행은 완성되지 않는다. 흔히 세간에서 말하는 것같이 '이렇게 하면 이러한 결과가 될 것이다.' 하는 거래 관계로 해석하여 증여하고 보시했다고 생각하는 사람이 있다. 그리고 그 기대에 못미처 그 어떤 보답도 하지 않는다고 상대방을 매도하며 비난한다. 혹은 자기의 분수를 넘는 고가의 물품을 선물하기도 한다. 그런 경우 만일에 이렇게 돈을 쓰는 것은 아깝다고 생각한다면 그것은 참다운 의미로서의 보시물이 되지 않는다. 하물며 훔친 물건을 기증하는 것 따위는 말할 필요도 없는 것이다. 보시를 받는 사람도 삿된 마음을 가지거나 당연하다고 하는 마음을 갖는다면 상대방의 마음은 불충분하며 통하지 않는다. 요컨대 사심, 사욕을 떠난 것이지 않으면 안 된다.

불교 설화의 대표라고 하는 『본생경』에는 이 보시에 대해 많은 것을 이야기하고 있으나 그 가운데서 참다운 보시는 자기희생에서 그 극(極)을 다한다고 말하고 있다. 불교는 자기를 없애고 자아를 극복할 것을 강력히 가르치고 있다. 우리들은 말하자면 자기에 대한 아집에 의해서 뭉쳐 있다고 말해도 과언이 아니다. 이 아집이 있는 한, 제아무리 보시를 하더라도 그 행위가 자기중심적으로 되고 만다.

독일의 유명한 오페라 작곡가인 리하르트 바그너(1813-1883)는 『마이스터징거』에서 '참다운 승리는 자기에게 이기는 것이다.'라 노래하고 있다.

쇼펜하우어에게 인도철학과 불교 사상을 배운 바그너는 승리자의 모티브를 『법구경』 제103게송

싸움터에서 백만 인에게 이겼더라도
하나의 자기에게 이긴 사람이야말로 최상의 승리자이다.

에서 차용하고 있다. 참으로 불교의 원점(原點)은 자아의 극복에 있었음을 알 수 있다.

다음에 부처가 되는 길을 가고 있는 사람에게 중요한 일은 스스로를 훈계하는 일이다. 이미 이에 관해 말한 바와 같이 계(戒)는 섭율의계(攝律儀戒), 섭선법계(攝善法戒), 섭중생계(攝衆生戒)라고 하는 삼취정계(三聚淨戒)이지만 특히 그 기본이 되는 것은 인격의 육성에 불가결한 스스로를 훈계하는 것이다. 옛말에도 '춘풍이접인(春風以接人) 추상이지기(秋霜以持己)'라고 하는데, 즉 사람을 접할 때에는 봄바람처럼 따뜻해야 하고 자기에 대해서는 서릿발처럼 하라는 말로서, 자기에 대해서 준엄해야 만이 그 사람의 인간성은 차츰차츰 빛날 것이다. 지계바라밀은 이와 같은 의미에서 보살행의 두 번째로 거론된다.

다음에 우리들의 일상생활 속에서 참고 견디는 일이 요구된다. 특히 현대처럼 어수선한 세상의 모습에서는 인간의 마음은 초조한 나머지 쓸데없는 마찰을 초래하기 쉽다. 공동생활에 있어서는 서로 양보하는 정신이 바람직함은 당연한 일이지만 그 근본에 참는 것이 요청된다. 이와 같이 참는 마음을 인욕이라 하고 그것을 힘쓰는 것이 인욕행이라 한다. 그 인욕행의 철저한 예가 『법화경』에 상불경보살(常不輕菩薩)의 행위가 설해져 있다. 이 보살은 다른 사람으로부터 수많은 모욕과 돌을 던질지라도 꾹 참고 견딘다고 한다. 남을 가벼이 여기지 않는 보살로서 그것에 철저한 보살행은 우리에게 많은 것을 가르친다. 『승만경』

에서는 남으로부터 매도(罵倒)되고 모욕 받고 비방되며 혹은 공포에 떨게 할지라도 이것을 참고 견디는 것이나 남의 잘못된 행위에 대해서도 진에(瞋恚)의 마음을 갖지 않고 남의 미혹을 제거해 주고 바른 지혜를 얻게 한다고 하는 인욕을 가장 첫 번째라고 들고 있다.

『법화경』 '법사공덕품(法師功德品)'에 의(衣)·좌(座)·실(室)의 3궤(三軌)라고 하는 것을 볼 수 있다. 그것은 법화경을 설할 즈음 여래의 방[室]에 들어가 여래의 옷[衣]을 입고 여래의 자리[座]에 앉아 널리 설하는 것이 필요하다고 가르친다. '여래의 방'이란 일체 중생 가운데의 대자비이며 '여래의 옷'이란 유화인욕(柔和忍辱)의 마음이며 '여래의 자리'란 일체법이 공성(空性)이라고 하는 것이다. 여기에 자비와 인욕이 유감없이 나타나 있다.

인간은 자칫하면 무위 안락(無爲 安樂)의 생활에 익숙해지므로 말미암아 환경에 순응하여 흘러가기 쉬운 성질을 가지고 있다. 불도를 수행하는 경우에 무엇보다도 중요한 일은 부단(不斷)한 노력이다. 자기 자신을 채찍질하고 어떠한 사태를 만날지라도 흔들리지 않는 신념을 가지는 것이 긴요하다. 그것을 정진바라밀행이라 한다.

그런데 어수선한 일상생활 속에서 우리는 자기를 되돌아보거나 안으로 살펴보는 것을 잊기가 쉽다. 현대 인간의 생활 기구는 단순하지 않고 매우 다각적이며 복잡하다. 아침에 일어나서 잠자리에 들기까지 시간에 좌우되는 일상생활의 연속이다. 그리고 정해진 일과를 소화시키는 가운데 어느덧 일상성에 파묻혀서 충실한 하루를 보내는 것도 드물게 된다. 이러한 일상성 속에서 우리를 적극적으로 되살아나게 하는 것이 무엇보다도 중요한 일이나, 그렇기 위해서는 항상 긴장 관계 속에서 자기를 규율하고 자기를 견제할 필요가 있다. 인간의 마음은 이미 말했듯이 잠시라도 조용히 멈추지 않는다. 다음에서 다음으로 이동하여 멈출 줄을 모른다. 그러한 가운데 일심으로 마음을 집중하여 자기의 일에 열중할 수가 없게 된다.

석존은 스스로의 생애를 회고하며 '해야 할 일을 해서 마쳤다[所作已辯 所作已作].'고 말하고 있다. 우리는 때때로 자기의 일에 전력투구했을 때의 기분이 상쾌함과 산뜻함을 경험한다. 그리고 그러한 하루를 끝마쳤을 때는 충분한 만족감을 맛보게 된다. 그러나 그 반면에 일상성에 파묻혀 그저 막연히 공허하게 하루를 넘겼을 때의 불쾌감을 맛보는 경우가 허다하다. '광음(光陰)은 살[矢]과 같[如]다.'고 하는 옛말도 그러한 날에는 오직 감상적으로만 메아리치는 것이 아닌가. 오히려 적극적으로 자기의 시간을 이용하고 활기 있는 하루를 보내고자 한다.

6바라밀행 중의 선바라밀행은 평범하게 말하면 마음을 하나의 것에 집중하고 산란심을 제지하는 행이다. 이것저것 대상을 추구해서는 하나의 일에 전념하고자 해도 소용이 없다. 부동의 마음은 산란심을 제지하고 항상 정신 통일이라고 하는 긴장 속에 나타나는 것이다.

그런데 이와 같은 바라밀행은 필경에는 사물의 바른 인식에 뿌리를 가진 지혜에 도달한다. 사물을 바르게 인식하고 파악할 때, 우리의 행동도 또한 그 인식 위에 성립한다. 일상생활을 지탱하는 원동력은 결국 참다운 지혜에서 발동하는 것이다. 이런 의미에서 반야[지혜]바라밀행이 채택된 것이다.

이상으로 대승 보살행으로서의 6바라밀행에 대해 말했으나 그것은 또한 정법을 섭수하는 사람의 행이기도 했다. 아니 정법을 섭수한다는 것은 정법을 실현하는 것, 정법을 스스로의 위에서 체현(體現)하는 것이었다. 따라서 정법이란 무엇인가 하는 질문에는 정법을 실현하는 곳에 있다고 말할 수 있다. 이와 같은 의미에서 정법을 섭수하는 것은 단순한 말로서 이해를 말하고 있는 것은 아니었다. 어떤 훌륭한 말이라도 그것이 단순한 말로서만 받아들인다면 그것은 공문화(空文化)된 것에 불과하다. 올바른 법은 일상성 속에서 내실화되어 살려야만 바른 법인 것이다. 거기에는 이론과 실천이라고 하는 대립, 구별은 없다. 이론은 그대로 실천이지 않으면 안 되는 것이다.

인도의 옛 철학서『우파니샷샤드』가운데 '안다[知]는 것은 되는[成] 것이다.'는 말이 있다. 참으로 그와 같다. 불법을 참으로 아는 사람은 부처가 되는 것이지 않으면 안 된다. 보살행을 실행한다는 것은 그 사람의 생활 모두가 보살행이어야만 한다.

世尊 我今承佛威神更說大義
세존 아금승불위신갱설대의

佛言 便說
불언 변설

勝鬘白佛 攝受正法 攝受正法者 無異攝
승만백불 섭수정법 섭수정법자 무이섭

受正法 無異攝受正法者 攝受正法善男
수정법 무이섭수정법자 섭수정법선남

子善女人 卽是攝受正法 何以故 若攝受
자선여인 즉시섭수정법 하이고 약섭수

正法善男子善女人 爲攝受正法捨三種分
정법선남자선여인 위섭수정법사삼종분

何等爲三 謂身命財
하등위삼 위신명재

善男子善女人捨身者 生死後際等離老病
선남자선여인사신자 생사후제등이로병

死 得不壞常住 無有變易 不可思議功德
사 득불괴상주 무유변역 불가사의공덕

如來法身
여래법신

捨命者 生死後際等 畢竟離死 得無邊常
사명자 생사후제등 필경이사 득무변상

住不可思議功德 通達一切甚深佛法
주불가사의공덕 통달일체심심불법

捨財者 生死後際等 得不共 一切衆生
사재자 생사후제등 득불공 일체중생

無盡無感畢竟常住不可思議 具足功德
무진무감필경상주불가사의 구족공덕

得一切衆生 殊勝供養
득일체중생 수승공양

世尊 如是捨三分 善男子善女人 攝受正
세존 여시사삼분 선남자선여인 섭수정

法常爲一切 諸佛所記 一切衆生 之所瞻
법상위일체 제불소기 일체중생 지소첨

仰
앙

世尊 又善男子善女人 攝受正法者 法欲
세존 우선남자선여인 섭수정법자 법욕

滅時 比丘比丘尼優婆塞優婆夷 朋黨諍
멸시 비구비구니우바새우바이 붕당쟁

訟 破壞離散 以不諂曲不欺誑不幻僞 愛
송 파괴이산 이불첨곡불기광불환위 애

樂正法 攝受正法 入法朋中 入法朋者
락정법 섭수정법 입법붕중 입법붕자

必爲諸佛 之所授記
필위제불 지소수기

世尊 我見攝受正法 如是大力 佛爲實眼
세존 아견섭수정법 여시대력 불위실안

實智 爲法根本 爲通達法 爲正法依 亦
실지 위법근본 위통달법 위정법의 역

悉知見
실지견

"세존이시여, 제가 이제 부처님의 위덕과 신통력을 받들어 다시 〈대승의〉 크나큰 의미를 말하려 하옵니다 〈허락하여 주시옵소서〉."

〈그러자〉 부처님께서 말씀하셨다.

"다시 〈대승의 참뜻을〉 말해 보아라."

승만 부인이 부처님께 말씀드렸다.

"대승의 올바른 가르침을 체득한 것과 대승의 올바른 가르침을 체득한 사람. 〈이 둘의 관계〉는 대승의 올바른 가르침을 체득하는 것과 다르지 않습니다. 또한 대승의 올바른 가르침을 체득하는 사람과도 다르지 않습니다. 즉 대승의 올바른 가르침을 체득한 선남자·선여인이 곧 대승의 올바른 가르침을 체득한 〈상태인〉 것입니다.

왜냐하면 만약 대승의 올바른 가르침을 체득하고자 하는 선남자·선여인은 대승의 올바른 가르침을 체득하기 위해서 자기의 육신과 목숨과 재물〈에 대한 집착〉을 버려야 하기 때문입니다.

선남자·선여인이 육신〈에 대한 집착〉을 버린다고 하는 것은 〈금생에서의〉 생사와 내세에 이르기까지 늙고 병들고 죽는다는 생각에서 멀리 떠나는 것을 말합니다. 〈이렇게 하면 육신이〉 부서지지 않고 언제나 〈사바세계에〉 머물면서 〈형체가 나쁘게〉 변하지도 않게 됩니다. 즉 가히 생각하거나 말하기 어려울 〈정도로 훌륭한〉 여래의 법신을 얻게 되는 것입니다.

생명〈에 대한 집착〉을 버린다고 하는 것은 현생에서 내생에 이르기까지 필경에는 〈범부로서의 삶과〉 죽음의 굴레에서 아주 벗어나는 것입니다. 그리고 끝없이 항상 〈이 세계에〉 머물면서 〈중생을 구제함으로써〉 불가사의한 공덕을 증득하게 되며 또한 일체의 매우 깊은 불법을 통달하게 되는 것입니다.

재물〈에 대한 집착〉을 버린다고 하는 것은 현생에서 내생에 이르기까지 어떤 중생과도 〈자기의 개인적인 이익만을 위해서 그들과〉 함께 행하지는 않습니다. 〈오히려 아무리 재물을 베풀더라도 그 공덕이〉 감소하거나 다함이 없어서 필경에는 불가사의한 갖가지의 공덕을 모두 얻을 것입니다. 〈그리고 이로 인하여〉 일체 중생으로부터 반드시 훌륭한 공양을 받게 되는 것입니다.

세존이시여, 이처럼 세 가지 〈육신과 생명과 재물에 대한 집착〉을 버린 선남자·선여인은 대승의 올바른 가르침을 체득하여 언제나 모든 부처님으로부터 〈미래에 반드시 성불하리라는〉 예언을 받습니다. 〈이로써 그들을〉 일체 중생들이 우러러 존경하게 되는 것입니다.

세존이시여, 선남자·선여인이 올바른 가르침을 체득한다고 하는 것은 다음과 같습니다. 〈올바른〉 가르침이 사라지려 할 때에는 비구·비구니·우바새·우바이 등 〈4부 대중〉이 서로 당파를 만들어 분쟁을 일으키고 〈불법을〉 파괴하며 제각기 흩어져 갈 것입니다. 그러나 〈어떤 경우에도 정법을 증득한 선남자·선여인은〉 아첨하지 않고 속이지 않으며 거짓된 짓을 하지 않을 것입니다.

오히려 대승의 올바른 가르침〈펴기〉을 즐거워하고, 대승의 올바른 가르침을 체득하여 진리를 수호하는 벗이 될 것입니다. 〈그리하여 정법을 세상에 펼치려고 노력하며〉 진리를 수호하는 벗이 된 사람은 반드시 모든 부처님으로부터 〈미래에 반드시 성불하리라는〉 예언을 받을 것입니다.

세존이시여, 제가 대승의 올바른 가르침을 체득하게 되어도 이와 같이 크나큰 힘을 얻습니다. 〈그런데 더 나아가〉 부처님께서는 〈중생을 바르게 구제하는〉 진실한 눈〈과 같은 존재〉이시며, 〈중생들에게〉 참다운 지혜〈를 열어 주는 분〉이십니다. 모든 진리의 근본이시며, 진리를 통달한 분이십니다. 그리고

〈항상〉 **올바른 가르침에 의지하**〈여 중생을 구제하〉**시므로** 〈일체 중생의 낱낱의 근기를〉 **모두 아시고 보실 것입니다.**”

주

- 위신: 범부의 지혜로는 헤아릴 수 없는 불가사의한 덕. 부처님의 위덕의 작용을 말한다.
- 후제: 미래세의 일로서 내세, 당래(當來), 내생이라고도 한다.
- 변역: 생멸 변화하여 세월 따라 변천하는 것, 잠시라도 동일한 상태에 머물러 있지 않는 것. 산스크리트 어에서는 비파리나마(viparinama)라 한다.
- 비구: 산스크리트어 비크슈(bhikṣu)의 음사이다. 20세 이상의 남자로서 출가하여 구족계, 즉 출가의 교단에서 정한 계율의 모든 것을 지킨다는 계를 받은 사람을 가리킨다.
- 비구니: 산스크리트어 비크슈니(bhikṣuṇi)의 음사. 20세 이상의 여자로서 출가하여 구족계를 받은 사람 .
- 우바새: 산스크리트어 우파사카(upāsaka)의 음사. 근좌남(近坐男), 신사(信士), 신남(信男) 등으로 번역한다. 재가 불교신자로서 불도에 들어 3보(三寶)에 귀의하고 5계(五戒)를 받은 사람.
- 우바이: 산스크리트어 우파시카(upāsikā)의 음사. 근좌녀(近坐女), 신녀(信女)로 번역한다. 재가의 여자로서 불도에 들어 3보에 귀의하고 5계를 받은 사람.
- 붕당쟁송: 일족(一族) 같은 붕우(朋友)가 서로 다투고 호소하는 것.
- 파괴이산: 부서져서 뒤죽박죽되는 것.
- 불첨곡: 아첨하지 않는 것.
- 불기광: 속이지 않는 것.
- 불환위: 거짓말하지 않는 것.
- 애락: 불법을 믿고 원하여 구하는 것.
- 법붕: 법을 중심으로 하여 모이는 친구[同朋]를 말한다.

해설

예로부터 '지목행족(知目行足)'이라는 말이 있다. 정법을 아는 사람은 정법을 행하는 사람이며 정법의 길을 걷는 사람은 정법을 사모하는 사람이지 않으면 안 된다는 것을 나타낸 말이다. 지금 이 단락에서는 정법을 섭수하는 사람은 그것이 남자이든 여자이든 섭수의 정법 즉 체득되는 정법과 정법을 체득하고 실행하는 일은 똑같은 내용임을 말한다.

현대에 있어서도 가장 강력히 말하고 있는 것은 행동이다. 젊은 사람들은 행동의 윤리라 할 수 있는 논리를 주장한다. 그 과정에서 자기의 행동을 정당화하기 위해서 논리적으로 하는 경향이 없지 않다. 그러자 진정한 행동의 논리는 지목행족의 입장에서만이 있을 수 있는 것이 아닌가. 행동으로 나타내는 것은 물론 중요한 일이다. 그러나 만일에 바른 인식에 바탕을 두지 않고 단순히 행동이 앞에 내닫는다면 그 행동은 참다운 행동이라 말하기 곤란한 것이 아닐까.

'지목'이란 눈으로 똑바로 확인하고 현실을 바르게 파악하는 그러한 방법을 양성하는 것이 필요하며 이렇게 보는 방법이 바를 때 거기에 살아가는 방식인 행동이 자연히 구체화되어 가는 것이다. 더욱이 표면적으로는 바르게 보는 방식이라 할지라도 그것을 실행에 옮기지 않는 이른바 이론뿐이고 실천을 수반하지 않는 사람도 있다. 그러나 불교의 '여실지견(如實知見)'은 단순히 진리의 인식에 머물지 않고 그 사람의 모든 인간이 그 지견에서 나오는 행동에서만 그 의의가 있었던 것이다.

불교는 온갖 것에 대해 '내 것으로 만드는 아집'을 제거하는 것을 가르친다. 그러나 이 가르침을 일상생활에서 행동으로 나타내고 있는가. 우리 삶 속에서 확인할 수 있는 것은 그 가르침에 따르고 있지 않은 경우가 너무 많다. 내 자신의 마음 속 깊은 곳에 눈을 돌리면 내 자신도 깜짝 놀라는 일이 허다하여 참괴(慚愧)의 염에 뒤엉키는 생각이 떠오른다. 그렇지만 적으나마 자기의 내면 개발에 마음쓰고 있는 한 사람이기도 하지만……

『승만경』의 이 단락은 정법을 섭수하려고 하는 것이 그대로 정법의 실행이며 거기에 정법의 의미를 구하려고 한다. 그 이유가 무엇인가 하면, 정법을 체득한 사람은 자기의 몸과 목숨과 재산에 집착하지 않기 때문에 참으로 무아행(無我行)의 실천자이다.

원래 정법의 법은 '온갖것[諸法]'임과 동시에 '그 온갖것을 그렇게 있도록 하는'의미를 갖는다. 불교 용어 해석에서는 '임지자성 궤생물해(任持自性 軌生物解)' 즉 자성을 임지하고 궤(軌)로서 물해(物解)를 생한다고 하는데, 각각 저마다의 성질을 있어야 할 모습에 간직하고 하나의 룰(rule 軌)에 따라 나타난다는 의미이다. 따라서 법이란 단순히 정지적으로 '존재하는 것'이라는 소극적인 의미가 아니라 그 법이 충실화하기 위해서는 '살려지고 존재케 하도록' 해야 할 것이다. 법이 살려질 때 비로소 법이 법으로서 적극적인 의미를 갖는다고 생각한다.

그러므로 "저는 정법을 섭수합니다." 하는 경우, 그 사람이 정법의 실현자이어야 하며 그래야 정법이 방법으로서 살게 된다. 요컨대 관념으로서가 아니라 법이 실현되는 것이 아니면 안 된다. 정법을 섭수한다는 선언이 첫째라고 하기보다도 오히려 그 사람의 모든 인격에 자연히 나타나는 것이리라. 매화나무는 매화꽃을 피우는 것이지 벚꽃이나 동백꽃을 피우는 것이 아니다. 매화나무가 매화꽃을 피워야만 매화나무인 것이다. 또 추위가 남아 있는 3월에 이렇다할 이유도 없이 출렁거리는 한 송이 매화꽃의 향기는 우리에게 봄이 멀지 않음을 느끼게 하고 추운 겨울을 꾹 견디며 그 청초한 몽우리와 꽃잎을 보여 주었을 때, 우리들은 거기서 자연의 법칙을 깊이깊이 인상짓게 된다.

경문에 의하면 '정법을 섭수하기 위해서는 몸과 목숨과 재물의 세 가지를 버린다.'고 한다. 그런데 몸·목숨·재물을 버린다는 것은 입으로는 쉽게 말하지만 실제 문제로서는 쉬운 일은 아니다. 이 쉽지 않은 일을 하는 곳에 그 사람의 인격이 빛나는 것이다. 우리들은 여러 가지의 것에 집착한다. 그 중에서도 자기의 신체·생명·재산에 집착하는 것이 가장 강하지 않는가. 이 점을 특히 중시하는 불교는 '내 몸을 버려서 보시한' 이야기를 전하고 있다.

옛날 바라나시에서 범여왕이 나라를 다스리고 있었는데 보살은 토끼의 태내(胎內)에서 태어나 숲속에 살고 있었다. 그 숲에는 원숭이와 승냥이와 수달 등 세 마리의 친구가 있었다. 어느 날 보살은 하늘을 쳐다보고 내일은 포살회(布薩會; 비구들이 보름마다 회합하여 자기의 행위를 서로 반성케 하는 행사)임을 알고 세 사람의 친구에게 이야기했다.
"여러분! 내일은 포살회이니 보시를 합시다. 먹을 것을 구하는 사람이 오면 여러분의 먹거리에서 보시하여 먹이도록 하세요."
다음 날 수달은 갠지스 강의 언덕에 나아갔다. 한 사람의 어부가 물고기를 모래 속에 파묻고 강을 내려가는 것을 보고 수달은 그 물고기를 파내어 집에 가지고 돌아왔다. 승냥이도 밖으로 나갔다. 그리고 어느 밭 지키는 사람의 오두막에서 두 꼬챙이의 고기와 큰 도마뱀과 한 항아리의 치즈를 가지고 돌아왔다. 원숭이는 숲속에서 망고 열매를 가지고 돌아왔다. 토끼는 보시할 것이 없었으므로 자기 신체의 살[肉]을 보시하려고 생각했다.

제석천은 바라문 승(僧)의 모습으로 몸을 변하여 수달, 승냥이, 원숭이가 있는 곳에 가서 먹을 것을 구걸했다. 맨 끝에 토끼에게 갔더니 토끼는

"바라문님, 잘 오셨습니다. 오늘은 가장 좋은 보시를 하겠습니다. 당신은 계율을 지키고 있는 분이므로 살아 있는 것을 죽이는 일은 하지 않겠지요. 당신은 땔감을 모아서 불을 지펴 주십시오. 저는 나의 신체를 버려서 불 속에 뛰어들겠습니다. 저의 신체가 구어지면 그 살코기를 드시고 출가의 길을 걸어가 주십시오."

위의 이야기는 『본생경』 제316 '토끼 본생 이야기[兎本生說話]'의 내용인데, 이는 유명한 소신공양(燒身供養)으로서 같은 종류의 이야기로서는 '굶주린 호랑이에게 몸을 던져 준 사신왕자(捨身王子)' 등 많이 찾아볼 수 있다.

그런데 우리들은 이 신체, 생명은 물론 재산이라는 것이 영원하게 자기의 것으로서 존속하지 못하는 것을 모두가 다 알고 있으면서도 이것에 집착하는 것이 인간의 모습이다.

우리들의 신체를 버리는 것은 신체가 원래 무상(無常)·무아(無我)이기 때문에 연(緣)이 다하면 당연히 신체를 버리지 않으면 안 되는 것이다. 버린다고 하기보다는 패괴(敗壞)의 법(法)이라고 말하는 바와 같이 자연히 부서지는 성질인 것이다. 그런데도 인간은 본래 그러한 무상한 신체를 상주하는 것으로서 집착하는 성질을 가지고 있다. 이 집착심이 우리로 하여금 아집(我執)을 점점 심하게 한다. 『승만경』은 이 이치를 통로로 하여 부서지지 않고[不壞] 상주하며 변역(變易)하지 않는 공덕을 가진

여래의 법신을 얻도록 가르치는 것이다. 패괴의 이 몸을 버리고 상주의 법신을 획득하려는 뜻이 있으나 여기에 정법을 체(體)로 하는 것의 영원성이 강조되고 있다.

무릇 생명이 있는 것은 죽음을 면할 수 없다. '생한 것은 반드시 멸한다.'는 자연의 도리이며 그 누구도 이 법칙을 거스를 수 없다. 이 도리를 알면서도 인간은 고대인이 파악한 바와 같이 죽음을 두려워하여 죽음을 기피한다. 불교에서는 인간을 의미하는 말의 하나로서 mecca(marty), 즉 죽어야 하는 것으로 표현한다. 이것은 영어의 mortal에 해당하는 말이지만 그와 같은 존재로서의 인간을 파악하고 있는 곳에 인도 고대인의 사유를 엿볼 수 있다.

『승만경』의 본문은 죽음을 떠나서 일체 깊고 깊은 불법에 통달할 것을 설한다. '심심한 불법'이란, 연기의 깊고 깊은 법의 철저함에 있다고 생각한다. 온갖 것이 연에 의해서 생기(生起)고 상의(相依) 상대(相待)의 조건 관계에 있다고 하는 연기설은 죽음을 삶과 떼어놓고 생각하지 않는다. 생이 있는 곳에 반드시 죽음이 있고, '생에 의해서 늙고 죽음이 있다.'고 보는 것이 참으로 그 이치였다. 따라서 죽음은 살아 있는 것에 있어서 필연적인 귀결인 한, 죽음을 무서운 것이라 하여 기피하는 관념을 떠나 스스로 '연기 심심의 법'에 있어서 나타내고 있는 도리에 철저할 것이 무엇보다도 긴요하며, 거기에서 영원한 생명을 느낄 수도 있을 것이다.

세 번째의 재(財)를 버린다는 것도 같은 도리이다. 우리들은 일상생활 속에서 손해 보았다, 득을 보았다, 돈 벌었다, 손해났다 등으로 일희일우(一喜一憂)를 연속하고 있으나 우리가 소유하고 있는 재물은 반드시 소진하고 마는 것이다. 그것에 대해 영원히 다함이 없이 손감(損減)하지 않는 재물이야말로 우리가 진실로 바라는 것임을 가르친다. 그 재물이야 말로 모든 사람들로부터 공양을 받고 우러러보며 칭찬받고 우러러보기에 걸맞은 것이라고 한다. 그 취지는 세간에서 말하는 물질적인 재물이 아니라 정신적인 법재(法財)를 말하는 것이다.

석존은 그 전도 교화 가운데서 제자들에게

> "그대들은 나의 법의 상속자이기를 바라며 재(財)의 상속자여서는 안 된다."고 나는 원한다. -『중부(中部)』제1권-

고 가르치고 있다. 금전이나 물품은 소실되는 것이지만 법은 영원한 생명으로서 오래도록 자손에게 전해지기 때문이다.

일본의 성덕태자는 『승만경의소』에서 이렇게 전한다.

> 목숨을 버린다는 것은 남을 위해서 죽음을 취하는 것이다. 지금 말하건대 목숨을 버리는 것과 몸을 버리는 것, 이것은 모두 죽는 것이며 다만 뜻[意]을 세우는 것에 다름없다. 만일 몸을 호랑이에게 던짐과 같은 것은 본래 몸을 버리는 것에 있으며 만일 의사(義士)가 위험에 처해 있을 때 이것을 보고 목숨을 주는 것은 마음[意命]을 버리는 데에 있다.

여기에 사신명(捨身命)에 대해 '몸을 던져 굶주린 호랑이에 주었다.'의 예를 인용하여 주석하고 있다. 그런 의미에서는 희사(喜捨)라고 하는 뜻으로 사(捨)를 해석하고 있다고 말할 수 있다. 다만 경(經)의 본문만으로 본다면 신·신명 모두 노·병·사를 떠나는 의미이므로 무상·패괴(敗壞)의 법을 떠나 법신상주(法身常住)의 신명을 얻는다고 이해하는 것이 지당하다고 생각된다.

그러나 법신상주의 몸을 얻는다는 것은 영원한 몸, 영원한 목숨으로서의 영원한 생명을 얻는 것이기 때문에 사신공양(捨身供養)의 실천에 의해서 몸을 버리는 것도, 결국에는 영원한 생명을 얻는 것이므로 버리는 것[捨]도 희사(喜捨)도 같은 의미가 된다. 다만 노·병·사를 떠난다고 하면 소극적으로 느껴지며 희사라고 하면 적극적으로 생명을 내던지는 것이므로 거기에 다소의 해석의 차이가 없지도 않다.

그런데 정법을 섭수하는 사람은 그 때와 장소를 불문하고 언제나 정법에 살려고 노력하는 것이 요청된다. 아무튼 세상이 혼란하고 도덕이 무너지고 사람의 마음이 거칠어질 때야말로 정법을 살려야 한다. 이 사실을 본문에는 정법을 섭수하는 사람은 법이 멸할 때야말로 한층 각오를 새롭게 하도록 가르치고 있다. 여기에 법이 멸할 때라고 하는 것을 불교에서는 정법(正法)·상법(像法)·말법(末法)의 3시(三時) 가운데의 말법시대를 가리킨다. 즉 붓다의 입멸 후, 바르게 교법이 전해지는 시대를 정법이라 하고 그 가르침이 점차 쇠퇴하여 형태만 남는 시대를 상법, 그리고 불멸 후 오랜 시간이 흘러서 교법은 미약하게 조금 남지만 수행하는 사람도 드문 시대를 말법이라 한다. 이 말법시대에는 정법이 멸하여 오탁악세(五濁惡世)의 시대가 된다고 가르친다.

이 법멸(法滅)의 이유에 대해서 초기의 불전에 의하면 외적인 이유보다도 오히려 내적인 원인에 의해서 생긴다고 한다. 그것은 승단 파괴라든가 교단인이 서로 공경하고 존경하지 않음에 의해서 불화합이 생긴다는 사실에 입각하여 그에 대한 훈계로서 법멸의 사상이 취택되었다고 생각된다.

> 만일 세상이 흘러 사람이 졸렬해지면 정법의 혼란, 정법의 쇠퇴, 정법의 멸진은 면할 수 없다. 정법의 구주(久住)를 위해서도 지계(持戒)나 수습(修習)이 행해져야 한다.
> 이들 다섯 가지의 정법의 혼란, 멸이 되는 퇴법(退法)이 있다.
> 다섯이란 무엇인가.
> 여기에 비구·비구니·우바새·우바이 등은 스승을 존경하지 않고 순순히 따르지 않으며 주(住)하고, 법을 존중하지 않고 수순하지 않고 주하며, 승가(僧伽)를 존중하지 않고 수순하지 않고 주하며, 학(學)을 존중하지 않고 수순하지 않고 주하며, 정(定)을 존중하지 않고 수순하지 않고 주한다. 이들 다섯 가지의 퇴법은 정법의 혼란·멸(滅)로 되는 것이다.
> 이들 5법(五法)은 정법의 확립·불혼란·불멸로 되는 것이다. 즉 그것은 스승(師)·법·승가·학(學)·정(定)을 존중하고 수순하여 주하는 것이다. -『상응부(相應部)』 제2권-

이와 같은 정법 쇠퇴의 말법시대에서 섭수 정법자는 어떻게 처신해야 할 것인가. 원래부터 정법구주를 위해 정근하는 것이지만 승가를 형성하는 비구·비구니·우바새·우바이의 4중(四衆)이 승가의 화합을 혼란케 하여 무익하게 이론(異論)을 부르짖고 도당(徒黨)을 지어 교법을 파괴하려고 할 때에 아첨하지 않고 기만하지 않으며 진실하고 결정적인 신앙을 가지고 정법을 애락(愛樂)하도록 하는 의미의 사실을 가르친다. 참으로 화합중(和合衆)을 본의(本義)로 하는 승가가 오합(烏合)의 무리[衆]가 되었을 때야말로 정법은 그림자를 감출 것이다. 이러한 때야말로 정법을 섭수하는 사람은 오로지 진리의 법을 공경하고 진리애(眞理愛)에 불타는 동신(同信), 동행(同行)의 사람들과 더불어 정법을 호지하지 않으면 안 될 것이다. 그러한 사람들이야말로 모든 사람들로부터 공양 받을 것이며 붓다에 의해서 기별(記莂)을 받을 수 있는 사람이다. 그것은 또한 법을 거룩하게 여기고 붓다를 의지처로 하는 것이기도 한다. 붓다야말로 진실한 눈을 가지셨고 진실한 지혜자이기 때문에 정법을 섭수하는 사람의 마음을 그대로 받아들인다고 말하는 것이다.

爾時世尊 於勝鬘所說 攝受正法大精進
이시세존 어승만소설 섭수정법대정진
力 起隨喜心 如是勝鬘 如汝所說 攝受
력 기수희심 여시승만 여여소설 섭수
正法大精進力 如大力士少觸身分生大苦
정법대정진력 여대력사소촉신분생대고
痛 如是勝鬘 少攝受正法令魔苦惱 我不
통 여시승만 소섭수정법령마고뇌 아불
見餘一善法令魔憂苦如少攝受正法 又如
견여일선법령마우고여소섭수정법 우여
牛王形色無比勝一切牛 如是大乘少攝受
우왕형색무비승일체우 여시대승소섭수
正法 勝於一切二乘善根 以廣大故 又如
정법 승어일체이승선근 이광대고 우여
須彌山王端嚴殊特勝於衆山 如是大乘捨
수미산왕단엄수특승어중산 여시대승사
身命財 以攝取心 攝受正法 勝不捨身命
신명재 이섭취심 섭수정법 승불사신명
財 初住大乘一切善根 何況二乘 以廣大
재 초주대승일체선근 하황이승 이광대
故
고

是故勝鬘 當以攝受正法 開示衆生 敎化
시고승만 당이섭수정법 개시중생 교화
衆生 建立衆生如是勝鬘 攝受正法 如是
중생 건립중생여시승만 섭수정법 여시
大利如是大福如是大果 勝鬘 我於阿僧
대리여시대복여시대과 승만 아어아승
祇阿僧祇劫 說攝受正法德義利不得邊
기아승기겁 설섭수정법덕의리부득변

際 是故[勝鬘]攝受正法 有無量無邊功德
제 시고 [승만] 섭수정법 유무량무변공덕

이때 부처님께서는 승만 부인이 말한 대승의 올바른 가르침을 체득하여 얻게 되는 크나큰 정진력에 대하여 함께 즐거워하는 마음[隨喜心]을 일으켜 이렇게 말씀하셨다.

"〈참으로〉 그렇다. 승만이여, 그대가 〈이제까지〉 말한 것과 같다. 대승의 올바른 가르침을 체득한 사람의 크나큰 정진력은 마치 힘센 장사가 〈그대의〉 몸을 조금만 건드려도 큰 고통을 받는 것과 같다. 마찬가지로 승만이 이제까지 말한 대승의 올바른 가르침은 조금만 깨달아도 〈그 마음 속에 존재하는〉 마(魔)의 무리는 큰 고통을 받을 것이다. 어떤 선법(善法) 가운데서도 마구니의 무리를 물리치는 데에는 대승의 올바른 가르침을 체득하는 것과 비교될 만한 것은 없다.

〈왜냐하면 대승의 올바른 가르침을 체득한다는 것은〉 마치 소의 왕처럼 그 모양과 〈몸의〉 색깔이 매우 아름다워서 다른 소들과는 비교가 안 될 정도로 훌륭한 것과 같다. 따라서 대승〈을 실천 수행함〉으로써 부처님의 참된 가르침을 조금만 깨닫더라도 〈개인적인 깨달음에 치중하는 성문·연각인〉 일체 2승(二乘)들이 닦은 선근보다 더 훌륭하고 넓고 큰 것이다.

또한 〈세계에서 가장 크고 아름다운〉 수미산은 어떠한 산보다 장엄하고 〈그 경관이〉 특별히 빼어나다. 이와 같이 대승〈의 올바른 가르침〉으로써 육신과 생명과 재물〈에 대한 집착〉을 버리고서 〈일체 중생을〉 구제하겠다는 마음을 가지고 대승의 올바른 가르침을 체득했다고 하자. 〈이 사람은 아직〉 육신과 생명과 재물〈에 대한 집착〉을 버리지 못한 〈보살의 수행 정도 가운데 처음으로 발심한〉 초주보살(初住菩薩)의 선근보다 더 훌륭하다. 그런데 하물며 〈대승의 보살들이 가진 선근 공덕을〉 2승들이 가진 선근의 정도에 비교할 수 있겠는가.

그러므로 승만이여, 마땅히 대승의 올바른 가르침을 체득함으로써 중생들에게 〈부처님의 올바른 가르침을〉 열어 보여 그들을 교화하는 것이다. 또한 중생들〈로 하여금 대승의 올바른 가르침〉을 깨닫게 하는 것[建立]이다.

그러므로 승만이여, 대승의 올바른 가르침을 체득한다고 하는 것은 이와 같이 크나큰 이익이 있다. 즉 그는 이와 같이 큰 복덕이 있고 큰 〈공덕의〉 과보를 받게 된다.

승만이여, 내가 〈아주 오랜 세월인〉 아승기의 아승기겁 동안 대승의 올바른 가르침을 깨달음으로써 얻은 공덕과 이익[義利]을 말한다고 해도 끝이 없다. 따라서 대승의 올바른 가르침을 깨닫는다고 하는 것은 공덕이 한량없고 끝이 없다〈는 것을 알아야 한다〉."

주

- 수미산: 수미는 산스크리트어 수메루(sumeru)의 약어로 묘고(妙高), 묘광(妙光)으로 번역한다. 고대인도의 세계관에는 세계 중앙에 높은 산이 있고 이 높은 산 주위에 일곱 개의 금산(金山)이 있는데 그 중앙의 산을 수미산이라 한다.
- 아승기 아승기겁: 끝없고 헤아릴 수 없는 무한의 시간.

해설

이 장에서는 섭수 정법자의 정진 노력이 얼마나 위대한 것인가에 대해 말하고 있다. 그것을 비유하여 말하면 힘센 장사[大力士]와 같은 힘을 가졌고, 모든 소에 이기는 대백우왕(大白牛王)의 모습과 색깔을 갖추었고, 일체의 산보다 더 두드러지게 높고, 모든 산을 노려보는 수미산과 같은 것이라고 한다. 더구나 정법을 섭수하고자 하는 사람은 신·명·재의 세 가지를 버리지 않고 대승에 머물고 있는 사람의 선근보다도 수승해 있으므로, 성문이나 연각인 소승의 사람들의 선근 등과는 비교할 수 없는 것이라고 섭수 정법자의 광대무변한 공덕을 찬탄하고 있다.

그런데 정법의 선포에 대해 적대시하는 것은 악마라고 말한다. 석존이 정각을 구하여 보리수 아래서 수행하고 있을 때, 천녀(天女)와 더불어 악마가 내습하여 그 수행을 방해했다고 불전에 전한다. 여기에서 말하는 악마는 형태가 있는 것인데 심중에 둥지를 틀고 있는 탐냄과 성냄, 우치를 의미하고 있다. 소위 사자 마음 속에 있는 벌레라고 이르는 것이지만 정법을 섭수하는 사람에게는 항상 여러 가지의 장애가 따르는 것이다. 말법 탁세(濁世)의 시대가 되면 될수록 밝은 달이 구름 속에 숨는 것처럼 올바른 법은 악법에 눌려서 그 빛을 잃고 만다. 그렇지만 진리는 항상 빛나는 것인 이상, 미력하나마 정법 선포에 힘을 다할 때, 악마마저도 물러가게 할 것이 분명하다. 악마는 남의 좋은 일에 방해하는 것이라고 생각하고 있다. 그렇지만 보리심을 구하고 진리에의 길을 나아갈 때, 악마는 무산되고 마는 것이라고 가르친다.

섭수 정법자는 이와 같이 악마를 퇴산시키는 대역사(力士)와 같은 것이어서 정법을 홍포함에 의해서 쌓아진 선근은 4주(四洲)에 높이 솟아 있는 수미산과 같다. 또 백우왕(白牛王)과 같이 두드러지고 있다. 『승만경』은 중생에게 개시(開示)함에는 대역사의 비유를, 중생을 교화함에는 소의 왕의 비유를, 중생에게 섭수 정법의 건립을 권하는 데는 수미산의 비유를 가지고 나타내고 있다. 그것은 진리를 향해 나아가는 사람은 항상 중생과 더불어 있어야 한다고 하는 붓다의 전도 선언에 상당한다.

이상으로 정법을 섭수한다고 하는 본경의 중요한 장의 대강을 해설했다. 이 장을 통해 말하고자 하는 것은 정법이 정법으로서 살려지기 위해서는 정법을 섭수하는 사람의 행동 그 자체에 있다고 하는 점이다. 진리는 인식의 대상이라 하여 대상적으로 파악되는 것은 아니다. 진리는 진리를 향해 나아가는 사람에게 작용하는 것이다. 더구나 진리는 자칫하면 세상의 탁류에 휩싸여 미혹의 구름에 가려지기 쉽다.

말법 악세가 되면 될수록 정법의 빛은 한층 빛나게 될 것이다. 그 정법의 빛을 누가 비출 것인가. 그것은 불퇴전의 결정, 신앙을 가지고 대도를 걷는 사람들을 두고 말한 것이다. 법은 체득되지 않으면 안 되며 실천하지 않으면 안 된다. 그러나 체득되는 법은 실천하고 있는 사람의 모습과 다르지 않다. 승만부인은 "저야말로 정법의 섭수자이고 싶다."고 서원하고 더구나 섭수 정법의 공덕을 내 것으로 하지 않겠다고 하는 대승 보살행의 입장에 서서, 이 정법이 5탁악세의 말법시대에 건립되어야 한다고 우리들에게 가르친 것이다. 그 결정심은 참으로 웅대하고도 장절한 것이라고 말할 수 있다.

하나의 탈것이라는 가르침

一乘章 第五

佛告勝鬘 汝今更説一切諸佛所説攝受正
불고승만 여금갱설일체제불소설섭수정
法
법

勝鬘白佛言 善哉世尊 唯然受教 卽白佛
승만백불언 선재세존 유연수교 즉백불
言 世尊 攝受正法者(卽)是摩訶衍 何以
언 세존 섭수정법자(즉)시마하연 하이
故 摩訶衍者 出生一切聲聞緣覺世間出
고 마하연자 출생일체성문연각세간출
世間善法
세간선법

世尊 如阿耨大(達)池出八大河 如是摩訶
세존 여아뇩대(달)지출팔대하 여시마하

衍 出生一切聲聞緣覺世間出世間善法
연 출생일체성문연각세간출세간선법

世尊 又如一切種子皆依於地而得生長
세존 우여일체종자개의어지이득생장

如是一切聲聞緣覺世間出世間善法 依於
여시일체성문연각세간출세간선법 의어

大乘而得增長 是故世尊 住於大乘攝受
대승이득증장 시고세존 주어대승섭수

大乘卽是住於二乘 攝受二乘一切世間出
대승즉시주어이승 섭수이승일체세간출

世間善法善法
세간선법선법

부처님께서는 승만 부인에게 말했다.

"그대는 일체 모든 부처님께서 설하신 대승의 올바른 가르침을 체득하는 것에 관하여 다시 설명해 보아라."

〈이에〉 승만 부인이 부처님께 말씀드렸다.

"그렇게 하겠습니다. 부처님이시여, 오직 부처님의 가르침을 받들어 〈대승의 올바른 진리를 체득하는 것에 대해〉 말씀드리겠습니다."

그리하여 〈승만 부인은〉 다음과 같이 부처님께 말씀드렸다.

"세존이시여, 올바른 가르침을 체득한다고 하는 것은 곧 대승[摩訶衍]입니다.

왜냐하면 대승〈의 올바른 가르침〉이라고 하는 것은 일체 모든 성문과 연각, 세간과 출세간의 선법을 출생케 하기 때문입니다.

세존이시여, 마치 〈항상 시원하고 맑은 물이 고여 있는 호수인〉

아뇩대지(阿耨大池)로부터 여덟 개의 큰 강물이 흘러나오듯이, 대승〈의 올바른 가르침〉에서도 성문과 연각, 세간과 출세간의 모든 선법이 생겨납니다.

〈세존이시여〉 또한 일체의 온갖 씨앗이 대지를 의지하여 성장하는 것과 같이 일체의 성문과 연각, 그리고 세간과 출세간의 선법도 대승〈의 올바른 가르침〉을 의지하여 증장하는 것입니다.

그러므로 세존이시여, 대승에 머물면서 대승의 올바른 가르침을 체득하는 것은 〈우선 성문과 연각인〉 2승에 머물면서 〈자신의 지적인 완성을 목표로 하는〉 2승의 가르침을 깨닫는 것입니다. 그리고 그렇게 하여 일체 세간과 출세간의 선법을 깨달아 나가게 되는 것입니다.

주

- 마하연: 산스크리트어 마하야나(mahāyāna)의 음사인데 대승이라 번역한다. 커다란(마하) 탈것(乘物: 야나)의 뜻으로 미혹의 차안에서 깨달음의 피안에 도달하는 교법을 탈것에 비유한 것.
- 아뇩대지: 산스크리트어 아나바타프타(anavatapta) 팔리어 아노탓타(anotatta) 아나바탓(anavatatta)의 음사로, 무열뇌(無熱惱), 무열(無熱)로 번역함. 고대 인도의 전승에 의하면 인도 4대하(四大河)의 발원지라고 하며 히말라야의 북쪽, 향취산(香醉山) 의 남쪽에 대지수(大池水)가 있고 무열뇌(無熱惱)라 이름한다. 주위가 8백리이며 금·은·유리·파지(頗胝)로 장식되었다. 『대비바사론』제5. 『구사론』제11.

이 장은 앞에서 제기된 섭수 정법에 이어서 '정법을 섭수한다는 것은 대승 즉 마하연(摩訶衍)이다.' 하며 그 1승의 구체적인 내용에 깊이 들어가 설해 보인 장이다. 그런 의미에서 『승만경』 전체 15장 중에서도 가장 그 뜻을 기울인 중요한 장이라고 말할 수 있다. 더욱이 앞의 4장까지는 승만 부인이 부처님의 허락을 받고 자기의 생각을 말한 것에 대해, 이 장에서는 그 생각이 제불의 생각과 다르지 않음을 알고 '〈부처님께서 승만에게 섭수 정법을 설하라.〉'고 말씀하신 것에 대해 승만이 부처님께 법을 말하고자 한 적극성이 엿보인다.

여기에 1승장(一乘章)이라는 장의 명칭은 이 장의 끝머리에 '대승이란 이것은 곧 불승이며, 이런 까닭에 3승은 곧 1승이다.'고 표현된 경문으로부터 나온 것이나 대승=불승=1승이라는 사상과, 3승 사상과의 관계를 우선 해설하는 것이 중요할 것이다.

불교 용어에 1승, 2승, 3승이라는 말이 있고 『승만경』 본문에도 그 빈출도가 높다. 이것과 더불어서 1승을 불승(佛乘)이라 하고 또 그것을 대승으로 보는 사상이 대승경전, 특히 『법화경』에서는 중심 사상으로 되어 있다. 『법화경』은 1승을 근본적인 입장으로 하고 있으나 1승을 3승 문제와의 관련에서 설하는 것은 '방편품'과 '비유품' 이다. 구마라집 역의 『묘법연화경』에서는

> "사리불이여, 여래는 오직 1승(一乘)만을 가지고서 중생을 위해 법을 설한다. 다른 승(乘)인 혹은 2[二], 혹은 3[三]은 있을 수 없다."

하여 예로부터 『법화경』은 일불승진실을 개현하는 것을 목표

로 하고 2승, 3승은 방편설이었다고 한다.

위의 경문에 상응하는 산스크리트 본에서는

> "샤리푸트라여, 나는 유일한 승에 관하여 살아가는 사람들에게 법을 설한다. 즉 불승(佛乘; buddhayana)이 그것이다. 샤리푸트라여, 제2 혹은 제3의 승은 결코 존재하지 않는 것이다."

고 하며 여기에 진실법은 일승법(一乘法), 즉 (일)불승(佛乘) [유일한 승]이라고 선언한다. 이 유일의 승, 불승과 3승과의 관계는 어떠한가 하는 점에 대해서 "제불(諸佛)은 방편력을 가지고 일불승을 분별하여 3이라고 설한다."고 구마라집 역에 있는 것처럼 3승법은 제불의 방편설 즉 3승은 제불의 교화로서 설해진 것이라고 한다.

예를 들면 "3승을 설시하는 것은 내가 참으로 말하는 교묘한 방편[方便; upayakausalya, 선교방편]이다.('방편품' 제69게)" 하는 이 한 문구에 잘 나타나 있다. 이런 경우 『법화경』에서 유일한 승=1승은 '불승' 혹은 '유일한 승' (evaikam buddhayanam)이라 이르며 그것만이 진실한 것이라고 한다.

그런데 방편이라는 3승이란 무엇인가. 말할 필요도 없이 성문승, 연각승 , 보살승을 말한다. '비유품'의 산스크리트 문(南條文雄; 케른 교정 79페이지)에 의하면

> 여래·응공·정등각자는 교묘한 수단을 사용하여 지붕과 다 낡아서 불타는 집과 같은 3계(三界)에서 살아가고 있는 사람들을 빠져나오게 하기 위해 3종의 탈것, 즉 성문의 탈것·독각의 탈것·보살의 탈것을 교시한 것이다.

구마라집은 위의 글에 상당하는 3승을 성문·벽지불·불승이라 하고 축법호(竺法護)는 『정법화』에서 성문·연각·보살의 도(道)라고 한다. 다시 다른 곳에서는 성문승·연각승·여래도(如來道)로 하는 축법호에 대해서 구마라집은 성문승·벽지불승·대승으로 번역하고 있다. 아무튼 모두 다 성문승·연각승·보살승의 셋을 3승이라 부르는 것에는 이론이 없다.

이 중에서 앞의 둘을 2승이라 부르는 것도 관습적이지만 문제는 보살승을 불승, 1승이라 하는 입장(이 경우에는 3승 중의 보살승은 1승, 일불승으로 파악하고 있다)과 3승 외에 일불승을 세우는가 어떤가의 문제가 있다. 그와 같은 사실은 보살승의 내용에 관계되는 것이나 그것은 '비유품'의 화택삼거(火宅三車)라는 비유에서 볼 수 있는 양거(羊車: 성문승), 녹거(鹿車: 연각승), 우거(牛車: 보살승)의 3거에 대해 대백우거(大白牛車: 일불승)라고 하는 일불승을 따로 세우는 입장, 이른바 4거가(四車家)와 3거(三車) 중의 우거(牛車)와 일불승인 대백우거를 동일로 보는 3거가의 문제이다. 그러나 『법화경』 등의 대승경전에서 말하는 보살은 깨달음을 구하는 모든 사람을 가리키는 것이어서 『본생경』에서 의미하는 바와 같은 석존의 전생을 가리켜 보살이라고 하거나 석존 또는 과거불이나 미래불에 한해서 사용되고 있던 부파불교의 보살에 대한 관념과는 명백히 다른 것이다.

이리하여 『승만경』에서 설하는 1승은 일불승을 보살승으로 하는 법화의 사상을 이어 받은 것이었음을 우선 명확히 해 두지 않으면 안 된다. 그러면 이 장에서 1승의 내용을 어떻게 해석하고 있는가. '1승은 대승이다.'에 대해서는 후술하기로 하고 승만부인이

"세존이시여, 대승에 머물면서 대승의 올바른 가르침을 체득하는 것은 고승에 머물면서 고승의 가르침을 깨닫는 것입니다. 그리고 그렇게 하여 일체 세간과 출세간의 선법을 깨달아 나가게 되는 것입니다."

고 한다. 단적으로 말하면 일체의 교법은 대승에서 발하고 대승에 포섭되는 것을 말하려고 한다.

원래 대승불교, 적어도 『법화경』 이전에는 성문에 도달하기 위해서의 승(乘), 즉 수행을 닦아 가면 아라한에, 연각승을 수행하면 연각에, 보살승을 수행하면 보살·부처가 된다고 하는 것처럼, 제각각 수행의 결과를 설정하고 각각의 존재 방식을 설하고 있었다. 그런데 법화경에 이르러서 그러한 3승의 가르침은 중생의 근기에 서로 다름이 있는 것처럼 부처님의 설법에도 제각각의 근기에 상응하도록 천차만별로 설한, 이른바 선교방편이라고 하여 진실은 오직 일불승이었다고 가르쳐 타이른다. 따라서 성문승, 연각승, 보살승의 어느 것도 본질적으로 지향하는 것은 부처가 되기 위한 것이어서 결코 그것들이 의의가 없는 것이었다고는 말할 수 없다. 지금 이 『승만경』은 그것을 이어 받아서 그대로 일불승과 같은 값의 것이라고 하는 것이 본 『승만경』의 입장이다. 여기서는 1승은 2, 3과 대립하는 1승이 아니라 2승, 3승을 포섭하는 절대의 1승이라고 보고 있는 것이다.

이리하여 3승을 각기 따로 생각하는 방식은 여기서는 1승이라는 생각 속에 해소시키고 정법을 섭수하는 것은 이 대승 일승법에 철저케 하는 것, 즉 3승을 안에 포섭하는 넉넉한 세계를 갖는 것이라고 역설하는 것이다. 이것을 두 가지의 비유로 해설한다. 하나는 아뇩달지의 비유여서 이 연못에서 여덟 개의 큰 강이 흘러나오는 것처럼 모든 가르침은 1승이라고 하는 진실한 가르침에서 흘러나오는 것과 같다고 설한다. 또 대지가 모든 종자를 양육하여 번성, 증장시킨다고 하는 대지의 비유에 의해서 일승법은 모든 가르침, 일체세간·출세간·선법을 출생하고 증장시킨다고 하는 것이다.

우리들 인간은 자칫하면 자기가 걷는 길을 최고로 생각하고 이윽고 그것에 고집하며 남을 고려하지 않는 일면을 가지고 있다. 그러나 이미 『숫타니파타』에도 있음과 같이

> 어떤 사람들이 '진리이다. 진리이다.' 하고 말하는 그 견해마저도 다른 사람들이 '허위이다. 허망하다.' 하고 말한다.
> 이와 같이 그들은 다른 집견(執見)을 품고 논쟁을 한다. 무슨 까닭에 여러 길의 사람은 동일한 것을 똑같이 말하지 않는 것일까.
>
> -제883게-

> 진리는 하나이며 제2의 것은 존재하지 않는다. 그 [진리]를 안 사람은 다투는 일이 없다. 그들은 각자 다른 진리를 칭찬하고 있다. 그렇기 때문에 여러 길의 사람은 동일한 것을 말하지 않는 것이다. -제884게-

하고 말하고 있다. 여기에 예로부터 '진실은 오직 하나'라는 사상의 한 조각을 엿볼 수 있다. 더구나 붓다에 있어서의 진리·연기의 법문은 여래의 출세, 미출세에 관계없이 보편의 진리로서 있었던 것이며 과거의 제불도 또한 그와 같은 진리를 설했다고 한다. 여기에 대승, 즉 일승법이 진실한 가르침으로서 모든 것을 포섭한다는 의미가 있는 것이다.

아뇩달지에서 흘러나오는 강의 명칭은 갠지스 강이라던가 신

두 강(인더스 강)이라던가 하는 이름이 있어서 각각 다르지만 그 근원은 하나의 연못이다. 그것은 마치 붓다가 4성(四姓)의 평등을 설함에 있어서

> 예를 들면 여러 큰 강이 있다. 즉 강가 · 야무나 · 아치라바티 등은 큰 바다에 도달하면 앞의 이름과 성(姓)을 버리고 다만 큰 바다라고만 말한다.
>
> −『증지부』제4권−

> 어떠한 강이라도 갠지스[恒河]에 흘러 들어가는 것은 모두 그들의 이름과 성(姓)을 잃는다.
> 항하(恒河)도 바다에 들어갈 때, 이미 있었던 것과 같이 보이지 않는다.
>
> −『본생경』제6권−

라 함과 같이 큰 바다에 들어가 일여(一如)가 되는 비유는 『승만경』의 여기서는 근원에서 발하는 비유로 바꾸어진 것을 알 수 있다.

불교의 가르침은 하나 같이 평등하다고 말할 수 있다. 모든 것을 대립적으로 보지 않고 평등 일여의 입장에 선다. 예를 들면 산(山)·천(川)·초(草)·목(木)·고산(高山)·계곡(溪谷)에 흘러내리는 비는 그 어떤 것에도 차별 없이 평등하게 적시며 비를 내리는 것과 같은 것이다. 일승법은 여기에 모든 가르침을 포섭하는 것임을 가르친다.

如世尊說六處 何等爲六 謂正法住正法
여세존설육처 하등위육 위정법주정법

滅波羅提木叉比(毘)尼出家受具足爲大乘
멸바라제목차비 니출가수구족위대승

故說此六處
고설차육처

何以故 正法住者 爲大乘故說 大乘住者
하이고 정법주자 위대승고설 대승주자

卽正法住 正法滅者 爲大乘故說 大乘滅
즉정법주 정법멸자 위대승고설 대승멸

者 卽正法滅 波羅提木叉 比尼 此二法
자 즉정법멸 바라제목차 비니 차이법

者 義一名異 比尼者卽大乘學 何以故
자 의일명이 비니자즉대승학 하이고

以依佛出家而受具足 是故說大乘威儀戒
이의불출가이수구족 시고설대승위의계

是比尼是出家 是受具足 是故阿羅漢 無
시비니시출가 시수구족 시고아라한 무

(別)出家受具足 何以故 阿羅漢依如來出
(별)출가수구족 하이고 아라한의여래출

家受具足故
가수구족고

마치 부처님께서 〈보살로서 반드시 갖추어야 할 여섯 가지 조건인〉 6처(六處)를 말씀하신 것과도 같습니다. 그 6처란 다음과 같습니다. 첫째 올바른 〈대승의〉 진리가 〈이 땅에 오래오래〉 머물게 하는 것, 둘째 부처님의 정법이 쇠퇴하여 〈사라져〉 가는 〈것을 잘 알아 미리 예방하는〉 것, 셋째 〈부처님께서 설하신 계율인〉 바라제목차(Prātimoksa), 넷째 〈부처님께서 정하신 금계(禁戒)인〉 비니(Vinaya), 다섯째 〈번뇌로부터 심[心出家] 신[身出家]이〉 출가하는 것, 여섯째 〈출가인이 지켜야 할 계율인〉 구족계를 받는 것 등을 말합니다. 이 6처는 대승〈의 올바른 가르침〉을 위해 〈부처님께서〉 말씀하셨습니다.

왜냐하면 올바른 진리에 머문다는 것은 대승〈의 가르침〉을 〈나타내기〉 위하여 말씀하신 것입니다. 따라서 대승에 머문다고 하는 것이 곧 대승의 올바른 가르침에 머문다는 의미입니다.

〈그리고 대승의〉 올바른 가르침이 사라져 없어진다는 것도 역시 대승〈의 가르침〉을 〈나타내기〉 위해서 말씀하신 것입니다. 즉 대승이 없어진다는 것이 곧 〈대승의〉 올바른 가르침이 없어진다는 뜻입니다.

바라제목차와 비니는 뜻은 같으나 이름이 다른 경우입니다. 비니란 대승을 배우는 것입니다. 즉 부처님〈의 가르침〉을 의지하여 출가하고 구족계를 받는 것입니다. 그러므로 대승의 〈즉 대승을 실천하는 사람이 지켜야 할 일체의 행동거지인〉 위의계(威儀戒)가 곧 비니이고 출가이며 구족계를 받는 것이라 말합니다. 그러므로 아라한은 〈타인을 의지해서〉 출가하여 구족계를 받는 일이 없습니다. 그것은 아라한이 여래〈의 힘〉을 의지하여 〈스스로〉 출가하고 구족계를 받기 때문입니다.

주

- 바라제목차: 산스크리트어 프라티목사(prātimokṣa)의 음사인데 별해탈(別解脫), 처처해탈(處處解脫)로 번역함. 제각각의 계(戒)를 유지함에 의해서 별도로 죄와 악을 이탈(離脫)케 하여 해탈하는 것을 말한다. 예를 들면

살생계는 살생의 허물을, 투도계는 투도의 과실을 멎게 함과 같다.

- 비니: 산스크리트어 비나야(vinaya)의 음사인데 율(律), 멸(滅), 조복(調伏), 이행(離行), 화도(化度)로 번역한다. 부처님께서 제정하신 계율을 말한다. 수도 생활상에 정해진 규칙, 이 율(律)에 의해서 죄를 멈추게 하여 죄를 멸하고 일상생활을 조화시키며 악행을 제복(制伏)한다.
- 출가: 재가의 생활, 즉 가정적이며 세속적인 생활을 떠나 도(道)를 구하며 수행자로서의 생활을 하는 것, 혹은 하는 사람. 그 이유는 재가의 생활에는 여러 가지의 속박이 있어 집착을 낳는 요소가 많기 때문에 재가의 생활을 하고 있어서는 수도에 방해가 되므로 출가의 생활에 들어간다 하는 것이 초기 불교의 출가이다. 대승불교에서는 도(道)를 구하기 위해서는 반드시 출가의 생활을 취(取)해 승원(僧院)에 들어가지 않고서도 재가의 생활 속에 도를 구하는 것을 강조한다. 전자는 몸[身] 출가의 입장, 즉 수염과 머리를 깎고 삼의일발(三衣一鉢)의 유행(遊行) 탁발의 생활에 들어가는 것이며 후자는 마음[心]의 출가, 즉 재속인 채로 불문(佛門)에 귀의하고 보살행을 실천하여 가는 삶을 말한다.
- 수구족: 구족계를 받는 것. 비구나 비구니가 반드시 받아야 할 계로서 그 계에는 무량한 계덕(戒德)이 갖추어져 있음으로 구족계라고 한다.
- 위의계: 규율에 걸맞은 기거동작(起居動作). 규율을 바르게 하는 계(戒).
- 아라한: 산스크리트어 아르트(arhat, 남성·주격·단수형은 아르한 arhan)의 음사인데 응공(應供), 살적(殺賊), 불생(不生)으로 번역한다. 또 나한(羅漢)이라고도 한다. 인(人)·천(天)의 공양을 받음에 마땅하기 때문에 응공이라 하고 번뇌의 적(賊)을 죽이기 때문에 살적, 생사의 고를 재차 받지 않아 태어나지 않으므로 불생이라 한다.

해설

지금까지 정법을 섭수하는 것, 정법이란 무엇인가, 정법은 모든 것을 포섭하는 일승법이라는 것에 대해 설했다. 여기서는 정법을 섭수한다고 하는 소위 대승의 보살로서 어떤 것을 항상 갖추고 있지 않으면 안 되는가에 대한 질문을 하고 있다. 바꾸어 말하면 보살로서의 몸가짐, 마음가짐, 그리고 생활에 어떻게 활용해야 하는가에 대해 말하고 있다. 그것에 대해 세존께서 설하신 여섯 가지 의지인 ① 정법주(正法住), ② 정법멸(正法滅), ③ 바라제목차(波羅提木叉), ④ 비니(毘尼), ⑤ 출가(出家), ⑥ 수구족(受具足)을 자각해야 한다.

세존께서는 이 6처를 대승을 위하기 때문에 설했다고 한다. 대승을 위해서란 모든 사람들의 뒷일을 염려하는 것을 말하며 동시에 또한 붓다의 가르침이 모든 사람들에 의해 살려지는 것을 말한다.

그러기 위해서는 첫째 모든 사람들이 보살행을 행하는 한, 정법이 오랫동안 이 세상에 흥하고 정법이 영원히 세상에 머물 필요가 있다. 정법이 세상에 오래 머물기 위해서는 정법의 의의를 잘 알고 그것을 섭수하지 않으면 안 된다. 이것이 ① 정법주(正法住)라고 하는 의지처이다. 두 번째는 정법이 어떤 사정에서 멸해지는가를 잘 인식하고 정법이 멸하지 않도록 고려해야 할 것이다. 이것을 ② 정법멸(正法滅)의 처라고 한다. 앞에서도 말하였지만 말법의 세상이 도달하면 법이 멸할 것을 방지하고 대승의 정신이 상실되지 않도록 정법이 오래 머물도록[正法久住] 노력하는 것이 보살의 길을 행하는 사람의 임무이다.

다음에 정법을 지켜 유지[護持]하고 정법을 세상에 넓히기 위해서는 이것이 생활의 구석구석까지 침투하도록 스스로를 타일러야 할 것이다. 그러기 위해서는 대승의 계율을 항상 마음에 간직하여 일상의 행위를 조화하고 죄나 악을 제압하여 떠나보

낼 필요가 있다. 바라제목차라고 경문에 보이는 것은 별해탈(別解脫)이라던가 처처해탈(處處解脫)이라고 번역되는데, 살생계·음주계·투도계라고 하는 것같이 따로따로 비행을 방지하고 악을 멈추게 하므로 별해탈이라고 한다. 불교의 5계라든가 10계 등의 계본(戒本)을 별해탈이라고 하는 것은 그러한 뜻에서 나온 말이다. 또 경문에 비니는 율(律) 또는 조복(調伏)이라 번역함과 같이 붓다의 계율을 말한 것이다. 이 양자에 의해서 선을 얻는 적극적인 면과 악을 여의는 소극적인 면이 결과로서 이루어진다고 하여 지악수선(止惡修善)이라고 하는 불교 계율의 기본을 보살행의 의지처로 한 것이 ③ 바라제목차, ④ 비니의 처(處)라 한다.

다음에 도(道)를 구하는 사람은 ⑤ 출가의 생활에 철저해야 한다는 출가의 처(處)가 필요하다. 이 출가는 초기 불교에서는 '집에서 집을 없애기 위해서 출가한다.'고 하는 것처럼 재가의 생활을 떠난 사람을 출가자라고 부르고 있다. 그러기 위해서는 비구가 되어 머리를 깎고 승원에 들어가지 않으면 안 되었다. 그러나 대승불교에 이르러서 대승의 보살 사상이 발전함에 따라서 재가 생활을 계속하면서 불도를 행하는 사람도 출가라고 부르게 되었다.

그런데 현대의 젊은이들은 출가라는 말이 글자의 뜻 그대로 집을 나간다는 것이므로 세간에서 흔히 말하는 가출과 같은 것이 아닌가 하고 생각한다. 과연 어느 쪽이나 모두 '집을 나오는 것'이므로 '집으로부터 집 없는 몸이 되는' 것을 출가자(出家者)로 정의한다면 가출인도 집을 버리는 것이기 때문에 충분하다고 할 수 있다. 그러나 이러한 이해는 물론 타당치 않다. 이른바 출가의 참뜻은 도를 구하는 수행자이다. 머리를 깎고 3의1발(三

衣一鉢), 즉 옷 세 개 — 상의·중의·하의 — 와 발우 하나로 무 집착의 생활을 계속하며 승가의 일원이 되어 계율을 엄수하여 가는 것을 본분으로 한다. 그것이 초기 불교에서의 출가자의 입장이었다.

예를 들면 붓다가 세상에 계시던 시절, 참파에 살고 있던 재가의 신자 소나 코리비사가 출가하여 그 생활의 엄격함 때문에 다시 재가의 생활로 되돌아갔을 때[還俗]에 다음과 같은 회상을 남겼다.

> 부처님이 설하신 법을 내가 앎에 있어서도 집에 머물고 있어서는 도무지 원만하게, 도무지 청정하여 〈진주(眞珠) 조개껍질을 연마한 것처럼 빛나는〉 깨끗한 수행을 행하기는 쉽지 않다. 나는 머리와 수염을 깎고 가사와 옷을 입고 집에서부터 집 없는 출가를 하려고 생각하고 있었다. 그리하여 출가하고 너무나 정근에 노력한 나머지 수행장을 유행하고 있을 때에 두 발이 찢어져서 그 수행장은 소를 잡는 도살장처럼 피로 물들었다. 나는 이렇게 생각했다. "세존의 제자로서 정근에 노력하고 있는 사람들이 있다. 나도 또한 그 중의 한 사람이다. 그렇지만 나의 마음은 집착 없이 모든 번뇌에서 해탈할 것 같지도 않다. 더구나 내 집에는 재물이 있다. 나는 그 재물을 마음껏 누릴 수 있고 또 복덕을 지을 수도 있다. 나는 참으로 환속하여 재물을 마음껏 누릴 수 있고 복덕을 짓고 싶다."
>
> -『비야나』제1권-

여기에 초기 불교에서의 출가자와 재가자의 모습을 유감없이 이야기하고 있다. 여기에서는 출가자의 이상과 재가자의 이상을 명확히 구별하고 도를 구하기 위해서는 아무래도 출가의 생활에 들어가지 않으면 안 되었던 것이다. 그런데 대승에서는 재가의 생활을 영위하면서 도를 구하는 사람, 소위 보살의 행을 이룰 수 있다고 한다.

여기에 신출가(身出家), 심출가(心出家)의 두 가지 출가를 말하고 있다. 전자는 초기 불교의 비구와 대승의 보살승으로 삭발하고 승원에 들어간(승가의 일원이 된다.) 사람을 말하고 후자는 소위 대승의 보살거사로서 재속 그대로 불문에 귀의하고 보살도를 행하고자 하는 사람이다. 특히 시정(市井) 속에 있으면서 마음을 청정하게 하고 대승의 법을 생활 위에 구현화하려고 하는 소위 보살행자이다. 그 대표적인 사람으로서 『유마경』에 등장하는 유마거사(維摩居士)가 있고 그리고 지금 『승만경』의 주인공인 승만 부인을 들 수 있다.

최후에 ⑥ 수구족(受具足)인데 그것은 비구·비구니가 반드시 받아야할 구족계를 말한다. 통상적으로 비구는 250계, 비구니에게는 500계(『사분율』에 의함)라고 말하지만 이와 같은 수구족을 6처의 하나로 한 것은 대승을 믿고 보살행을 행하는 사람은 스스로 그 위의(威儀)를 반듯이 할 필요가 있음을 나타낸 것이다.

그러나 성문이나 연각의 가르침에 의해서 출가하고 구족계를 받는 일은 없는 것이어서 여래에 귀의하여 비로소 출가, 구족계를 받는다고 한다. 성문 · 연각의 가르침에 의해 출가하고 구족계를 받는 것은 대승의 방편 시설이며 어디까지나 여래가 있고 대승이 있기 때문이다. 왜냐하면 아라한은 자기의 완성만을 목적으로 하고 있기 때문이며 '상구보리 하화중생'이라는 대승의 정신과는 비교할 수 없기 때문이다.

불·세존은 중생의 구제, 해탈만을 목표로 하고 있다. 그 세존이 대승의 길을 가고 있는 사람에게 가르친 것이 이상의 여섯 가지의 의지처이다. 이와 같이 대승을 떠나 소승은 없고 소승은 대승에 귀납되는 것을 가르친 것이 이 단락의 취지이다.

阿羅漢歸依於佛 阿羅漢有恐怖 何以故
아라한귀의어불 아라한유공포 하이고
阿羅漢於一切無行 怖畏想住 如人執劍
아라한어일체무행 포외상주 여인집검
欲來害己 是故阿羅漢無究竟樂 何以故
욕래해기 시고아라한무구경락 하이고
世尊依 不求依 如衆生無依彼彼恐怖 以
세존의 불구의 여중생무의피피공포 이
恐怖故則求歸依 如[是]阿羅漢有怖畏 以
공포고즉구귀의 여[시]아라한유포외 이
怖畏故 依於如來
포외고 의어여래

그렇지만 아라한은 부처님께 귀의해야 합니다. 왜냐하면 아라한에게는 〈아직 완전히 번뇌를 끊지 못해 생사에 대한〉 두려움이 있기 때문입니다. 즉 아라한은 〈아직〉 일체의 보살행을 닦지 않아서 〈실천 수행에 대해 다소〉 두려워하고 무서워하는 생각을 가지고 있기 때문입니다. 〈아라한은 보살행 하는 것에 대해〉 마치 어떤 사람이 〈생사의 번뇌를 상징하는〉 칼을 들고서 자기를 해치려 한다고 생각합니다. 따라서 아라한에게는 〈중생을 구제함으로써 느끼는〉 진정한[究竟] 즐거움이 없습니다.

그러므로 〈아라한은 자신의 생사 해탈을 위해〉 부처님께 의지할 뿐 〈다른 것에서〉 의지처를 구해서는 안 됩니다. 가령 〈어리석은〉 중생들은 〈마음에 중심이 되는〉 의지처가 없으므로 〈모든 대상과 현상에 대해〉 공포를 느껴 무엇인가 의지할 곳을 찾게 됩니다. 이와 같이 아라한도 아직 〈생사에 대한〉 두려

움이 남아 있기 때문에 〈자신의 생사 해탈을 위해〉 부처님께 귀의하는 것입니다.

해설

여기서는 앞 소절에 이어서 소승과 대승의 입장을 아라한과 불·세존·여래와의 대비 중에서 파악하고 있다. 즉 소승의 최고의 깨달음이라는 아라한에게는 궁극적인 낙은 있을 수 없기 때문에 그에게는 당연히 두려움이 달라붙어 이 두려움 때문에 여래에 의존한다. 따라서 의존하지 않는 여래는 의존할 바를 구하지 않는다. 여기에 아라한과 여래·불·세존과의 사이에 그런 까닭에 소승과 대승의 차이가 있다고 말한다.

아라한이란 산스크리트어 아르핫(arhat)의 음역으로 응공(應供)·살적(殺賊)·불생(不生) 등으로 번역된다. 응공이란 사람들의 공양을 받기에 마땅한 사람이라는 뜻이며, 살적이란 번뇌의 적(賊)을 죽였다는 뜻이고, 불생이란 영원히 열반에 들어가 다시는 나고 죽는 생사의 과보를 받지 않는다는 뜻이다. 일반적으로는 원어의 음사에 의한 아라한 또는 나한(羅漢)으로 호칭한다.

그런데 이와 같은 아라한에게 왜 포외가 생기는 것일까. 그것은 아라한은 자기 번뇌의 장애를 끊고 있기 때문에 인간으로서의 일반적인 포외는 있을 수 없다. 포외가 없으면 영원한 낙(樂)을 느끼면 좋을 따름이다. 그런데 왜 포외가 생기는 것일까. 이 점에 관하여 본경은 '아라한은 일체에 행하는 바 없다.'고 해석하고 있다.

여기에 아라한이 일체무행(一切無行)이라고 하는 의미는 스스로의 깨달음만을 목표로 하고 대승 보살행의 이타행이 빠져 있다는 의미이다. 만일 일체 중생을 위해 생각하고 또한 그를 위한 행을 행한다면 모든 사람들에게 안심감을 줄 것이다. 그렇지만 자기 자신만을 목적으로 한다면 자기 자신은 생사에 대해 마음 편할 것이지만 일체 중생이 생사의 세계에 빠져서 허우적거리고 있는 한, 절대의 안락을 얻었다고 말하기는 곤란하기 때문이다. 이것에 대해 대승 보살은 항상 일체 중생의 해탈과 구제를 염하고 그를 위한 행을 실천한다. 여기에 활동하고 작용하고 있는 것은 중생을 불쌍히 여긴다고 하는 자비행이다. 아라한에게는 그 자비가 결여되어 있다.

대승에 있어서는 자기 혼자만이 번뇌를 끊고 그로써 좋다는 생각은 없다. 언제나 자기와 함께 있는 일체 중생, 이 저잣거리의 사람들을 이상적인 세계로 인도하고자 하는 원을 계속 가지고 있다. 그러기 위해서는 일체를 완전히 안다고 하는 일체지를 갖지 않으면 안 된다. 이 일체지(一切智)를 얻은 것이 불·여래라고 하므로 그 불·여래를 의지처로 하여 진리에의 길을 걸어가는 곳에 보살이 보살다운 까닭이 있는 것이다.

틀림없이 아라한은 번뇌를 끊고 해탈하고 있다. 사람들에게 공양을 받기에 마땅하다. 이 점에서는 최고의 지위에 있는 성자라고 해도 좋을 것이다. 그 아라한이 '부처님께 귀의하고 여래에게 의지한다.'고 경문에 있는 것은 아라한은 번뇌로 인한 장애인 번뇌장(煩惱障)은 끊고 있지만 일체지를 위해 걸림돌이 되는 알아야 할 것에 대한 장애인 소지장(所知障)을 끊지 못했으므로 최고의 지위에 도달했다고 말할 수 없다. 이리하여 일체지를 얻은 불·여래에 의지한다는 필연성이 있다고 한다.

도를 구하는 사람들은 산림의 나무 사이 등 한적하고 조용한 땅을 골라 혼자 머물며 꽃이 날고 잎이 떨어지는[飛花落葉] 것을 보고 진리가 무엇인가 하는 것을 조용히 생각했다. 이것은 고대 인도의 수행자가 취한 도이다. 집으로부터 집 없는 사람으로 출가한 출가행자의 도는 그러한 의미에서는 냉혹 또한 엄격한 생활이라고 말하지 않을 수 없다. 그리하여 자기의 마음 속에 둥지를 튼 번뇌를 일념으로 완전히 끊으려고 노력했다. 그 행은 확실히 숭고한 것이라고 말하지 않을 수 없다. 그 입장은 어디까지나 자기의 해결이 목표이어서 자기 이외의 사람들은 배려하지 않았다.

대승불교는 여기에 새로운 시점을 제공하고 대승불교행으로서의 자타가 함께 하는 세상을 출생시킨 것이다. 그것이 보살승·일불승의 사상이었다. 불·여래의 마음은 '일체 중생은 모두 나의 아들'로 파악하고 '어떻게 하면 그들을 깨달음으로 인도할까. 어떻게 하여 그들을 붓다의 가르침을 얻도록 할까 하고 생각하고, 나는 끊임없이 세간의 사람들의 이런 저런 행위를 알고 이 세상에 존재하는 사람들에게 각각 그들에게 알맞게 가르친다.'

수소응가도(隨所應可道) 위설종종법(爲說種種法)
매자작시의(每自作是意) 이하령중생(以何令衆生)
득입무상혜(得入無上慧) 속성취불신(速成就佛身)

이라고 『법화경』 '여래수량품'의 끝을 맺고 있다. 여기에 거리에서 생활을 영위하고 있는 많은 사람들에 대한 깊은 생각이 엮어져 있다. '세상 사람들의 이런저런 행위를 알고'서야만이 비로소 일체 중생에게 대응할 수 있으며 거기에 일체중생이 여래·

불에게 의지하는 뜻이 있다고 생각한다. 여래·부처님과 중생과의 사이에는 영원히 끊을 수 없는 연대감이 있고 중생이 있는 한, 여래·불은 자기의 원을 계속 성취하지 않으면 안 되는 입장이 생겨난다.

世尊 阿羅漢辟支佛有恐怖 是故阿羅漢
세존 아라한벽지불유공포 시고아라한

辟支佛 有餘生法不盡 故有生 有餘梵行
벽지불 유여생법부진 고유생 유여범행

不成故 不純事不究竟故 當有所作 不度
불성고 불순사불구경고 당유소작 부도

彼故 當有所斷 以不斷故 去涅槃界遠
피고 당유소단 이부단고 거열반계원

何以故 唯有如來應正等覺得般涅槃 成
하이고 유유여래응정등각득반열반 성

就一切功德故 阿羅漢辟支佛 不成就一
취일체공덕고 아라한벽지불 불성취일

切功德 言得涅槃者 是佛方便
체공덕 언득열반자 시불방편

唯有如來得般涅槃 成就無量功德故
유유여래득반열반 성취무량공덕고

阿羅漢辟支佛 成就有量功德 言得涅槃
아라한벽지불 성취유량공덕 언득열반

者 是佛方便
자 시불방편

唯有如來得般涅槃 成就不可思議功德故
유유여래득반열반 성취불가사의공덕고

阿羅漢辟支佛 成就思議功德 言得涅槃
아라한벽지불 성취사의공덕 언득열반

者 是佛方便
자 시불방편

唯有如來得般涅槃 一切所應斷過 皆悉
유유여래득반열반 일체소응단과 개실

斷滅 成就第一清淨 阿羅漢辟支佛有餘
단멸 성취제일청정 아라한벽지불유여

過 非第一淸淨 言得涅槃者 是佛方便
과 비제일청정 언득열반자 시불방편

唯有如來得般涅槃 爲一切衆生之所瞻仰
유유여래득반열반 위일체중생지소첨앙

出過阿羅漢辟支佛菩薩境界 是故阿羅漢
출과아라한벽지불보살경계 시고아라한

辟支佛 去涅槃界遠 言阿羅漢辟支佛觀
벽지불 거열반계원 언아라한벽지불관

察解脫四智究竟得蘇息處者 亦是如來方
찰해탈사지구경득소식처자 역시여래방

便 有餘不了義說
편 유여불요의설

세존이시여 〈성문 중에서 최고의 경지인〉 아라한과 〈스스로 연기의 이치를 깨달은〉 벽지불[緣覺]은 아직 〈생사에 대한〉 공포와 〈실천 수행에 대한〉 두려움이 남아 있습니다. 그리고 아라한과 벽지불은 아직 완전히 생사 문제를 해결하지 못했기 때문에 생사의 유한한 법에 저촉을 받습니다.

또한 아직 청정한 〈보살의 실천〉 수행[梵行]을 완성하지 못했기 때문에 〈번뇌의 때가 남아 있어 마음이〉 순수하지 못합니다. 수행에 있어서도 〈부처님의 경지인〉 구경(究竟)까지 도달하지 못했기 때문에 앞으로 많은 보살행을 실천해야 합니다. 또한 〈생사를 벗어난〉 피안〈의 세계인 열반〉에 도달하지 못했으므로 반드시 끊어야 할 것[생사의 번뇌]이 있습니다. 즉 아직 끊지 못한 생사의 번뇌가 남아 있으므로 〈부처님의 깨달음의 상태인〉 열반과는 거리가 먼 것입니다. 왜냐하면 오직 여래·응공·〈평등하고 바른 진리를 깨달은〉 정변지만이 〈완전한 깨달음인〉 반열반을 증득할 수 있습니다. 〈즉 널리 중생을 구제함으로써〉 일체의 온갖 공덕을 달성하기 때문입니다. 아라한과 벽지불은 아직 〈부처님처럼 모든 중생을 구제함으로써〉 일체 모든 공덕을 성취하지는 못했습니다. 〈그러나 수행을 통해 번뇌를 제거하여〉 열반을 증득했다고 〈아라한들에게〉 말씀하신 까닭은 다만 부처님의 교묘한 수단[方便]일 뿐입니다.

오직 부처님만이 〈완전한 깨달음인〉 반열반을 얻을 수 있습니다. 그것은 〈널리 중생을 구제함으로써〉 불가사의한 공덕을 완성했기 때문입니다.

다만 아라한과 벽지불은 〈생각으로〉 헤아릴 수 있는 정도의 〈유한한〉 공덕을 성취한 것입니다. 그런데도 〈번뇌의 불이 꺼진 상태인〉 반열반을 성취했다고 말한 것은 오직 〈그들을 제도하기 위한〉 부처님의 〈교묘한〉 수단인 것입니다.

오직 여래께서만이 반열반을 성취했습니다. 즉 그것은 당연히 끊어야 할 일체의 번뇌를 끊어 버리고 가장 훌륭한 청정공덕을 성취했기 때문입니다.

아라한과 벽지불은 아직 번뇌가 남아 있어 가장 청정한 공덕을 성취하지 못했습니다. 그런데도 열반을 증득했다고 말한 것은 부처님의 〈교묘한〉 수단인 것입니다.

오직 부처님만이 반열반을 성취하여 일체 모든 중생에게 존경을 받습니다. 그 까닭은 〈오직 부처님만이〉 아라한과 벽지불 그리고 보살의 경지를 초월했기 때문입니다. 그러므로 아라한과 벽지불은 〈진정한 깨달음의 상태인〉 열반의 세계로부터 멀리 떨어져 있다고 한 것입니다.

〈다만〉 아라한과 벽지불은 해탈과 〈4성제를 통해〉 네 가지

지혜[四智]의 〈궁극적인 가르침인〉 사리의 마지막인 구경(究竟)을 관찰하고 〈수행 정진을 통해 마음의 안정을 얻을 수 있는 상태인〉 소식처(蘇息處)를 성취했다고 말했습니다. 다만 그것은 부처님께서 모든 중생을 구제하기 위해 사용한 교묘한 방편일 뿐입니다. 아직도 〈대승의 참된〉 이치를 완전히 말씀하신 것은 아닙니다.

주

- 벽지불: 산스크리트어 프라티에카붓다(pratyeka-buddha)의 음사로서 독각(獨覺), 연각(緣覺)으로도 번역함.
- 범행: 산스크리트어 브라흐마-차리야(brahma-carya)의 번역으로 금욕행(禁欲行), 정행(淨行), 청정(淸淨)한 행을 말한다.
- 소식처: 안식처(安息處). 일본 성덕태자의 『승만경의소』에 의하면 "소식이란 해탈로 해석한다. 무위(無爲) 응연(凝然)하기 때문에 소식처라 한다."고 한다.
- 유여불요의: 아직 설해야 할 점이 있어서 진실한 뜻[眞實義]을 완료한 것은 아니라는 뜻이다.

해설

성문과 연각의 2승이 도달하는 열반과 여래의 열반 사이에는 커다란 간격이 있음을 다섯 가지 점에서 나타내고 또한 여래의 반열반은 부처님의 방편이라는 것을 강조한 단락이다. 여기서 2승과 여래의 서로 다름을 나타내기 위해서 열반을 매개로 하고 있음을 알 수 있다.

그러므로 우선 열반에 대해서 해설하면, 열반(nirvāṇa)이란 원래 불어 끄는 것으로서 번뇌의 불을 불어 끈 상태를 의미한다. 그리하여 탐욕, 진에, 우치라고 하는 번뇌의 3독·삼화(三火)를 지멸(止滅)한 적멸(寂滅)의 경지를 이르는 것이었다. 예를 들면 초기 불교의 아함·니카야에서의 정형구(定型句)로서 열반이란 무엇을 말하는가.『상응부』 제4권에서는 “탐욕의 멸(滅), 진에의 멸, 우치의 멸, 이것을 열반이라 한다.”고 했으며,『상응부』 제1금에서는 “갈애(渴愛)를 여의는 것을 열반이라고 말한다.”고 설명하는 것을 볼 수 있다. 한역에서는 번뇌의 숲에서 탈출한다는 의미로서 출조림(出稠林)이라 번역된다. 이와 같이 열반 본래의 의미는 번뇌를 모두 끊은 적정의 경지이다. 그런데 후세의 수행자들이 그와 같이 노력 정진하면서도 생존하는 한, 바꾸어 말하자면 육체가 존속하는 한, 번뇌를 끊는 것은 불가능하다고 사유되어 여기에 〈육체의 사멸(死滅)에 의해 열반이 있다.〉고 하는 무여의열반(無餘依涅槃)과 육체가 있어도 탐·진·치를 멸한 유여의열반(有餘依涅槃)이라는 두 가지 열반을 세우게 되었다.

오늘날 절 행사 가운데 열반재(涅槃齋)가 있는데 이것은 석존께서 입멸하신 2월 15일을 추억하는 불사(佛事)로서의 의의를 갖게 된 것이다. 이로부터 일반에는 열반에 드는 것을 〈사멸(死滅)하는 것〉과 같은 뜻으로 이해하는 풍조가 생긴 것이다.

이렇게 두 종류의 열반이 있는데 성문·연각은 최종적인 열반을 육체가 죽고 없어진 상태, 즉 회신멸지(灰身滅智)한 곳에 얻어지는 것으로 이해하였다. 그것은 죽음에 의해서 참다운 열반이 획득되는 것이어서 그 점을 취하게 되면 불교는 죽음에 의해서 얻어지는 열반을 구극(究極)의 목적으로 삼고 있는 것처럼 생각되기 쉽다. 과연 그렇다면 열반이란 그러한 것일까. 육체의 죽음을 의미하는 열반이지 않음은 당연한 일이다. 그것은 다만 부처님께서 방편으로 열반하는 것이라고 한다. 여기에 대승에서의 열반의 이해가 중요한 의미를 가지고 있다.

지금 이 『승만경』은 아라한과 벽지불은 아직 참다운 열반을 떠나는 것은 멀다고 한다. 그 이유는 ① 여래는 일체의 공덕을 갖추고 있으나 2승은 갖추지 못했다. ② 여래의 공덕은 한량없지만 2승의 공덕은 유한한 것이다. ③ 여래의 공덕은 넓고 크지만 2승의 그것은 사의(思議)할 수 있는 것이다. ④ 여래는 모든 번뇌를 끊어서 청정하지만 2승은 아직 끊지 못한 번뇌를 갖는다. ⑤ 대열반을 얻은 여래만이 일체 중생의 의지처가 되지만 2승은 중생의 의지처가 되지 못한다고 해석하고 있다.

결론적으로 아라한과 벽지불에게는 윤회하는 성질을 가지고 있어 '생을 다했다.'고는 말할 수 없고 '해야 할 것'을 이루지 못했으며 아직은 가지고 있어서 버려야 할 것을 버리지 못했기 때문에 참다운 열반과는 아주 먼 것이라고 한다. 이것은 2승이 자기의 완성만을 목적으로 하는 데 비해 보살은 자리(自利)와 이타(利他)가 목적이므로 그 도달점인 열반도 다른 것이라는 뜻이다.

2승은 번뇌를 끊어서 열반을 획득했다고 스스로는 만족하고 있다. 그러나 변하기 쉬운 존재에 깊은 공포의 염을 가지고 있는 이상, 그것은 번뇌가 남아 있기 때문에 진실한 열반이 아니고 여래만이 반열반했다고 하는 것이 경문의 이해였다. 더욱이 2승의 열반 획득도 실은 여래가 방편으로 시설한 것으로만 있기 때문이라고 한다.

何以故 有二重死 何等爲二 謂分段死不
하 이 고 유 이 중 사 하 등 위 이 위 분 단 사 부

思議變易死 分段死者 謂虛僞衆生 不思
사 의 변 역 사 분 단 사 자 위 허 위 중 생 부 사

議變易死者 謂阿羅漢辟支佛大力菩薩意
의 변 역 사 자 위 아 라 한 벽 지 불 대 력 보 살 의

生身 乃至究竟無上菩提
생 신 내 지 구 경 무 상 보 리

二種死中 以分段死故 說阿羅漢辟支佛
이 종 사 중 이 분 단 사 고 설 아 라 한 벽 지 불

智我生已盡 得有餘果證故 說梵行已立
지 아 생 이 진 득 유 여 과 증 고 설 범 행 이 립

凡夫人天所不能辦 七種學人先所未作
범 부 인 천 소 불 능 변 칠 종 학 인 선 소 미 작

虛僞煩惱斷故 說所作已辦 阿羅漢 辟支
허 위 번 뇌 단 고 설 소 작 이 변 아 라 한 벽 지

佛所斷煩惱 更不能受後有故 說不受後
불 소 단 번 뇌 갱 불 능 수 후 유 고 설 불 수 후

有 非盡一切煩惱 亦非盡一切受生故說
유 비 진 일 체 번 뇌 역 비 진 일 체 수 생 고 설

不受後有
불 수 후 유

왜냐하면 두 가지 종류의 생사가 〈남아〉 있기 때문입니다. 그것은 〈중생이 겪는〉 분단생사와 〈2승과 보살이 보이는〉 부사의 변역생사입니다. 〈첫째〉 분단생사란, 〈중생의 업이 다르기 때문에 신체와 수명의 차별이 벌어지는〉 허망한 생사의 모습을 말합니다. 〈두 번째는〉 부사의 변역생사입니다. 즉 아라한과 벽지불〈인 2승의 몸과〉 그리고 〈모든 중생을 구제할 수 있는

힘을 갖춘〉 대력보살 등이 원력에 따라 나툰 몸인 의생신과, 〈보살행을 통해 모든 중생을 구제함으로써 얻은〉 구경(究竟)의 위 없는 보리〈인 부처님의 참된 깨달음의 경지〉에 이르기까지의 과정〈에서 방편으로 나투는 생사의 모습〉을 말합니다.

두 가지 종류의 생사 중에서 아라한과 벽지불은 지혜로써 〈중생이 겪는〉 분단생사를 뛰어넘었습니다. 그러므로 '나의 삶은 이미 〈번뇌가〉 다했다.'고 했습니다. 또한 〈아직 더 닦아야 되지만 그래도〉 유한한 과보를 증득했기에 '청정한 행동이 이미 확립되었다.'고 할 수 있습니다. 〈윤회의 세계인〉 사람과 천인이 아직 이루지 못한 것이고 일곱 종류의 학인들이 아직 끊지 못한 허망한 번뇌를 끊었으므로 '수행을 이미 이룩했다.'고 했습니다. 또한 아라한과 벽지불은 〈어느 정도〉 번뇌를 끊어 다시는 후생을 받지 않기 때문에 '미래에 〈중생과 같이 생사 윤회하는〉 몸을 받지 않는다.'고 한 것입니다. 다만 일체 모든 번뇌를 완전히 끊지는 못했습니다. 즉 일체 번뇌로 인해 변화하는 허망한 삶을 완전히 정화한 것은 아니지만 〈그래도 각자 수행한 만큼 번뇌를 끊었기 때문에〉 '미래에 〈중생과 같이 생사 윤회하는〉 몸은 받지 않는다.'고 말하는 것입니다.

• 분단사: 인간은 저마다의 과보를 받고 생존하고 있으므로 그 생존 방식에는 분분단단(分分段段)의 차이가 있다. 신심(身心)이 멸하여 없어진다는 것은 그 생존의 모습인 형태의 크고 작음과 수명이 길고 짧음을 수반하는 신체의 죽음을 의미한다. 즉 구도생활에 들어가지 않은 우리들의 육

체의 죽음을 말한다. 계내(界內)의 생사라고도 한다.

- 분단사자 허위의 중생: 번뇌가 있는 범부의 죽음을 말한다.
- 부사의 변역사: 아라한이나 벽지불, 대력의 보살들은 구도 생활에 들어가 있으므로 계내(界內)의 생사, 즉 분단사 - 번뇌가 있는 죽음 - 를 면하여 3계를 나오지만 아직 남기고 있는 생사가 있다고 한다. 이것을 변역생사·변역사라고 한다. 수명도 육체도 자유로 변화, 다시 바꿀 수[改易] 있으므로 일정한 한계가 없는 것을 변역사라고 한다. 이것이 있음에 의해서 차츰 부처님의 지혜에 가까이 갈 수 있다고 한다. 이 변역사를 받는 사람은 번뇌의 장애를 끊은 아라한·벽지불과 중생을 구제하기 위해 자진해서 생사의 세계에 머무는 큰 능력을 가진 보살이라고 한다. 다만 무성(無性)과 성문, 연각 및 부정(不定)의 2승도(二乘徒)를 분단생사에 들어간다[五性 各別]고 하는 입장(法相唯識)도 있다.
- 의생신(意生身): 부모로부터 받은 육신이 아니라 뜻[意]에 의해서 화생(化生)한 몸[身]. 자유자재로 신체를 나타내는 것을 말한다.
- 범행이입(梵行已立): 청정한 행이 완성된 것. 아함경전의 정형구. 팔리어에서는 vusitam brahmacariyam이라 한다.
- 소작이변(所作已弁): 해[作]야 할 것을 했다는 것으로 소작이성(所作已成)이라고도 한다. 아함경전의 정형구. 산스크리트(krtam karaniyam) 팔리어(katam karaniyam).
- 후유(後有): 열반의 깨달음을 얻지 못한 사람이 미래세에서 받는 미혹한 생존을 말한다. 석존은 "자신은 후유(後有)를 받지 않는다."고 말하는데 이것은 다시 생사윤회라고 하는 미혹한 생존을 받지 않는다, 즉 열반의 깨달음을 얻은 것을 의미하고 있다.

해설

이 단에서는 분단생사와 변역생사 가운데 아라한·벽지불이라는 2승의 해탈은 분단생사만을 벗어난 것이기 때문에 불완전한

것이라고 말한다.

불교에서는 인간은 선·악업을 인(因)으로 하고 번뇌장을 연(緣)으로 하여 이 세상에 과(果)를 받고 있기 때문에 그 수명에는 길고 짧음이 있고 육체에는 크고 작음 등의 일정한 한계를 갖는 것이라고 한다. 따라서 일반적으로 범부의 신체를 분단신이라 한다. 이 분단신을 받고 윤회하는 것을 분단생사라 한다.

결국 사람 제각각의 과보에는 분분단단의 차이가 있다고 말한다. 이에 반하여 아라한이나 벽지불 및 대력의 보살은 번뇌장을 끊었으므로 분단생사를 받지 않지만, 그러나 번뇌는 없지만 분별이 있는 업을 인으로 하고 아직 끊지 못한 알아야 할 바에 대한 장애인 소지장(所知障)을 연으로 하여 그 과보인 몸, 즉 의생신을 받는다. 이 의생신을 가지고 보살의 행을 닦아 불과(佛果)에 이른다고 한다. 그 신체는 보살의 행을 닦는다는 비원(悲願)에 의해서 수명도 육체도 변화·개역할 수 있고 일정한 한도가 없으므로 변역신(變易身)이라 한다. 이 변역신을 받는 것을 변역생사라 한다.

이와 같이 아라한·벽지불은 범부의 분단생사는 여의고 있으나 소지장, 즉 알아야 할 바에 대한 장애를 끊지 못했기 때문에 지혜를 은폐하고 있는 소지장을 끊고 부처님의 지혜에 근접하는 과정에 있다. 따라서 변역생사를 여의지 못했다고 하는 것이다.

그런데 아라한·벽지불의 2승이 분단생사를 여의었을 뿐 변역생사를 여의지 못한 한, ① 나[我]의 생존(生存; 생사의 미혹)은 다했다[我生已盡]는 고제(苦諦)의 지혜도 분단생사를 다했음에 불과할 뿐이고, ② 자기는 청정한 행을 완성했다고[梵行已立]고 하는 멸제(滅諦)의 지혜도 번뇌장을 끊었을 뿐 소지장은 의연하게 남아 있으며, ③ 해야 할 것을 해서 마쳤다[所作已作所作已變]고 하는 도제(道諦)의 지혜도 범부나 수행해도 아라한이 될 수 없는 일곱 종류의 수행자가 되지 않은 것을 지었을 뿐이며 또 ④ 이미 윤회 재생하여 다음 세상에 다시 태어나는 몸을 받는 일이 없다[不受後有]고 하는 집제(集諦)의 지혜도 분단생사에 한할 뿐이다.

그것들은 부처님의 해탈과 비교하면 커다란 간격이 있다고 말한다. 따라서 아라한·벽지불은 번뇌장을 끊고 있는 점에서는 후유를 받지 않는다고 해도 별일이 없지만, 모든 번뇌·소지장을 완전히 끊지 않은 한 참으로 불수후유(不受後有)라고 말할 수 없는 것이다.

이와 같이 아라한·벽지불은 자기 스스로는 해탈하여 다시는 미혹한 생존으로 되돌아오지 않는다고 말하지만 그들이 모든 번뇌를 완전히 끊은 것이 아닌 한, 참다운 해탈이 아니라고 경문은 말한다.

그에 관해서는 전단(前段)에서 아라한·벽지불은 '열반을 얻었다.'고 말해도 그것은 불·여래의 방편일 뿐 참다운 열반은 여래만이 있다고 하는 이해와 상응(相應)하는 것이다.

何以故 有煩惱 是阿羅漢 辟支佛所不能
하이고 유번뇌 시아라한 벽지불소불능

斷
단

煩惱有二種 何等爲二 謂住地煩惱及起
번뇌유이종 하등위이 위주지번뇌급기

煩惱 住地有四種 何等爲四 謂見一處住
번뇌 주지유사종 하등위사 위견일처주

地欲愛住地色愛住地有愛住地此四種住
지욕애주지색애주지유애주지차사종주

地 生一切起煩惱 起者刹那心刹那相應
지 생일체기번뇌 기자찰나심찰나상응

世尊 心不相應無始無明住地 世尊 此四
세존 심불상응무시무명주지 세존 차사

住地力 一切上煩惱依種 比無明住地 算
주지력 일체상번뇌의종 비무명주지 산

數譬喩所不能及
수비유소불능급

世尊 如是無明住地力 於有愛數四住地
세존 여시무명주지력 어유애수사주지

無明住地其力最大 譬如惡魔波旬於他化
무명주지기력최대 비여악마파순어타화

自在天 色力壽命眷屬衆具 自在殊勝 如
자재천 색력수명권속중구 자재수승 여

是無明住地力 於有愛數四住地 其力最
시무명주지력 어유애수사주지 기력최

勝 恒沙等數上煩惱依 亦令四種煩惱久
승 항사등수상번뇌의 역령사종번뇌구

住 阿羅漢辟支佛智所不能斷 唯[有]如來
주 아라한벽지불지소불능단 유[유]여래

菩提智之所能斷　如是世尊　無明住地最爲大力
보리지지소능단　여시세존　무명주지최위대력

그러나 아직 아라한과 벽지불에게는 끊지 못한 〈근원적인 무명인〉 번뇌가 남아 있습니다. 번뇌에는 〈각종 번뇌가 생겨날 수 있는 근본적인 바탕인〉 무명주지번뇌와 〈그 주지번뇌로부터 생겨난 갖가지 종류의 번뇌인〉 기번뇌가 있습니다.

무명주지번뇌에는 〈현상 사물을 보고 들음에 있어 무지하기 때문에 생기는 번뇌인〉 견일체처주지번뇌, 〈욕계에 대한 무지[思惑]로 인하여 일어나는 번뇌인〉 욕애주지번뇌, 〈색계에 대한 무지로 인하여 일어나는 번뇌인〉 색애주지번뇌, 〈무색계에 대한 무지로 인하여 일어나는 번뇌인〉 유애주지번뇌의 네 종류가 있습니다.

이상의 네 가지 주지번뇌가 갖가지 종류의 기번뇌를 일으킵니다. 이러한 기번뇌는 〈외부의 자극에 대한 감정의 변화를 따라〉 순간순간 우리의 마음과 서로 〈번뇌로서〉 상응하여 〈복잡한〉 심적 작용〈인 번뇌〉을 일으킵니다.

세존이시여, 우리 마음〈과 외부의 경계〉이 서로 일치하지 않는 것은 처음부터 항상 존재하는 〈번뇌의 근본인〉 무명주지번뇌가 있기 때문입니다.

세존이시여, 이 네 가지 무명주지번뇌의 세력은 일체의 〈선한 행위를 방해하려는 번뇌인〉 상번뇌가 의지할 곳이며 종자입니다. 그러나 무명주지번뇌에 비하면 〈다른 여타의 번뇌는〉 숫자나 비유로도 미칠 수 없이 세력이 약합니다.

세존이시여 이와 같이 무명주지번뇌의 세력은 〈무색계에서 일어나는 번뇌인〉 유애주지번뇌와 〈색계나 욕계에서 일어나는 번뇌인〉 수번뇌 등 네 가지 종류의 주지번뇌의 세력보다 더 큽니다. 비유하면 마치 악마 파순이 〈욕계의 여섯 번째 하늘인〉 타화자재천에서 육체적인 능력과 수명과 권속과 여러 가지 생활필수품 및 장신구를 가장 잘 이용하듯이, 이 무명주지번뇌의 세력은 저 네 가지 종류의 주지무명의 세력보다 강합니다.

그러므로 〈무명주지번뇌는〉 갠지스 강의 모래알과 같이 수많은 〈선한 행위를 하려고 할 때 그것을 방해하는〉 상번뇌가 의지할 대상인 것입니다.

또한 그것은 네 가지 종류의 번뇌를 오랫동안 떨쳐버리지 못하게 합니다. 아라한과 벽지불의 지혜로는 〈이 무명주지번뇌를〉 끊을 수 없습니다. 오직 여래의 보리 지혜로써만 끊을 수 있습니다. 이와 같이 세존이시여, 무명주지번뇌의 힘이 가장 큰 것입니다.

주

- 주지번뇌: 여러 번뇌가 생겨나는 의지처가 되는 기초적인 바탕의 번뇌. 견일체처주지, 욕애주지, 색애주지, 유애주지라는 네 가지가 있다.
- 기번뇌: 주지(住地) 번뇌에서 생긴 여러 가지의 번뇌.
- 견일체처주지: 일체의 처(處)에서 여러 가지 것을 견문(見聞)한 것을 이해할 때에 생기는 번뇌인데 이를 견혹(見惑: 見煩惱)이라고 한다. 혹(惑)이란 마음의 미혹으로서 견(見)에 대해 헤매이고 바른 도리를 구별치 못하고 고정적 아집의 견해에 집착하는 것으로서 견도(見道)라고 하는 수

행의 단계에서 깨뜨려진다고 한다.

- 욕애주지: 애번뇌(愛煩惱)를 3계(三界)에 나눌 때 욕계에서 일어나는 사(思)의 미혹을 말한다.
- 색애주지: 색계에서 일어나는 사(思)의 미혹을 말한다.
- 유애주지: 무색계에서 일어나는 사(思)의 미혹이다.
- 심불상응무시무명주지: 우리의 인식은 인식 주체로서의 심왕(心王)과 그것에 종속하여 일어나는 심소(心所)라는 마음의 작용에 의한 심리 활동인 심상응(心相應). 외계(外界)의 대상에 대해 작용하는 이와 같은 심리 활동은 어떤 대상을 인식한다고 하는 작용 외에 자기본위의 심작용(心作用)이 수반하는 여러 가지 번뇌가 생긴다. 그것은 개인 개인에 의해 다르지만 누구라도 태어나면서부터 가지고 있는 근본번뇌가 있는데 이것을 무시(無始)의 무명주지라 한다. 결국 외계에서 받은 자극에 상응해서 일어나는 것이 아닌[不相應] 처음이 없는 원초적인 번뇌라는 뜻이다.
- 산수비유: 헤아려보거나 계량하고 비교하는 것과 비유하는 것을 말한다.
- 악마파순: 악마 파피만(pāpīman)의 음사로서 사나운 것, 악마라고 번역한다.

해설

우리 인간이 살아 있는 한, 여러 가지의 고뇌와 미혹이 따라다닌다. 인간은 그런 의미에서는 〈미혹의 생존〉이라 해도 좋을 것이다. '뜻대로 되지 않는다. 원하는 것이 곧바로 얻어지지 않는다.'는 것들은 형태나 정도의 차이만 있을 뿐 모두 고뇌의 씨앗이 아닌 것이 없다.

불교에서는 108번뇌가 있다고 하거나 8만4천번뇌가 있다고 한다. 섣달 그믐날 즉 제야(除夜)에 108번 종을 치는 우리나라의 관습도 그 하나하나의 종소리에 의해서 번뇌를 맑히고 신선한 마음으로 새해를 맞이하자고 하는 의도에서이다. 불교가 깨달음[道]을 구하는 인간이 취해야 할 최대의 관심사, 문제로서 취급함은 이른바 미혹의 생존을 구성하는 번뇌를 어떻게 파악하고 그 번뇌를 어떻게 끊어갈 것인가에 중심 과제가 있다고 말하지 않을 수 없다.

오늘날에는 번뇌라고 하는 불교의 용어는 일상용어가 되어 버렸다. 조금이라도 불교의 가르침에 관심을 기울이는 사람은 '번뇌즉보리(煩惱卽菩提)'라던가 '생사즉열반(生死卽涅槃)'과 같은 불교 용어에도 결코 위화감을 느끼지 않을 것이다. 그렇다면 불교에서는 번뇌를 어떻게 이해하고 있었는가.

석존 당시 인도 사상의 동향으로서 일반적으로 인간의 사후 세계라든지 이 세계가 유한한가 무한한가 등의 문제가 많이 논의되었다. 이와 같은 문제에 대해서 석존은 '직접 대답할 문제가 아니다.' 하여 무기(無記)의 입장을 취하고 있다. 그 비유로서 독화살에 맞은 젊은이가 '독화살의 종류, 재질, 쏜 사람이 누구인가.' 등의 문제에 사로잡혀 현재 꽂혀 있는 독화살을 뽑으려고 하지 않고, 의사를 부르려는 친척·친지의 소리에 귀를 기울이지 않고 외적인 원인만을 이것저것 찾고 있는 사이에 독이 온몸에 퍼져 죽어 버렸다고 하는 예를 들고 있다. 이것은 현재 독화살에 고뇌하고 있는 상태를 깊이 통찰하고, 그것에 대한 근본을 뽑아 없애는 해결 방법을 모색하는 것을 가르친 비유이다.

여기에 독화살에 맞아 고통 받고 있는 젊은이의 모습은 말할 것도 없이, 번뇌에 괴로워하고 있는 우리의 모습을 나타내고 있는 것이다. 그리고 우리는 자칫하면 외적인 원인과 까닭에 유혹

되어 자기의 마음속을 보려고 하지 않지만 그 마음에 깊이 뿌리 내리고 있는 미혹한 마음, 번뇌를 꿰뚫어 볼 것을 촉구하고 있는 것이다.

이리하여 번뇌라고 하는 것은 인간의 마음에 둥지를 틀고 있는 미혹과 고뇌라고 말해도 좋을 것이다. 초기 불교에서는 이 번뇌를 진실한 지혜에 의한 수행에 의해서 끊어 없애는 것을 해탈에 도달하는 조건으로 하고 있다.

유명한 사홍서원(四弘誓願)에 '중생무변서원도(衆生無邊誓願度) 번뇌무진서원단(煩惱無盡誓願斷) 법문무량서원학(法門無量誓願學) 불도무상서원성(佛道無上誓願成)'이라는 도(度)·단(斷)·학(學)·성(成)의 네 가지의 원을 드는데 번뇌를 끊겠다는 원은 영원히 계속되는 불교의 윤리였다. 그렇지만 끊으려 해도 끊을 수 없는 것이 또한 번뇌의 본래 모습이다. 대승불교는 여기에 새로운 전개를 보여 번뇌즉보리라는 사상을 낳게 되었다.

우리는 살아감에 있어 여러 가지의 음식을 섭취한다. 건강을 유지하기 위해서 불가결의 요인이다. 그러나 일단 병상에 누어 먹는 것도 충분하게 취하지 못하게 되면 한 그릇의 밥도 주의하여 먹지 않을 수 없게 된다. 건강체에게는 영양이 되어도 같은 것도 병자에게는 도리어 나쁜 결과를 가져오는 경우도 있다. 그러나 사람이 건강을 회복했을 때 그 같은 것이 영양원이 되는 것도 사실이다. '얼음이 크면 물이 많은 법' 이라는 말과 같이 보리의 물은 번뇌가 되는 얼음의 양의 크고 작음에 상응한다. 따라서 번뇌라고 하여 거절되는 것이 실은 보리에의 커다란 근원을 이루고 있었던 것이며, 중요한 것은 그 자각에 있다.

그런데 『승만경』은 이와 같이 불교에서 중요한 번뇌를 어떻게 취급하고 있었을까. 우선 경문에 의하면 여러 가지의 번뇌를 두 가지로 나누어 해설한다. 하나는 모든 번뇌의 종자이다. 주지(住地)번뇌 - 이것에는 네 가지가 있음 - 와 그 종자에서 일어나 실제로 활동하는 번뇌, 즉 기(起)번뇌이다. 이 둘 중에서 종자로서의 주지번뇌를 다시 깊이 파고들어 그 근원에 무시의 무명주지가 있고 그 네 가지 주지번뇌의 의지처라고 한다. 아라한이나 벽지불은 그 획득한 지혜로 네 가지 주지번뇌를 제거할 수 있으나, 무명주지는 끊을 수가 없다. 다만 여래가 가진 보리의 지혜만이 이 무명주지마저도 끊는 일이 가능하다고 해석하고 있다.

주지의 번뇌는 모든 번뇌가 일어나는 기초가 되는 것이어서 마치 대지가 온갖 초목, 생물을 생기(生起)하는 기초임과 같은 것이다. 이와 같이 기초가 되는 번뇌에 네 종류가 있다고 하는데 그것은 견일처주지번뇌, 욕애주지번뇌, 색애주지번뇌, 유애주지번뇌이다.

우선 견일처주지번뇌란 견혹(見惑)이라 하여 일방적인 편견에서 생기는 번뇌로서 말하자면 지식상의 번뇌이다. 인간의 행동은 하나의 인식에서 생기는 것이나 잘못된 견해에 바탕을 둔 경우 그 행동도 정당하다고 말할 수 없다. 그것은 사물의 진리, 도리를 파헤치지 않는 것에 기인하기 때문에 이와 같은 도리에 미혹한 견해를 견혹, 즉 견일처주지번뇌라고 한다.

다음에 견혹에 반하여 감정상의 번뇌를 사혹(思惑)이라고 하는데 이것을 3계(三界)에 배당하여 욕계에서 일어나는 감정적인 번뇌를 욕애주지번뇌, 색계에서 일어나는 감정적인 번뇌를 색애주지번뇌, 무색계에서 일어나는 감정적인 번뇌를 유애주지번뇌라 한다.

여기서 3계에 대해 해설해 둘 필요가 있다. 3계라는 생각은 인간, 유정이 유전하고 상속하는 미혹한 세계의 과보로 성립한 것으로서 욕계, 색계, 무색계를 말한다. 욕계(欲界)란 욕소속(欲所屬)의 계(界), 색계(色界)란 색소속(色所屬)의 계, 무색계(無色界)란 무색소속(無色所屬)의 계라는 의미여서 애욕 특히 식욕·음욕·수면욕이 소속하는 계를 말한다. 이것은 유정과 인간이 머무는 세계인데 이 욕계에는 지옥·아귀·축생·아수라·인간·천신의 6욕천(六欲天)이 포함된다.

색계는 욕계의 더럽고 사나운 색(色; 物質·肉體)을 떠났어도 미묘 청정한 색, 즉 물질로부터 이룩되는 세계로서 일명 유색천(有色天)·색행천(色行天)이라고도 한다. 이 세계는 4선(四禪)을 닦은 사람이 죽은 후에 태어나는 곳으로서 천상의 초선천(初禪天)·2선천(二禪天)·3선천(三禪天)·4선천(四禪天)이 포함된다.

이에 반하여 무색계는 무색천(無色天) 또는 무색행천(無色行天)이라고도 하는데 그것은 물질을 초월한 세계이므로 물질적인 생각(色想)을 떠난 4무색정(四無色定)을 닦은 사람이 사후에 태어나는 천계(天界)이다.

그런데 이 3계 가운데에서 욕계에서 일어나는 사혹(思惑), 색계에서 일어나는 사혹을 경문은 욕애주지, 색애주지, 유애주지 번뇌라고 한다. 이들은 각각 유정을 욕계에 주(住)하도록 하는 사혹, 색계의 선정에 머물게 하는 것을 집착하여 이탈하고 있지 않는 사혹 즉 생사를 반복하는 미혹의 세계를 떠나는 사혹을 말하며, 무색의 선정으로 바꾸어 머물게 하여 이탈시키지 않는 사혹으로 되어 있다.

이와 같은 번뇌는 수행에 의해서 끊어 없애지 않으면 안 되나 번뇌를 끊는 수행 단계의 차이에 의해 번뇌를 견혹과 사혹[修惑]으로 나눈다. 그 가운데 견혹은 견도(見道)에 의해서 끊을 수 있는 번뇌로서 올바른 인식을 갖고 진리를 듣는 것에 의해 끊어 없앤다지만, 수도에 의해서 끊어 없어지는 사혹 쪽은 이론에 의하는 것같이 그리 간단한 것은 아니다. 점점 수행함에 의해서 단제되는 것이다. 따라서 고인(古人)의 '견혹돈단파석(見惑頓斷破石)과 같이, 사혹점단우사(思惑漸斷藕絲)와 같이' 라는 말과 같이 돌을 자르는 것처럼 빨리 끊을 수 있는 견혹에 반하여 연꽃처럼 줄기를 꺾어도 가느다란 실이 뒤에 남아서 쉽게 꺾을 수 없는 사혹은 점차로 끊어지는 것이라고 한다.

그런데 『구사론』에 의하면 견혹은 사혹보다도 작용이 격렬하다 하며 견혹을 '이사(利使)'라고 하며 사혹을 '둔사(鈍使)'라고 한다. 이 견혹에 신견(身見)·변견(邊見)·사견(邪見)·견취견(見取見)·계금취견(戒禁取見)이라는 성질이 맹렬하고 날카로운[猛利] 다섯 이사(利使)가 있다. 우선 신견은 본래 5온(인간을 형성하는 다섯 가지 요소의 모임)이 임시로 화합한 존재인 유정[人間]의 신심(身心)을 집착하여 '이것은 나다.', '이것은 내 것이다.' 하는 것처럼 '내[我]다, 내 것[我所]이다.' 하고 집착하는 견해이다. 변견이란 내 몸이 죽은 후에도 상주한다고 하는 상견(常見)과 사후에는 단멸하고 만다는 단견(斷見)에 집착하는 견해이다. 사견은 모두가 잘못된 망견(妄見)을 말하며 견취견은 신견·변견·사견을 진실하다고 집착하는 망견을 말하고, 계금취견은 정인(正因) 정도(正道)가 아닌 것을 정인 정도라고 집착하는 견해이다.

이것에 반하여 그 성질이 느리고 둔하여 제압하기 어렵다고 하는 사혹에는 다섯 가지의 둔사(鈍使)인 탐·진·치·만(慢)·의(疑)가 포함된다. 사(使)란 우리의 마음을 부려[使]서 미혹한 생활을 영위한다는 뜻이다.

이와 같이 종자라고 보는 네 가지 주지번뇌가 기본이 되어 실제로 활동하는 번뇌를 기(起)번뇌라고 한다. 이것이 여러 가지의 형태, 즉 108 또는 8만4천이라고 하는 번뇌로 되어 구체적인 것으로 된다. 그것은 마치 초목이 자라는 것같이 마음의 잡초가 되어 나타나는 것이다. 이와 같이 종자가 되는 번뇌와 활동이 되어 나타나는 번뇌의 두 종류가 있으나 이 번뇌들은 어찌하여 생기(生起)하는가 하는 점에 대해 불교의 이해를 더듬어 보기로 하자.

본문에서 '기(起)는 찰나심(刹那心)의 찰나(刹那)에 상응(相應)한다.'고 하듯이 마음이라는 것은 한 찰나마다 변하는 성질을 가지고 있다. 그것은 외계의 대상과 접촉할 때마다 마음은 그것에 대응하여 가는 것이다. 일본 성덕태자의 『승만경의소』에는 '찰나심이란 식심(識心)을 말하며, 상응이란 수(受)·상(想)·행(行) 등을 말한다.'고 설명되어 있는데, 이것을 우리 인간들의 식심(識心)은 그대로의 감수(感受) 등의 작용으로 된다는 것을 말한다.

불교에서의 인식이란 색(色)·성(聲)·향(香)·미(味)·촉(觸)·법(法)이라는 여섯 가지의 대상인 6경(六境)에 안(眼)·이(耳)·비(鼻)·설(舌)·신(身)·의(意)라는 여섯 가지의 감각기관인 6근(六根)이 대응하고, 안식·이식·비식·설식·신식·의식이라는 6식(六識)이 생기며, 이 근(根)·경(境)·식(識)의 3사(三事)가 화합함에 의해서 접촉이 생긴다는 것이 원칙이다. 이 6식(六識) 중에서 앞의 5식[前五識]은 의식에 의해서 통일되어서 '이것은 무엇이다.' 하는 인식이 생긴다. 이리하여 '식(識)'은 인식의 주체가 되고 심왕(心王)이라 이른다. 이 심왕이 일어날 때, 그에 종속하여 일어나는 마음의 작용을 심소(心所)라고 부른다.

아비달마 불교의 강요서(綱要書)라고 하는 『구사론』은 일체의 제법(諸法)을 5위 75법에 의해서 분류하고 있으나 심법 또는 심왕은 하나로서 마음의 주체라 이름하고 그 체(體)는 앞서 말한 6식이 된다. 이 마음은 의(意) 또는 식(識)이라 하며 인식의 주체가 된다. 이에 반하여 심소유법(心所有法)을 심소법(心所法)이라 하여 마흔여섯[四十六]을 헤아린다. 이것은 심왕이 일어날 때 이것에 수종하여 일어나는 종속적 심작용이다. 이 심왕과 심소는 반드시 상응하여 일어나기 때문에 심소의 46종을 상응법(相應法)이라 부르는 것이다.

예를 들면 하나의 아름다운 꽃이 있다고 하자. 그 아름다운 꽃인 대상, 즉 경(境)은 향기가 그윽하고 복숭아 색으로서 이런 모습을 하고 있다고 그 윤곽을 잡을 수 있다. 그리고 복숭아 꽃이라는 인식이 생긴다. 그런 경우 '복숭아 꽃이다.' 하는 인식은 심왕과 심소가 공동 작용을 하여 우리에게 '복숭아 꽃이다.' 하는 인상을 주는 것이다.

마음이라고 하는 것은 이와 같이 끊임없이 외계의 사물에 작용하여 그 위에서 자기 본위적인 마음의 작용이 생긴다. 이를테면 저 꽃을 내가 가지고 싶다, 꺾어서 내 방에 꽂아 두고 싶다 등등의 마음의 작용이 생긴다. 거기에 자기 중심의 번뇌가 생겨난다.

이와 같이 번뇌는 외계의 대상, 외계의 사물로부터 받는 감각에 상응하여 일어나는 것이지만 그것보다도 더욱 근원적으로 우리들 누구라도 가지고 있는 번뇌가 있다. 그것은 인간의 원점이라고 해도 좋으나 무시이래(無始已來)의 무명이라는 번뇌이다. 이 무명주지의 번뇌가 근본이 되어 앞서 말한 4주지(四住地)의 번뇌의 종자가 줄기로 되고 다시 그 줄기에서 108 등의 번뇌의 잎이 되고 꽃이 된다.

우리들에게 중요한 것은 밖으로 나타난 잡초라고 일컫는 번뇌를 베어내는 것도 중요하지만 그보다도 마음 속에 잠재하는 잡초의 뿌리를 캐내는 것이 더 중요하다. 남전(南傳)『법구경』의 주석서에 다음과 같은 이야기가 있다.

어느 저녁 무렵 기원정사의 집회당에 많은 비구가 모여서 이것저것 이야기에 열중하고 있었다. 비구들은 오랜 기간의 행걸(行乞) 생활로부터 오랜만에 돌아온 때였으므로 그들의 화제(話題)는 자연히 어제까지 행걸(行乞)해 온 그 마을 그 거리의 모습에 집중되었다. 그때 스승인 붓다가 이 집회당에 나타나셔서

"비구들이여, 지금 거기서 무엇을 이야기하고 있었는가?"

하고 물었다. 비구들은

"예, 이 마을, 저 거리, 그곳 사람들에 관한 이야기를 하고 있었습니다."

하고 대답했다. 그러자 부처님께서는

"비구들이여, 그것은 모두 외계의 토지라고 하는 것이다. 그대들이 참으로 마음을 돌리는 것은 외계의 토지가 아니라 마음 속에 있는 토지이다. 마음의 밭[田]이다."

하고 말씀하셨다.

붙잡을 수 없이 번잡하고

욕망을 좇아서 향하는 마음을
제어(制御)하는 것은 참으로 좋다
제어된 마음은 안락을 가져오리. —『법구경』35게—

『승만경』 본문에는 '마음과 상응하지 않음은 무시(無始)의 무명주지(無明住地)이다.'라 하는데, 이 시원적(始原的)인 번뇌야말로 우리 인간의 원점으로 생각되는 것이며 이것이 있기 때문에 여러 가지의 망상과 번뇌가 일어나는 것이다.

여기에 '심불상응(心不相應)'이란 외계로부터의 자극에 응하여 생긴 것이 아니라는 의미로서 여러 가지 기번뇌의 찰나심이라는 찰나상응(刹那相應)과는 다른 것임을 알 수 있다. 일체의 기번뇌는 찰나찰나에 생기하는 것이지만 무명은 그 근본이 되어 있기 때문에 처음부터 마음 속에 있다고 한다. 그렇다면 무시이래의 번뇌라고 하는 무명은 인간이 영원하게 끊을 수 없는 성질의 것인가 아닌가. 여기에 우리는 칸트(E.Kant)가 문제로 삼은 근본악(根本惡)의 개념을 상기(想起)한다. 과연 무명은 그와 같은 성격의 것이었을까?

무명(無明)이란 원래 명(明), 명지(明知) 즉 진실한 지혜가 없는 것, 여실지견(如實知見)이 결여된 것이다. 그것은 진실한 지혜, 여실지견을 획득할 때 무명은 명(明)으로 됨을 의미하고 있다. 이에 반하여 근본악을 문제로 하는 칸트의 입장은 '나의 행위가 보편적 율법에 상응하지 않아 그 때문에 악을 버리고 선을 추구하려고 한다. 더구나 선을 하려고 해도 할 수 없는 곳에 윤리에서 종교의 세계에 들어갈 수밖에 없었다.'고 이해된다.

불교의 입장은 선(善)과 불선(不善), 무명(無明)과 명(明)을 대립적으로 생각하는 것이 아니라 표리의 관계에 서서 파악하고 무명이 여실지(如實智)에 의해서 소멸되는 곳에 명(明)이 나타난다고 본다.

> 탐수면(貪隨眠)을 버리고 진수면(瞋隨眠)을 없애[除去]고 '내가 있다.' 하는 견만수면(見漫隨眠)을 근절하여 무명을 버리고 명을 일으켜서 현법(現法)에서 고(苦)의 멸(滅)을 이룬다. -『중부』제1권-

고 한다. 말하자면 번뇌의 내면에의 전환을 생각하고 있었던 점에서 근본적인 입장의 차이가 있다고 생각한다. 그러나 과연 무명의 멸, 즉 진실지(眞實智)의 획득은 있을 수 있는가 하는 질문이 당연히 제기될 것이다.

『승만경』은 이 무명주지는 비유해서 말하면 욕계 제6천의 마왕 파순이 마(魔)의 권속을 시켜서 정법의 홍통을 방해하도록 한다. 그런데 그 힘은 극대하여 말하자면 번뇌의 왕이 된다. 이 번뇌가 있는 이상 4종의 주지번뇌의 근절은 있을 수 없고 또한 모든 번뇌를 제거할 수도 없다고 한다. 그것은 오직 부처님의 보리지에 의해서만 없앨 수 있는 것이어서 아라한이나 벽지불은 도저히 불가능한 것이라고 역설하고 있다.

世尊 又如取緣有漏業因而生三有 如是
세존 우여취연유루업인이생삼유 여시

無明住地緣 無漏業因 生阿羅漢辟支佛
무명주지연 무루업인 생아라한벽지불

大力菩薩三種意生身 此三地彼三種意
대력보살삼종의생신 차삼지피삼종의

生身生 及無漏業生 依無明住地 有緣非
생신생 급무루업생 의무명주지 유연비

無緣 是故三種意生[身]及無漏業 緣無明
무연 시고삼종의생[신]급무루업 연무명

住地
주지

世尊 如是有愛住地數四住地 不與無明
세존 여시유애주지수사주지 불여무명

住地業同 無明住地異離四住地 佛地所
주지업동 무명주지이리사주지 불지소

斷 佛菩提智所斷 何以故 阿羅漢辟支佛
단 불보리지소단 하이고 아라한벽지불

斷四種住地 無漏不盡 不得自在力 亦不
단사종주지 무루부진 부득자재력 역부

作證 無漏不盡者 卽是無明住地
작증 무루부진자 즉시무명주지

세존이시여, 집착[取]이라는 간접적인 원인[緣]과 〈번뇌에 따른 행위의 결과인〉 유루업(有漏業)이라는 직접적인 원인[因]이 결합하여 〈욕계·색계·무색계인〉 3계(三界)의 차별이 생겨납니다.

이와 같이 무명주지번뇌라는 간접적인 원인[緣]과 〈번뇌를 벗어난 행위의 결과인〉 무루업(無漏業)이라는 직접적인 원인[因]에 의해 아라한과 벽지불 그리고 큰 힘을 갖춘 보살이 〈중생 구제를 위해〉 보이는 몸인 의생신(意生身) 등 세 가지를 나타내는 것입니다. 즉 〈아라한·벽지불·보살〉 이 세 가지 종류의 지위와 그 세 가지 지위로부터 생겨난 의생신 그리고 〈청정한 수행인〉 무루업 등이 나타나는 것은 무명주지번뇌를 간접적인 원인[緣]으로 하기 때문입니다.

그러므로 〈정각을 이루기 전에는 무명주지번뇌를 벗어날 수 없기에 그 번뇌를 긍정적으로 활용하여 수행하는〉 연(緣)을 의지하여 번뇌를 차차 끊어갈 수밖에 없습니다. 따라서 이 세 가지 종류의 〈지위에서 나타난 각각의〉 의생신과 〈청정한 수행인〉 무루업은 모두 무명주지번뇌라는 인연에 의해 나타난 현상입니다.

세존이시여, 〈무색계에서 일어나는 번뇌인〉 유애주지번뇌 등 네 가지 주지번뇌는 〈근원적인 번뇌인〉 무명주지번뇌와 서로 같은 정도의 세력[業]이 아닙니다. 〈성문·연각의 경지에서 각각〉 네 가지 주지번뇌를 끊는 것과는 달리, 무명주지번뇌는 부처님의 경지에서 즉 부처님의 보리지혜로써만 끊을 수 있습니다.

왜냐하면 아라한과 벽지불의 경우 네 가지 종류의 주지번뇌는 끊었지만 〈아직 대승 보살행인〉 무루〈의 수행〉을 닦지 않아서 자유자재로 중생을 제도할 수 있는 능력을 증득하지 못했기 때문입니다. 무루〈의 수행〉을 닦지 않았다는 것은 아직 무명주지번뇌가 남아 있다는 것을 의미합니다.

주

• 유루업: 번뇌가 있는 행위인 업(業).
• 삼유: 욕계, 색계, 무색계인 3계(三界).
• 무루업: 번뇌가 없는 업행위.

해설

이 항에서는 우리들의 행위와 그 결과가 어떠한 관계에 있는가 하는 점과 연(緣)과 인(因)과 과(果)라고 하는 형태로 파악하고 그것을 기조로 해서 유루의 업과 무루의 업 및 그것에 대한 연으로 되는 취(取)와 무명주지에 관해 설한 것이다.

우리들은 일상용어 가운데서 '업(業)'이라는 말을 거침없이 사용하고 있다. 업이 깊다든지 그것도 업이다든지 하는 것처럼 사용하는데, 그러한 사용법은 일반적으로 무언가 나쁜 결과를 만났을 때 특히 이 '업'이라는 말을 사용하고 있다. 원래 '업'이라는 말은 산스크리트어의 카르만(karman)의 번역어(팔리어에서는 kamma)로서 '만든다, 한다, 즉 짓는다'는 동사에서 파생한 명사이다.

따라서 ① 행위, 작용이라는 의미가 본래의 뜻이다. 인도의 고대 바라문 종교에서는 제례(祭禮) 의식을 카르만이라 칭했다. 이러한 것은 불교에서 수계(受戒), 참회(懺悔), 결계(結界) 등 계율에 관한 행사를 행할 즈음 의지를 동작이나 언어로 나타내어 그것에 의해서 선(善)을 생하고 악(惡)을 멸하는 것들을 수행(遂行)하는 작법을 갈마(羯磨; 칼만의 음사)라고 한다.

이와 같이 '업'은 작용, 작법, 의식의 뜻을 가진 것이지만 후에 그 작용이나 행위의 힘, 즉 업력이라고 생각되어 ② 현세의 행위가 내세의 결과를 좌우한다는 업의 인과관계, 업인 업계(業因業界)가 인도 사상 중에서 성숙되어 갔다. 그리하여 이윽고 인(因)이 과(果)를 이끄는 업력과 더불어 언제까지나 잠재력, 잠세력(潛勢力)으로 되어 인간의 마음을 물들이고 내용이 되게 하는 눈에 보이지 않는 힘이라고 생각해 내었던 것이다.

더구나 이와 같은 업에 대해서 인도의 사상은 반드시 한결같지는 않았다. 인도의 유물론을 비롯하여 자이나교나 자연철학을 앞세우는 철학 학파인 바이세시카(勝論派) 등은 모든 업을 물질로 생각하고, 업 자체에는 업의 과(果)를 일으키는 힘이 있는가 없는가에 대해 업자신(業自身)은 인식할 수 없는 것이라고 한다. 거기서는 업은 물질로서 인간에게 부착되어 있기 때문에 업을 아는 정신적 존재로서 타자(他者)를 필요로 한다는 것이다. 바꾸어 말하면 업은 비사(非思=물질)라고 파악하였던 것이다.

이에 반하여 불교에서는 업을 어디까지나 사(思)라고 설한다. 그것은 『증지부』 경전에 '비구들이여, 나는 업이란 사(思)라고 설한다. 생각한 후 신(身)·어(語)·의(意)에 의해서 업을 만든다.' 하고 설하여 '업(業)이란 사(思)다.'로 파악한다. 이 사상이 설일체유부(說一切有部)나 아비달마불교로 이어진 것이다.

우리 인간들의 행위에는 신체로 나타내는 행위인 신업(身業)과 말로 표현하는 행위인 구업(口業)·어업(語業)과 마음으로 생각하는 작용인 의업(意業)이 있다. 이 3업 중에서 의업을 사업(思業)이라 하고, 신·어의 업을 사이업(思已業)이라 부른다. 이 3업들은 물론 인간이 마음 속에서 사유하고 그것이 말로서 표현되며 실제로는 신체상의 행위로서 나타나는 것이어서 표업(表業)이라고 한다. 이에 반해서 일단 지은 행위가 도리어 인간의 마음을 내용 짓고 물들인다. 바꾸어 말하면 마음의 내용으로서 나타내지 않는 업을 무표업(無表業)이라 이른다.

이와 같이 널리 업이라고 말해도 ① 행위로서의 업인 신·구·의의 3업과 ② 행위의 결과, 다시 인간의 마음을 내용 짓는 눈에 보이지 않는 잠재적인 업인 무표업의 두 가지가 있다. 일상어로서의 업이 깊다, 업 때문에라고 하는 경우의 업은 ②의 경우를 의미하는 편이 많다. 거기서는 지금의 업, 즉 행위가 다음의 결과를 일으킨다는 업력(業力)에 의한 업인업과(業因業果)의 사상이 근저에 깃들고 있었던 것이다.

흔히 자주 사용하고 있는 말이 있는데 선인(善因)은 선과(善果)를, 악인(惡因)은 악과(惡果)를 초래한다는 말은 그러한 의미이다. 그렇기 때문에 『법구경(法句經)』 제183게(偈)의

> 모든 악(惡)을 행하지 않을 것[諸惡莫作]
> 선(善)을 획득(獲得)할 것[衆善奉行]
> 자기의 마음을 맑[淨]힐 것[自淨其意]
> 이것이 제불(諸佛)의 가르침이다[是諸佛教]

를 불교의 생활법으로 한 것이다.

그런데 선인선과(善因善果), 악인악과라는 인과응보의 사상은 불교 이전 이미 우파니샤드에서 발전되었다. 이 사상이 인도 고대 민족의 공유 사상으로서의 윤회사상과 결부되어 윤리적 요청으로서 인도 종교에 확고한 기반을 형성하였는데, 이러한 인과응보의 사상이 불교에 커다란 영향을 주었던 것이다.

그리하여 불교는 여기에 업이라는 직접적 원인에 간접적 원

인으로서의 연을 집어 들어 이 인과 연에 의해서 결과[果]가 생겨난다는 사상을 빚어냈다. 이 인도 연도 서로 똑같은 원인이므로 일반적으로는 하나로 하여 인연으로 부르고 있다. 그러나 우두머리가 되는 친인연(親因緣)은 소위 인을 말하며 지엽 인연을 소인연(疎因緣)이라 한다. 설일체유부와 아비달마 불교는 이 모든 인연을 인(因)의 측면에서 분류하여 능작인(能作因)·구유인(俱有因)·동류인(同類因)·상응인(相應因)·변행인(遍行因)·이숙인(異熟因)이라 하고 연(緣)의 측면에서 인연(因緣)·등무간연(等無間緣)·소연연(所緣緣)·증상연(增上緣)으로 하는 6인 4연(六因 四緣)이라는 사상을 낳은 것이다.

그런데 이 항에서는 두 가지의 것이 설해져 있다. 즉 ① 번뇌를 연이라 하고, 번뇌가 있는 업=유루(有漏)의 업을 인으로 하여 욕·색·무색이라는 세 종류의 미혹한 생존이 생기고 ② 번뇌의 근본이라는 무시(無始)의 무명인 원초(原初) 무명(無明)이 무명주지를 연으로 하고 번뇌가 없는 업=무루(無漏)의 업을 인으로 하여 여기에 아라한·벽지불·보살이라는 세 종류의 의생신이 생긴다는 두 점이다.

여기에 의생신이란 티벳 역에 의하면 의지적 신체, 의지의 힘으로 태어난 신체라고 하는 것처럼 어떠한 환경에서도 뜻[意]대로, 자유자재로 그 몸을 받는다는 뜻으로서 어떤 환경에서도 그것에 구속되지 않고 자기의 생각대로 행동하여 자연히 남을 감화시켜 가는 신체를 생한다는 뜻이다.

이와 같이 근본무명은 아라한·벽지불·대력보살의 무루의 업에 조력하여 의생신을 생하게 한다고 한다. 환언하면 무명은 3종의 의생신을 생하는 연으로 된다고 하는 것이다. 범부는 번뇌의 생활을 영위함에 반하여 2승(阿羅漢·辟支佛)과 보살과는 번뇌를 극복할 수 있는 무루의 업을 쌓고 있기 때문에 양자 사이에는 근본적인 차이가 있다. 그렇지만 2승과 대력보살은 무명주지를 완전히 이탈하고 있는 것이 아니므로 깨달음을 얻은 부처에는 미치지 못함은 이미 설한 바와 같다.

다만 그 무명은 3종의 의생신을 생하는 연으로서 2승과 대력보살의 무루업에 조력하기 때문에 무명주지라 하여도 앞서 말한 4주지번뇌 가운데 무색계의 사혹인 유의 애착에 주하는 번뇌와는 명칭은 비슷하지만 실제 작용은 다르다. 다만 3종의 의생신을 생했다고 하여도 무명주지에 의하는 한 완전한 깨달음을 얻지 못한 것이다. 모든 번뇌를 완전히 끊고서야만 자제력을 얻는 것이며, 2승과 대력보살은 아직 이 자제력을 얻지 못했다고 말하지 않으면 안 된다.

世尊 阿羅漢辟支佛最後身菩薩 爲無明
세존 아라한벽지불최후신보살 위무명

住地之所覆障故 於彼彼法不知不覺 以
주지지소복장고 어피피법부지불각 이

不知見故 所應斷者不斷 不究竟 以不斷
부지견고 소응단자부단 불구경 이부단

故 名有餘過解脫 非離一切過解脫 名有
고 명유여과해탈 비리일체과해탈 명유

餘清淨 非一切清淨 名成就有餘功德 非
여청정 비일체청정 명성취유여공덕 비

[成就]一切功德 以成就有餘解脫 有餘清
[성취]일체공덕 이성취유여해탈 유여청

淨 有餘功德故 知有餘苦 斷有餘集 證
정 유여공덕고 지유여고 단유여집 증

有餘滅 修有餘道 是名得少分涅槃 得少
유여멸 수유여도 시명득소분열반 득소

分涅槃者 名向涅槃界
분열반자 명향열반계

세존이시여, 아라한과 벽지불 그리고 〈부처님의 경지 이전인〉 최후 단계의 보살에게는 아직 〈그 마음이〉 무명주지번뇌의 장애에 덮여 있습니다. 그러므로 〈현상 사물의 본래 참모습인〉 제법의 실상을 알지도 못하고 깨닫지도 못합니다.

〈또한 그들은〉 참다운 지혜로써 〈제법의 실상을〉 알지 못하고 〈부처님이 되기 위해〉 반드시 끊어야 할 〈근본적인 번뇌인〉 무명주지번뇌를 끊지 못했습니다. 따라서 아직 궁극적인 깨달음에 도달하지 못한 것입니다. 즉 끊어야 할 번뇌를 아직 끊지 못한 까닭에 〈아라한·벽지불·보살의 해탈을〉 번뇌의 세력이 남아 있는 〈불완전한〉 해탈[有餘過解脫]이라고 합니다.

또한 일체 모든 번뇌를 끊은 해탈이 아니기 때문에 〈이 경지를 아직〉 번뇌의 때가 남아 있는 청정[有餘淸淨]이라고 합니다. 그리고 일체 모든 번뇌를 없앤 청정이 아니기 때문에 〈이 경지를〉 아직도 더 닦아야 할 것이 남아 있는 공덕[有餘功德]이라고 합니다. 그래서 〈성문·연각·보살의 경지를〉 일체 모든 공덕을 성취한 것이라 하지 않습니다.

아직 번뇌의 세력이 남아 있는 해탈[有餘解脫], 번뇌의 때가 남아 있는 청정[有餘淸淨], 닦아야 할 것이 남아 있는 공덕[有餘功德] 등을 더 닦아야 〈최후의 깨달음을〉 성취할 수 있습니다.

그러므로 〈일체의 고(苦)에 관한 진리인〉 고성제(苦聖諦)를 잘 알고 〈고의 원인인〉 집성제(集聖諦)를 〈잘 알아서 일체의 고를〉 끊으며, 〈번뇌의 불길이 사라진 열반의 경지인〉 멸성제(滅聖諦)를 증득하고, 〈열반을 얻기 위한 수행법인〉 도성제(道聖諦), 즉 〈부처님의 가르침 중 가장 중심이 되는〉 4성제(四聖諦)를 닦는 것을 가리켜 〈수행한 만큼 깨달은〉 소분열반(小分涅槃)을 얻는다고 이릅니다. 그래서 수행한 만큼 열반을 얻는 것을 가리켜 〈최고의 완전한 깨달음인〉 열반의 세계로 향하는 기초라고 합니다.

• 소분열반: 부분적 열반. 완전하고 진실한 대열반(大涅槃)으로 향하는 과정에 있음을 말한다.

해설

앞에서 참다운 깨달음을 얻은 부처님의 지혜에 비해서 2승·대력보살의 깨달음은 무명주지에 의하는 한 근본 번뇌를 끊고 있지 않음으로 불완전하다고 말했다. 그러나 그 사람들은 무명주지가 무루업에 조력하여 이윽고 참다운 깨달음을 목표로 하는 체제를 갖추고 있던 점에서 의생신으로서의 존재를 강조하는 것이었다.

그런데 이 장은 부처님과 2승·대력보살과의 사이에 어떤 차이가 있는가를 구체적으로 검토하고 말하려고 한 항이다. 이것을 한 마디로 말한다면 미완성의 깨달음을 완전한 깨달음이라는 말로서 구별할 수 있을 것이다. 그 내용을 다시 분류하면 2승이 얻은 지혜는 ① 완전하지 않고 ② 번뇌를 완전히 끊어 없애고 있지 않으며 ③ 또 번뇌를 남기고 있기 때문에 완전한 해탈이 아니며 ④ 부분적으로는 청정하지만 완전하게 청정해 있지 않다 ⑤ 모든 공덕을 성취한 것은 아니다 ⑥ 진리의 일부분을 앎에 불과하고 완전하게 진리를 깨닫고 있지 않고 ⑦ 소분(小分)의 열반을 얻었을 뿐 완전한 열반을 얻고 있지 않다 등의 것이 열거된다. 따라서 그들은 진실한 대열반계로 향하는 과정에 있다고 해설한다.

여기에서 유여의 해탈, 유여의 청정, 유여의 공덕이라는 말을 볼 수 있다. 유여(有餘)란 남아 있다는 것으로서 무여(無餘)에 대비되는 말이다. 번뇌가 남아 있으므로 완전하지 않다는 의미로서 이와 같이 표현한 것이다. 이 가운데서 유여의 고를 알[知]고, 집(集)을 끊[斷]고, 멸(滅)을 밝히[證]고, 도(道)를 닦[修]는다는 지(知)·단(斷)·증(證)·수(修)가 설해지는데, 이것은 원래 4성제의 고·집·멸·도에 대응하는 것이다.

인생은 고라고 하는 진리를 완전히 아는 것이 불교의 인간관의 출발점이며 동시에 그 귀착점이다. 인생이 고라고 인식할 때 해탈에의 길을 구하게 된다. 이 '인생은 고'라고 하는 올바른 인식에서 출발하여 '고는 왜 일어나는 것인가.' 하는 원인을 추구할 때, 여기에 미혹한 생존을 있게 하는 무명과 갈애(渴愛)가 있음을 알 수 있다. 그것을 알게 되면 그 무명과 갈애를 끊으려는 작용이 일어난다.

이 번뇌가 끊어 없어진 경지를 열반이라고 하는데 이 경지야말로 심신의 평온과 평안에 직결된 경지이며 그것을 실증하는 것이 불교의 궁극적인 경지가 된다. 이 깨달음과 적정(寂靜)의 경지에 도달하기 위해서 즉 올바른 견해[正見], 올바른 사색[正思], 올바른 말[正語], 올바른 행위[正業], 올바른 생활[正命], 올바른 노력[正精進], 올바른 기억[正念], 올바른 마음의 통일[正定]이라는 8정도(八正道) 또는 8지성도(八支聖道)가 실천도로 된다. 이 고·집·멸·도의 4제는 순차로 알게 되고[知], 끊어지고[斷], 밝혀지고[證], 닦아[修]지지 않으면 안 되는 진리이다. 이 네 가지의 진리를 완전히 알았을 때 참다운 완전한 지혜를 얻는 것이나, 유여의 고 내지는 유여의 도를 닦는 한 그것은 얻을 수 없는 것이다.

그렇다면 이 유여의 지·단·증·수란 도대체 어떠한 것인가. 참으로 4제를 인식했다면 어떠한 사태를 만날지라도 불퇴전, 부동의 평온을 얻음에 틀림없다. 그러나 우리 인간은 도리를 알았다하더라도 그 행동이나 그 사람의 인생 모두에 걸쳐 그 진리가 항상 작용하는 것은 아니다. 때로는 동요하고 때로는 번뇌에 사로잡히는 존재이다. 2승 또는 대력 보살은 완전한 깨달음을 목표로 하는 과정에 있는 한, 그러한 상황에 놓여져 있다고 보지 않으면 안 된다. 따라서 그런 사람을 '소분(小分)의 열반을 얻은 사람'이라 하고 '열반의 세계로 향하는 사람'이라 이른다고 하는 것이다.

그럼 여기서 완전한 열반계란 무엇인가를 고찰해 보자. 열반이란 원래부터 번뇌를 멈춘 적정(寂靜)의 경지를 이른다. 그것은 또 한편에서는 입멸하는 것을 열반에 드는 것과 같은 의미로 해석하는데, 만일 열반에 드는 것을 죽는 것과 같은 뜻으로 이해한다면 불교는 열반을 궁극의 목적으로 할 때, 죽는 것을 목적으로 하는 것이 되어 버린다. 이로써는 커다란 오해를 불러일으키게 된다.

불교에서 유여와 무여의 두 가지 열반을 생각한 동기는 인간이 살아 있는 한, 번뇌를 완전히 지멸하는 것은 불가능하기 때문에 육체가 남는 한 유여라고 생각하며 그 열반을 유여의열반(有餘依涅槃)이라 한 것이다. 이에 반하여 육체가 멸하여 비로소 무여의 열반이 있는 것이라는 이해가 생긴 것이다. 이것은 본래의 열반 '무명의 남김 없는 이탐(離貪), 멸(滅)을 열반이라 이름한다.'고 하는 아함과 니카야의 해석과 모순되게 된다. 그렇다면 불교에서 말하는 열반은 도대체 무엇이란 말인가. 적어도 대승불교에 이르러서 열반의 해석이 아함·니카야의 열반과 다르게 된 것을 솔직히 인정하지 않으면 안 된다. 그것은 또 '번뇌를 완전히 끊는 것을 목표'로 한 아함과 니카야의 초기 불교와 '번뇌즉보리'라고 하는 대승불교의 사고방식의 차이이다.

예를 들면 『법화경』 '여래수량품' 게송에는

중생을 제도하기 위한 까닭에[爲度衆生故]
방편으로써 열반을 나타낸다[方便現涅槃]
더욱이 참으로는 멸도치 않고[而實不滅度]
항상 여기에 머물며 법을 설한다[常住此說法]

산스크리트 본(本) 역(譯)에 의하면,

깨달음의 경지를 나타내어 이 세상에 존재하는 사람을 인도하기 위해
나는 교묘한 수단을 말한다.
더욱이 그때, 나는 깨달음의 경지에 들지 않고
이 세상에서 가르침을 설한다.

여기서는 석존이 80세에 쿠시나가라에서 입멸한 것은 임시로 열반을 나타낸 것이어서 오히려 이 세상에 있어 항상 법을 설하고 있는 모습이야말로 진실한 것이라고 한다. 이 사상을 무주처열반(無住處涅槃)이라 한다. 즉 부처님은 완전한 지혜에 의해서 번뇌장(煩惱障)과 소지장(所知障)을 여의고 있으므로 이 생사의 미혹한 세계에 정체하는 일이 없다. 뿐만 아니라 또한 대비(大悲)를 가지고 일체중생을 구제하기 위해서는 스스로 열반해 버리는 일 없이 이 미혹의 세계 속에서 활동한다는 사상이다.

불화(佛畵)에 유명한 석가금관출현도(釋迦金棺出現圖)라는 것이 있다. 석존이 입멸하여 대열반에 들었으므로 불제자들이 석존의 죽음을 한탄하며 다시 한번 이 세상에 모습을 나타냈으면 하는 간절히 원한 그 마음을 살피시고 석존이 천천히 관에서 얼굴

을 내민다는 그림이다. 만일 열반이라는 것이 입멸을 의미하는 것 만이라면 부처님과 중생과의 사이에 가로막는 심연(深淵)은 어떻게 넘을 수 있겠는가. '내가 입멸한 후에는 법(法)을 등불로 하라.'고 유계(遺誡)하였더라도 그 법을 설하는 부처님이 실제로 지금 우리들 곁에 계시면서 '상주차설법(常住此說法)' 하시는 것에 참으로 일체 중생을 제도하지 않고는 그만 두지 않는다는 부처님의 서원에 대한 의의가 있는 것이다. 그러기 위해서는 부처님이 열반에 들어버린 채로 있다면 중생과 연결되는 장소가 없어지므로 '방편현열반(方便現涅槃)'이지 않으면 안 되었다.

무엇보다도 육신은 멸하더라도 법신은 영원히 멸하지 않는다는 불교의 사상에 뒷받침되고 있지만 여기에 열반에 관한 사상적인 전개의 자취를 엿볼 수 있다. 대승불교는 자기만의 깨달음을 목표로 하지 않고 이타행의 완성에 궁극적인 목적을 둔 이상, 대반열반에 들어가 버린다면 부처님은 다시는 이 세상에 출현하지 않는다고 해서는 해결되지 않았던 것이다. 여기에 무주처열반(無住處涅槃)의 사상이 생겨나는 근거가 있었다고 보아야 한다.

그리하여 2승 및 대력 보살은 스스로가 열반을 얻었다고 말하고 있어도 참다운 대승의 열반을 얻었다고는 말할 수 없는 것이다. 거기에 '수행한 만큼 열반을 얻는 것을 가르쳐 열반의 세계로 향하는 기초'라고 하는 본문의 이해가 있었던 것이다.

若知一切苦 斷一切集 證一切滅 修一切
약지일체고 단일체집 증일체멸 수일체

道 於無常壞世間 [於]無常病世間 得常
도 어무상괴세간 [어]무상병세간 득상

住涅槃[界] 於無覆護世間無依世間 爲護
주열반[계] 어무복호세간무의세간 위호

爲依 何以故 法無優劣故得涅槃 智慧等
위의 하이고 법무우열고득열반 지혜등

故得涅槃 解脱等故得涅槃 清淨等故得
고득열반 해탈등고득열반 청정등고득

涅槃 是故涅槃一味等味 謂[明]解脱味
열반 시고열반일미등미 위[명]해탈미

世尊 若無明住地 不斷不究竟者 不得一
세존 약무명주지 부단불구경자 부득일

味等味謂明解脱味 何以故 無明住地不
미등미위명해탈미 하이고 무명주지부

斷不究竟者 過恒沙等所應斷法 不斷不
단불구경자 과항사등소응단법 부단불

究竟 過恒沙等所應斷法 不斷故 過恒沙
구경 과항사등소응단법 부단고 과항사

等法應得不得 應證不證 是故無明住地
등법응득부득 응증부증 시고무명주지

積聚 生一切修道斷煩惱上煩惱 彼生心
적취 생일체수도단번뇌상번뇌 피생심

上煩惱 止上煩惱 觀上煩惱 禪上煩惱
상번뇌 지상번뇌 관상번뇌 선상번뇌

正受上煩惱 方便上煩惱 智上煩惱 果上
정수상번뇌 방편상번뇌 지상번뇌 과상

煩惱 得上煩惱 力上煩惱 無畏上煩惱
번뇌 득상번뇌 역상번뇌 무외상번뇌

如是過恒沙等上煩惱　如來菩提智所斷
여시과항사등상번뇌　여래보리지소단

一切皆依無明住地之所建立 一切上煩惱
일체개의무명주지지소건립 일체상번뇌

起 皆因無明住地緣無明住地
기 개인무명주지연무명주지

만약 일체의 〈현상 사물이〉 고(苦)〈라는 것〉을 알고, 〈고의 원인인〉 일체의 집(集)을 끊으며, 〈번뇌가 사라진 열반의 경지인〉 일체의 멸(滅)을 증득하고, 〈열반을 증득하기 위한 수행 과정인〉 일체의 도[八正道]를 닦는다면, 무상(無常)하여 〈시시각각〉 파괴되어 가는 세간과 무상하여 병든 세간에서도 언제나 〈마음은 절대 진리에〉 상주하는 열반〈의 경지〉을 증득할 것입니다.

또한 보호해 줄 사람이 없는 세간과 의지할 곳 없는 세간에서도 〈4성제를 닦음으로써 그것이 우리 마음을〉 보호해 주고 의지할 대상이 될 것입니다.

왜냐하면 법 〈자체〉는 우열이 없기 때문에 〈부처님의 올바른 가르침을 체득하면 누구나〉 열반을 증득할 수 있습니다. 〈그리고 누구나 본래 갖추고 있는〉 지혜는 평등하기 때문에 〈그 지혜에 의지하여 수행하면〉 열반을 증득할 수 있습니다. 〈또한 우리의 본성은〉 청정하고 평등하기 때문에 〈누구나 수행을 통해〉 열반을 증득할 수 있는 것입니다.

그러므로 〈각자 수행의 방법과 근기가 다를지라도 진리를 증득하면〉 열반이라고 하는 것은 〈누구나 느끼기에〉 한맛[一味]이고 평등한 맛[等味]입니다. 즉 이것은 〈번뇌를 끊어 모든 차별을 초월하게 된〉 해탈의 맛을 가리키는 것입니다.

세존이시여, 만일 무명주지번뇌를 끊지 못하고 〈미혹의 상태에서〉 완전히 벗어나지 못한 사람은 한결같이 평등한 지혜[明]와 해탈의 맛을 증득할 수 없습니다. 왜냐하면 무명주지번뇌를 끊지 못하고 〈미혹에서〉 완전히 벗어나지 못하고 있기 때문입니다.

반드시 끊어야 할, 갠지스 강의 모래알보다 더 많은 〈번뇌의〉 법을 아직 끊지 못했기 때문에 〈수행을 통해〉 증득해야 할 갠지스 강의 모래알보다 더 많은 〈열반의〉 법을 얻지 못하고 있고, 깨달아야 할 법을 깨닫지도 못하고 있습니다. 즉 무명주지번뇌가 쌓여 있기 때문에 〈바로 여기에서〉 일체 수행을 통해 끊어야 할 번뇌와 〈마음을 따라 일어나는 여러 종류의〉 상번뇌(上煩惱)를 일으킵니다. 저 〈무명주지번뇌에서〉 〈부처님의 지견을 성취하려고 할 때 이것을 방해하는〉 심상번뇌(心上煩惱), 〈마음을 고요히 하려 할 때 이것을 방해하는〉 지상번뇌(止上煩惱), 〈진리를 관찰하는 수행을 할 때 이것을 방해하는〉 관상번뇌(觀上煩惱), 〈선정을 닦을 때 이것을 방해하는〉 선상번뇌(禪上煩惱), 〈삼매를 닦으려 할 때 이것을 방해하는〉 정수상번뇌(正受上煩惱), 〈방편을 사용하여 중생을 구제하려 할 때 이것을 방해하는〉 방편상번뇌(方便上煩惱), 〈부처님의 지혜를 증득하려 할 때 이것을 방해하는〉 지상번뇌(智上煩惱), 〈열반의 과보를 성취하려 할 때 이것을 방해하는〉 과상번뇌(果上煩惱), 〈해탈을 증득하려 할 때 이것을 방해하는〉 득상번뇌(得上煩惱), 〈부처님께서 갖추고 있는 열 가지 힘[十力]을 증득하려고 할 때 이것을 방해하는〉 역상번뇌(力上煩惱), 〈그리고 두려움 없이 법을 설하려할 때 이것을 방해하는〉 무외상번뇌(無畏上煩惱) 등이 생겨납니다. 이와 같이 갠지스 강의 모래알보다 더 많은 〈갖가지 종류의〉 상번뇌는 부처님의 지혜[菩提智]로써만 끊을 수 있습니다.

따라서 일체 모는 번뇌는 무명주지번뇌에서 비롯됩니다. 즉 일체 모든 상번뇌가 일어나는 것은 모두 무명주지번뇌가 직접적인 원인[因]이며 또한 무명주지번뇌가 간접적인 보조원인[緣]이 됩니다.

주

- 무복호: 마음이 동요하여 구호가 없다.
- 무의: 의지할 곳이 없다.
- 명해탈미: 명(明)은 지혜. 지혜와 해탈의 평등한 맛.
- 상번뇌: 수번뇌(隨煩惱)를 말함. 마음을 따라서 인간을 뇌란(惱亂)케 하는 모든 번뇌.
- 심상번뇌: 마음의 수번뇌로서 보리심을 일으키는 것을 방해하는 번뇌.
- 지상번뇌: 지관(止觀) 즉 마음을 진정시킬 때에 방해하는 번뇌.
- 관상번뇌: 진리를 관찰하는 지혜를 방해하는 번뇌.
- 선상번뇌: 선정(禪定) 중에 일어나는 번뇌.
- 정수상번뇌: 정려(靜慮) 중에 일어나는 번뇌.
- 방편상번뇌: 방편에 의해서 중생을 구제하는 것을 방해하는 번뇌.
- 지상번뇌: 불지(佛智)를 얻을 때에 방해가 되는 번뇌.
- 과상번뇌: 열반의 과(果)를 얻을 때에 방해가 되는 번뇌.
- 득상번뇌: 해탈을 얻을 때에 방해가 되는 번뇌.
- 역상번뇌: 부처님의 10력(十力)을 얻을 때에 방해가 되는 번뇌.
- 무외상번뇌: 중생에게 법을 설할 즈음 두려움이 없는 공덕을 얻음에 방해가 되는 번뇌.

해설

우리 인간은 고(苦)라든지 낙(樂)이라든지 덥다든지 춥다든지 하는 상대의 세계에 살고 있으면서 소위 '심두멸각(心頭滅却)하면 불(火)도 또한 서늘(凉)하다.' 즉 분별심만 없애면 번뇌 또한 열반이과 같은 경지에는 도달할 수 없는 것이다. 그것은 언제나 유한의 세계 안에 있다는 생각으로 살아가려고 하는 것이 인간의 본성이며, 무한하고 절대적인 것과 접촉되기를 바라면서도 쉽사리 접촉할 장소를 얻을 수 없는 인간의 모습이 아닌가.

누구나 아름다움[美]과 미운 것[醜], 착한 것[善]과 나쁜 것[惡], 좋아함과 싫다고 하는 것처럼 사물을 구별하며 더욱이 그 어느 한쪽에 집착하는 것이다. 이러한 생존 방식은 실은 인간의 모습이기는 하지만 이러한 분별지(分別智)를 초월해 가지 않으면 평등지(平等智)의 세계에 들어갈 수 없다고 가르친 것이 이 항의 취지이다. 이 분별지의 세계를 유식불교에서는 허망분별(虛妄分別)의 세계라 하고 대립을 수반하는 세계라고 본다. 이에 반해서 대립을 초월한 평등지를 무분별지(無分別智)라 하고 진여는 이 무분별지에 의해서 얻어진다고 한다.

이미 아라한과 벽지불의 2승은 무명주지의 번뇌를 끊지 못했으므로 열반을 얻었다고 해도 참다운 열반이 아니고 유여의 열반이라고 보아 왔다. 그것은 부처님의 '지혜 때문에 생사에 머물지 않고 자비 때문에 열반에 머물지 않는다.'고 하는 대열반에 비할 수 없었다. 따라서 아라한과 벽지불은 무명주지의 번뇌를 완전히 끊지 않은 이상, 여전히 청정치 않고 무명주지에서 생하는 갠지스 강의 모래를 넘을 만큼의 번뇌를 버리지 못해 남기고 있다. 따라서 진실한 깨달음도 얻지 못했고 그 지혜나 이해탈도 일미(一味)는 아닌 것이다.

더욱이 이 무명주지번뇌에는 수번뇌(隨煩惱)를 다시 일으키게 하는 성질이 있다. 그것은 11종으로 되어 나타난다고 한다. 즉 ① 보리심을 일으키는 것을 방해하거나 ② 마음을 진정하는 것을 방해하거나 ③ 진리를 보는 지혜를 방해하거나 ④ 선정 중에 번뇌가 일어나거나 ⑤ 마음을 진정시키려고 할 때 일어나거나 ⑥ 부처님의 지혜[佛智]를 얻으려고 수행하는 것을 방해하거나 ⑦ 방편에 의해서 중생을 구하려는 것을 방해하거나 ⑧ 열반의 과(果)를 얻을 때 방해가 되거나 ⑨ 해탈을 얻을 때 방해가 되거나 ⑩ 부처님의 10력을 얻을 때 방해가 되거나 ⑪ 중생에게 설법을 할 때, 공덕을 얻는 데 방해 되는 수번뇌가 있다고 설하고 있다.

여기에 평등 일미라는 부처님의 지혜, 해탈이 대조적으로 빛을 낸다. 그것은 일미(一味)·등미(等味)·명해탈(明解脫)이라고 한다. 불·세존의 마음은 이 무상의 세간에 머물면서도 상주(常住)·적정(寂靜)·청량(清凉)의 열반을 얻고 있으므로, 법에 우(優), 열(劣)이 없고 지혜 평등하고 해탈 평등하고 청정 평등하다. 거기야말로 평등 일미라고 하는 열반, 해탈미(解脫味)가 있는 것이다. 상대의 세계에 머무는 우리 인간에게는 절대평등의 세계에 들어가기는 쉽지 않다. 인도의 성전(聖典) 『바가바드기타』는 한(寒)·서(暑)·고(苦)·락(樂)과 같은 상대 개념을 이탈하는 것이 필요하다고 강조한다.

> 고·락을 평등시하고, 자약(自若)으로서 토석(土石)·황금을 평등시하고 좋은 것과 좋지 않는 것을 동일시하고, 현명하여 비난·칭찬을 동

일시하는 사람.
명예·불명예에 대해 동일, 우당(友黨)·적당(敵黨)에 대해 동일, 일체의 경영을 버리는 사람, 그는 공덕을 초월하는 사람이라고 한다.

우리들은 자칫하면 '이것인가 저것인가.' 하고 사물을 분별하여 이것이 아니면 저것이야 하고 저것이 아니면 이것이야 하고 분별한다. 대해(大海)에 들어가는 강은 각종 각양이지만 대해의 물이 되고 나면 아무런 구별도 없다. 쏟아지는 비는 장소에 의해서 다르지만 한결같이 평등 일미의 빗물이 되어 대지를 윤택케 한다. '이것인가 저것인가.' 하는 대립 관념에서 '이것도 저것도' 포섭하는 평등 일미의 관념이야말로 불교에서라고 하기보다는 인도 사상에서 기조가 되어 있는 것이 아닌가 한다. 우파니샤드의 철학자 야즈냐바르키야는

아! 참으로 남편을 사랑하기 때문에 남편이 사랑스러운 것이 아니다. 아트만을 사랑하기 때문에 남편이 사랑스러운 것이다.
아! 아내를 사랑하기 때문에 아내가 사랑스러운 것이 아니다. 아트만을 사랑하기 때문에 아내가 사랑스러운 것이다.
아! 아이들을 사랑하기 때문에 아이들이 사랑스러운 것이 아니다. 아트만을 사랑하기 때문에 아이들이 사랑스러운 것이다.

하고 말하고 있으나 모든 인간성을 사랑하는 것이 인간에 있어서의 기본적인 입장임을 강하게 호소하고 있다. 여기에 인도적인 사유의 공통성, 평등 일미의 세계가 있었다고 생각하고 싶다.

불교 특히나 대승불교는 모든 중생(=사람들)은 부처가 되는 성질을 갖추고 있다(一切衆生 悉有佛性『대승열반경』)고 한다. 이 사

상을 뒤집어 보면 인간은 모두 평등하다는 의식에 연결되어 온다. 거기에는 '자기만이'라는 자기적 특권의식은 기본적으로 없다. 자기도 남도 없다. 평등일여(平等一如)의 사상이 관통되어 있음을 알 수 있다. 인도에서 흥한 자이나교도 그렇지만 불교도 불살생·무해(無害)를 호소한다. 모든 존재하는 것에는 생명이 있는 한, 그 생명을 존중하는 것을 가르친 것이다. 그리하여 그 불살생·무해 사상은 '사랑'의 사상에 직결한다.

> 세존이 사위성에 머물고 있을 즈음 교살라 국왕 파사익왕은 부인 말리에게 이렇게 말했다. "말리여, 그대는 그대 자신보다도 더욱 사랑스러운 다른 사람이 있습니까." 하고 묻자,
> 부인은 "저에게는 저 자신보다 더 사랑스러운 사람은 따로 없습니다. 임금님은 임금님보다도 더 사랑스러운 사람이 있겠는지요." 하고 왕에게 질문했다. 왕은 "말리여, 나도 자기 자신보다 사랑스러운 사람은 따로 없소." 하고 대답했다.
> 왕은 부인과 이야기했던 것을 세존께 말씀드렸다. 그때 세존께서는 다음과 같은 시게(詩偈)를 노래했다.
> "마음 속에서 온갖 방각(方角)으로 둘러보아도
> 어디에도 자기보다 사랑하는 것에 만나지 못했다.
> 그와 같이 다른 사람들도 저마다 자기가 사랑스러운 것이다.
> 그러므로 자기를 사랑하는 사람은 남을 해쳐서는 안 된다."
>
> -『상응부』제1권-

라는 경전을 볼 수 있다. 여기에 자타불이(自他不二), 자타평등(自他平等)의 정신적 기조가 있다. 모든 것의 생명을 존중하는 불교 사상은 자신의 자의(恣意)에 의해서 다른 생명 있는 존재를

부정하거나 생명을 박탈해서는 안 된다. 그와 더불어 남에 대한 사랑[慈], 애민(哀愍)의 마음을 잊어서는 안 된다. 나아가 적극적으로 남을 위해 봉사하는 대승보살행에까지 발전해 가지 않으면 안 된다.

인간 속에 둥지 튼 자기중심적인 생각을 '에고(Ego)'라고 한다면, 불교는 '에고'의 고발(告發), '에고'의 절대 부정을 강조하고 있다고 말하지 않을 수 없다. 그것은 불교의 연기라는 생각 즉 상의상대(相依相待)의 존재방식에 의해서 모두가 존재한다는 사상에 뿌리를 내리고 있다.

世尊 於此起煩惱刹那心 刹那相應 世尊
세존 어차기번뇌찰나심 찰나상응 세존

心不相應無始無明住地
심불상응무시무명주지

世尊 若復過於恒沙如來菩提智所應斷法
세존 약부과어항사여래보리지소응단법

一切皆是無明住地所持 所建立 譬如一
일체개시무명주지소지 소건립 비여일

切種子皆依地生 建立 增長 若地壞者彼
체종자개의지생 건립 증장 약지괴자피

亦隨壞 如是過恒沙等如來菩提智所應斷
역수괴 여시과항사등여래보리지소응단

法 一切皆依無明住地生 建立 增長 若
법 일체개의무명주지생 건립 증장 약

無明住地斷者 過恒沙等如來菩提智所應
무명주지단자 과항사등여래보리지소응

斷法 皆亦隨斷 如是一切煩惱上煩惱斷
단법 개역수단 여시일체번뇌상번뇌단

過恒沙等如來所得一切諸法通達 無礙一
과항사등여래소득일체제법통달 무애일

切智見 離一切過誤 得一切功德 法王法
체지견 이일체과오 득일체공덕 법왕법

主 而得自在 登[證]一切法自在之地 如
주 이득자재 등[증]일체법자재지지 여

來應等正覺正師子吼 我生已盡 梵行已
래응등정각정사자후 아생이진 범행이

立 所作已辦 不受後有 是故 世尊 以師
립 소작이변 불수후유 시고 세존 이사

子吼依於了義 一向記說
자의후어요의 일향기설

세존이시여, 이렇게 순간순간 일어나는 번뇌의 마음은 〈외부의 대상과〉 순간순간 〈번뇌로써〉 서로 호응[相應] 합니다. 세존이시여, 〈또한 중생의〉 마음이 〈부처님과 달리 외부의 대상[境界]과 있는 그대로[如實]〉 일치하지 않는 것은 바로 이 무명주지번뇌 때문입니다.

세존이시여, 갠지스 강의 모래알보다 더 많은 번뇌법들은 반드시 부처님의 지혜[菩提智]로써만 끊을 수 있습니다. 이러한 일체의 번뇌법은 모두 무명주지번뇌법을 의지하여 생겨나는 것입니다. 비유하면 마치 일체 온갖 종류의 씨앗[種子]이 모두 땅을 기반으로 하여 싹을 틔우고 성장하는 것과 같습니다. 만약 대지가 파괴된다면 〈모든 씨앗들도〉 따라서 〈성장할 기반이〉 없어지는 것과 같습니다.

이와 같이 부처님의 지혜로써만 〈근본 번뇌인 무명주지번뇌를〉 끊을 수 있습니다. 즉 갠지스 강의 모래알보다 더 많은 번뇌법들은 모두 무명주지번뇌를 〈기반으로〉 의지하여 생겨나서 자라나는 것입니다. 만일 무명주지번뇌를 끊는다면 부처님의 지혜로써만 끊을 수 있는 갠지스 강의 모래알보다 더 많은 번뇌법들도 모두 이에 따라 끊어질 것입니다.

이와 같이 일체의 온갖 번뇌와 상번뇌(上煩惱)가 끊어지면, 부처님께서 성취하신 갠지스 강의 모래알보다 더 많은 일체의 공덕법(功德法)을 통달할 것입니다. 또한 아울러 〈부처님이 갖추고 계신 지혜인〉 일체의 지견(知見)에 걸림이 없게 됩니다. 그리고 일체 모든 악업[過誤]을 떠나게 되고, 일체 모든 공덕을 얻어 〈진리의〉 법왕(法王)이신 부처님[法主]과 같이 자유자재〈로 중생을 제도〉할 수 있는 힘을 얻게 됩니다.

이렇게 일체 모든 법에 자유자재한 경지에 오른 여래·응공·정변지[等正覺]는 '〈번뇌에 싸여 있는〉 범부로서의 생애[我生]는 이미 끝났고, 청정한 수행[梵行]은 이미 성취되었으며, 닦아야 할 것도 이미 완성했기에 〈중생과 같이 업에 따라 변화하는〉 몸을 받아 다시 태어나지 않는다.'고 올바르게 사자후(獅子吼)합니다.

그러므로 부처님은 사자후로서 '올바른 절대의 깨달음[了義法]에 입각한 부처님의 가르침을 따라 수행하면 누구나 미래에 반드시 성불하리라.'는 수기(授記)를 설하신 것입니다.

해설

일반적으로 우리의 인식 작용은 인식 기관이 대상과 교류하는 것부터 시작되어 그것을 판단하는 마음의 작용에 의해서 성립된다. 불교용어로 말한다면 안근(眼根) – 근(根)이란 감각기관을 말함 – ·이근(耳根)·비근(鼻根)·설근(舌根)·신근(身根)·의근(意根)이라 하는 여섯 개의 감각기관이 각각 대응하는 색(色; 물건)·성(聲)·향(香)·미(味)·촉(觸)·법(法)의 6경(六境) – 경(境)이란 대상(對象)– 과 대응에 의하여 인식이 시작된다. 간단히 말하면 식(識)과 명색(名色) –명은 명칭, 색은 형태 – 즉 온갖것[個物]이라는 대상과의 상호의존관계에 의해서 성립된다고 본다. 이와 같은 인식, 마음의 작용은 인간의 마음이 그지없이 동요하는 것이므로 마치 원숭이가 이 나무 저 나무로 옮겨 다니듯이 한 곳에 멈추지 않고 한 순간 한 찰나에 이 곳에서 저 곳으로 움직이는 것이다.

예를 들면 높은 산에 올라갔다고 하자. 아래 쪽에서는 볼 수 없었던 매 발톱꽃이나 단풍낙엽송 등의 고산식물을 보면 언뜻

기념으로 하기 위해 꺾고 싶어진다. 그 반면에 고산식물을 채취해서는 안 된다는 자율성이 한편에서 머리를 쳐든다. 아름답다고 하는 마음의 작용에서 사람이 보지 않으면 꺾어서 가져가고 싶은 마음의 작용이 일어나고 다시 또 죄의식이 머리를 쳐든다. 아주 작은 한 송이의 식물을 본 것뿐이지만 이와 같은 격렬한 마음의 작용이 쉬지 않고 일어난다. 단 한 송이의 화초라는 대상에 자극된 것뿐인데도 그것에 대응하여 인간의 마음의 작용은 한 순간 한 순간에 격렬하게 움직이기 시작한다. 이를 기(起)의 번뇌(煩惱)라 하며, 그것은 바로 심왕(心王)과 심소(心所)가 상응하여 일어나는 것이다.

그런데 지금 여기서 문제가 되는 무명주지는 인간이 태어나면서부터 가지고 있는 번뇌로 파악한다. 그것은 심왕과 심소가 상응하여 일어나는 것이 아니고, 오히려 그 근저에 있는 근본무명이라고 하는 것이다. 그리하여 이 근본무명을 끊지 않는 한, 지말(枝末)의 번뇌를 끊는다 해도 참으로 번뇌를 완전히 끊었다고는 말할 수 없고 반대로 근본무명을 끊을 수 있다면 여타의 일체의 번뇌도 끊을 수 있다고 한다. 그러나 이와 같은 근본무명은 오직 여래의 지혜만이 훌륭하게 끊을 수 있다고 가르치고 있다. 거기에 비로소 일체의 공덕을 갖춘 법왕이 될 수 있어 '아생이진(我生已盡) 범행이립(梵行已立), 소작이변(所作已弁) 불수후유(不受後有)'가 성립한다고 맺는다.

경문은 이 점에 대해서 다음의 비유로 이야기하고 있다. 대지에 생육하고 있는 종자나 초목(草木)은 모두 대지에 뿌리를 내리고 수분을 취하면서 저마다의 이름과 형태를 갖추고 있다. 그들은 한결같이 대지라고 하는 지반에 의존하여 생장하고 있는 것이다. 그러나 만일 그 대지가 불에 타서 무너져 버리면 즉시 초목도 불에 타서 그림자를 남기지 않는다. 우리는 물이 말라서 대지가 갈라지며 세찬 힘으로 대지를 파괴하여 가는 모습을 보며 혹은 기록영화에서 전쟁 중에 원자폭탄이 대지를 뿌리째 불태워 버린 기억을 지금도 선명히 가지고 있다. 초목이 다시 생육하려면 대지가 초목을 생육하기에 걸맞은 토양을 회복하지 않으면 안 된다.

이와 같이 우리들의 기(起)의 번뇌는 그 근원을 거슬러 올라가면 근본무명이라는 번뇌에 뿌리내리고 있음을 안다. 갠지스 강의 모래 수에 비교되는 여러 가지 번뇌도 무명주지라고 하는 대지에 뿌리를 내리고 생육한 것이다. 따라서 이 근본무명은 우리의 분별지에 의해서 끊을 수는 없다. 오직 부처님의 지혜에 의해서만이 끊을 수 있다. 그 끊어버린 세계에서 비로소 자재의 경지가 가능한 것이다.

불·세존이 "나의 미혹한 생(生)은 다하여 재차 고(苦)의 과보를 받지 않는다." 하고 선언한 것은 법왕, 법의 자재자(自在者)가 된 부처님의 진실한 경지를 나타낸 것이며 거기에 여래의 설법의 진실성을 엿볼 수 있다.

世尊 不受後有智有二種 謂如來以無上
세존 불수후유지유이종 위여래이무상

調御降伏四魔 出一切世間 爲一切衆生
조어항복사마 출일체세간 위일체중생

之所瞻仰 得不思議法身 於一切爾焰地
지소첨앙 득부사의법신 어일체이염지

得無礙法自在 於上更無所作無所得地
득무애법자재 어상갱무소작무소득지

十力勇猛昇於第一無上無畏之地 一切爾
십력용맹승어제일무상무외지지 일체이

炎無礙智觀不由於他 不受後有智師子吼
염무애지관불유어타 불수후유지사자후

세존이시여, 후세에 〈생사의 고통을 받는 중생과 같은〉 몸을 받지 않기 위해서 갖추어야 할 지혜에는 두 가지 종류가 있습니다.

부처님께서는 가장 훌륭한 방법으로 번뇌를 잘 다스려[調御] 〈번뇌마(煩惱魔)·음마(陰魔)·사마(死魔)·천마(天魔)인〉 네 가지의 장애로부터 벗어났기에 일체 모든 중생들로부터 존경을 받습니다.

또한 〈영원한 생명을 갖춘〉 불가사의한 법신을 증득하였기에 일체의 지혜를 낼 수 있는 경지[爾焰地]에서 어떠한 장애에도 걸림이 없는 자유자재한 힘을 얻게 됩니다. 〈그리고 이미 수행과 지혜를 완성했기 때문에〉 더 이상 수행할 것도 없고 얻을 지혜도 없는 지위에서는 〈부처님께서 갖추신 열 가지 지혜의 힘인〉 10력이 용맹해져 〈이보다〉 더 높은 것이 없고 〈법을 설함에〉 조금도 두려울 것이 없는 경지에 오릅니다.

또한 일체 알아야 할 대상[爾炎]을 자유자재한 지혜로써 관찰하되 〈그러한 지혜 이외에〉 다른 것에 의지하지 않습니다. 〈더 이상 생사의 고통을 받아 윤회하는〉 몸을 후세에 받지 않는다는 그러한 〈깨달음에서 나오는〉 지혜로써 〈중생들을 생사의 고통으로부터 구제하기 위해 부처님께서는〉 사자후를 하십니다.

주

• 사마: 마(魔)는 산스크리트어 마라(māra)의 음약(音略). 탐·진·치·번뇌가 우리의 심신을 해친다는 번뇌마, 우리의 심신을 구성하는 다섯 가지 요소인 5온(五蘊)은 여러 가지의 고뇌를 생한다고 하는 온마(蘊魔), 인간의 생명을 끊는 사마(死魔), 사람이 좋은 일[善事]을 하려고 할 때, 혹은 죽음을 초월하려고 할 때 방해하는 천마(天魔), 즉 욕계 제6천의 타화자재 천마의 넷을 말한다.
• 이염지: 알아야할 것을 말함.

해설

석존이 그 일생을 돌아 보고 '나는 해야 할 일을 다 마쳤다.' 그러므로 '이미 생사의 미혹한 세계에 다시 태어나 고의 과보를 받는 일이 없다.'고 단언했다. 그런데 석존에게 '해야 할 일'이란 무엇이었는가를 살펴보기로 한다.

말할 필요도 없이 석존은 생사의 고계(苦界)에서 이탈하여 마음의 영원한 안정된 경지를 원했던 것이다. 그 때문에 29세에 출가하여 35세에 성도했지만 '생사의 고'란, 도대체 무엇이란 말인가. 인간은 태어나서 이윽고 죽어 가는 존재이다. 그러한 사실은 살아 있는 것은 반드시 멸한다는 자연의 도리에 비추어 보면 아무것도 아닌 것도 같다. 그렇다면 살아 있는 것이 죽는다고 하는 이 사실의 세계를 왜 고라고 받아들여야 하는 것인가. 누구나 이렇게 질문할 것이 틀림없다. 사실의 세계가 어찌하여 고가 되는가. 나 역시도 일찍이 몇 번이고 자신에게 질문한 일이 있었다.

도대체 고라고 느끼는 세계는 낙에 반대해서 인간이 괴롭다고 생각하기 때문이다. 즉 낙과 서로 대립하는 것을 고라고 하는 것이다. 만일 '죽음'이라는 것이 고라고 한다면 서로 대립하는 '삶'은 낙이란 말인가. 반드시 그렇다고는 말할 수 없을 것이다. 그렇다면 '생'도 고(苦), '사'도 고(苦)란 말인가. 죽음이라는 사실에 직면하지 못한 나에게는 고대 인도 사람이 죽음을 무서운 것, 괴로운 것이라고 파악한 실감은 알 수 없는 것도 아니다. 그러나 죽음에 직면하고 죽음을 체험하지 못한 지금의 나에게는 관념의 세계 내에서만이 죽음을 고라고 할 도리밖에 없다.

'일체 개고(一切 皆苦)'라고 단언한 석존의 입장에서 보면 '살아 있는 그 자체가 고'라고 파악하고 있었음에 틀림없다. 만일 살아 있는 것이 고라고 한다면 삶을 부정하는 곳에 낙이 있다고 상식적으로 생각하고 싶을 것이다. 삶을 부정하는 것이 낙에 직접 결부된다면 죽음을 기다리는 수밖에 없다. 그렇지만 자기의 목숨을 끊는 것은 '불살생(不殺生)', '불해(不害)'의 사상과 모순된다. 이렇게 되면 살아 있으면서 생사의 고를 이탈하는 방향으로 향하지 않으면 안 되게 된다. 그렇다면 〈생사의 고를 끊고 다시는 고의 과보를 받는 일이 없다〉고 선언한 의미는 도대체 무엇이었단 말인가.

우리들은 살아 있는 동안에는 죽음이라는 것을 생각하지 않는다. 생각하지 않는다는 것보다는 생각하려고 하지 않는다. 혹은 생각하고 싶지 않다고 하여 도피하고 있는지도 모른다. 그러한 사실은 우리들이 알게 모르게 생과 사를 분리해서 생각하고 있는 증거인지도 모른다. 삶은 죽음과 대립적으로 있는 것이 아니라 삶이 있는 곳에 죽음이 있는 것이어서 죽음이 없는 삶은 있을 수 없다. 그것이 자연의 도리이며 사실인 것이다. 그러나 우리들은 이 사실에 눈을 가리고 삶과 죽음을 별개로 분리하고 대립적으로 생각하려 한다.

요즘에 사는 것에 대한 의의를 확인하고 삶의 보람을 탐구하려는 움직임이 있다. 짧고 한정된 이 인생에 대해 그 짧은 인간의 일생, 둘도 없는 일생을 충실한 것으로 하기 위해서는 한순간 한순간이 중요한 것은 말할 필요도 없다. 죽음은 머지않아 반드시 찾아온다. 혹은 이 쪽에서 가까이 가고 있는 것이 진실인지도 모른다. 그 어느 것이든 상관없으나 인간이 갖는 삶의 의의는 현재 살아 있다는 사실에 서서 거기서부터 온갖 행동이 개시된다. 자신에게 있어서의 일생은 그 사람 자신의 것이어서 다른 사람에게 대신해 달라고 할 수 없는 거룩한 일생이다. 자신에게 있어서의 살아가는 방법, 살아가는 의의는 그 사람에게 있어 둘도 없는 것이다.

'소작이작(所作已作)'이라는 말의 본래 뜻을 음미하는 방법은 참으로 여기에 있다고 생각한다. 물론 석존에게는 자기의 깨달음에 대한 완성과 일체 중생과 더불어 그 깨달음의 광요(光耀)에 비추어질 것을 원하여 그것이 원성(圓成)되는 곳에 '할 일을 다 해 마쳤다.'고 하는 실감이 있었다고 이해된다. 우리들은 여기서 석존 성도 직전의 모습을 잠시 되돌아보기로 한다.

석존이 성도 직전 최후의 수행에 정진하고 있을 때, 악마 나무치의 유혹이 있었다고 불전(佛傳)에 설하고 있다. 그 1절을 보면

> 니련선강변에서 안온을 얻기 위해 정진하며 전심(專心)하고 노력하고 명상(瞑想)하고 있는 나에게,
> 악마 나무치(namuci)는 위로의 말을 하며 나에게 가까이 와서 이렇게 말하는 것이었다.
> "당신은 야위어서 얼굴빛도 나쁘다. 당신의 죽음은 가깝다.
> 당신이 죽지 않고 살아갈 가망은 천(千)에 하나의 비율이다.
> 그대여, 살아라, 사는 편이 좋다. 목숨이 있고서야 모든 선행도 할 수 있는 것이다.
> 당신이 범행자(梵行者)로서의 청정한 행을 하고 성화(聖火)의 공물(供物)을 바쳐야만 많은 공덕을 쌓을 수 있는 것이다.
> 고행에 정진한다고 도대체 무엇이 되겠는가."
> 세존은 악마 나무치에게 다음과 같이 말했다.
> "나에게는 신앙이 있고 노력이 있고 또 지혜가 있다. 나는 이와 같이 안주하고 최대의 고통을 받고 있기 때문에,
> 내 마음은 온갖 욕망을 되돌아보지는 않는다.
> 보라, 이 내 심신의 청정함을.
> 악마여, 너의 첫번째 군대는 욕망이며, 두 번째 군대는 마음의 불만이며, 세 번째 군대는 기갈이며, 네 번째 군대는 망집이며, 다섯 번째 군대는 수면이며, 여섯 번째 군대는 공포이며, 일곱 번째 군대는 의혹이며, 여덟 번째 군대는 강정이다."
> 악마 나무치는 세존에게 이렇게 말했다.
> "나는 7년 간이나 세존에게 한발자국 한발자국 붙어 다녔다. 그러나 정각자(正覺者)에게 달라붙을 틈을 찾아볼 수가 없었다."

이상은 초기 불교 성전의 가장 오래된 위치에 있는 『숫타니파타』 중에 있는 이야기이다.

어느 불전(佛傳)의 자료에 의하면 악마는 또 3인의 여자를 보내어 수행중의 석존을 유혹했다고 전하고 있다. 3인의 여자에 대해서는 각각 갈애·불쾌·탐욕으로 보고 있다(다른 경전에 의하면 은애(恩愛)·상락(常樂)·대락(大樂), 욕비(欲妃)·열피(悅彼)·쾌관(快觀), 염욕(染欲)·능열인(能悅人)·가애락(可愛樂), 가애(可愛)·가희(可喜)·희견(喜見)이라고도 한다).

이 악마들 및 악마의 심부름꾼[使者]이라는 것이 의미하는 것을 볼 때, 탐욕·진에·우치라는 인간에게 갖추어진 불선심(不善心)과 연결되어 있음을 알 수 있다. 바꾸어 말하면 수행중의 석존은 자기와의 싸움에 밤을 새운 것 같다고 말해도 좋을 것이다.

이와 같이 마음 속의 악마를 항복시킨 석존은 인간의 마음 속 깊은 곳을 꿰뚫어 보고 거기에 가을 하늘과 닮은 맑음과 광대한 자유를 쟁취했다고 볼 수 있다. 걸림이 없는 자유자재의 경지는 이미 그 이상의 해야 할 수행도 없고 여래만이 갖는 열 가지의 자재력을 얻어 정법을 펴서 설하였다고 보아야 할 것이다.

世尊 阿羅漢辟支佛度生死畏 次第得解
세존 아라한벽지불도생사외 차제득해

脱樂 作是念 我離生死恐怖不受生死苦
탈락 작시념 아리생사공포불수생사고

世尊 阿羅漢辟支佛觀察時 得不受後有
세존 아라한벽지불관찰시 득불수후유

觀第一蘇息處涅槃地
관제일소식처열반지

世尊 彼先所得地 不愚於法 不由於他
세존 피선소득지 불우어법 불유어타

亦自知得有餘地 必當得阿耨多羅三藐三
역자지득유여지 필당득아뇩다라삼먁삼

菩提
보리

何以故 聲聞緣覺乘皆入大乘 大乘者卽
하이고 성문연각승개입대승 대승자즉

是佛乘 是故三乘卽是一乘 得一乘者 得
시불승 시고삼승즉시일승 득일승자 득

阿耨多羅三藐三菩提 阿耨多羅三藐三菩
아뇩다라삼먁삼보리 아뇩다라삼먁삼보

提者 卽是涅槃界 涅槃界者卽是如來法
리자 즉시열반계 열반계자즉시여래법

身 得究竟法身者 則究竟一乘 無異如來
신 득구경법신자 즉구경일승 무이여래

無異法身 如來卽是法身 得究竟法身者
무이법신 여래즉시법신 득구경법신자

則究竟一乘 究竟者卽是無邊不斷
즉구경일승 구경자즉시무변부단

세존이시여, 아라한과 벽지불은 〈중생과 달리〉 생사의 두려움에서 벗어나 차례로 해탈의 즐거움을 얻고 나서는 다음과 같이 생각합니다. "나는 생사의 공포로부터 벗어났기 때문에 〈더 이상〉 생사의 고통을 받지 않는다."고

세존이시여, 아라한과 벽지불이 〈이와 같이〉 관찰할 때, 다시는 〈생사의 고통이 있는 몸인〉 후생을 받지 않게 되어 〈번뇌를 모두 없앤〉 제일의 소식처(蘇息處)인 열반의 경지를 관하게 되는 것입니다.

세존이시여, 그들은 이미 〈앞에서 소승의 가르침을 깨달은〉 경지를 얻었기 때문에 진리[法]에 어둡지 않습니다. 〈또한 부처님의 가르침 이외에〉 다른 것을 의지하지 않고 〈소승의 깨달음인〉 유여열반의 경지를 증득하여 〈앞으로 대승의 가르침을 따라 보살행을 하면 최고의 깨달음인〉 아뇩다라삼먁삼보리를 얻게 된다는 것을 잘 압니다.

왜냐하면 성문과 연각은 〈언젠가 반드시〉 대승〈의 깨달음〉으로 들어가야 하기 때문입니다. 대승이란 곧 〈오직 부처가 되는 길을 가르친〉 불승입니다. 그러므로 〈부처님께서는 중생을 구제하기 위한 방편으로써 3승으로 나누어 설했지만〉 3승이 곧 일불승입니다.

따라서 1승을 얻은 사람은 아뇩다라삼먁삼보리를 증득하게 됩니다. 아뇩다라삼먁삼보리란 곧 열반의 세계입니다. 열반의 세계가 바로 〈청정한〉 여래의 법신입니다. 즉 〈궁극적인 목표인〉 구경(究竟)의 법신을 얻는 것이 〈절대 깨달음인〉 일불승을 증득[究竟]하는 것이지 〈이것 이외에〉 다른 여래나 법신은 없습니다.

다시 말해서 여래가 곧 법신입니다. 완전[究竟]한 법신을 증득하는 것이 곧 일불승을 증득하는 것입니다. 〈이렇게 일불승을 증득한 상태인〉 구경(究竟)이란 시간적인 혹은 공간적인 차별을 초월한 절대의 경지를 말합니다.

주

- 소식처: 휴식처(休息處)를 말함.
- 아뇩다라삼먁삼보리: 산스크리트어 아눗타라삼약삼보디(anuttara-samyak-saṁbodhī)의 음사인데 무상(無上; anuttara)·정(正; samyak)·등정각(等正覺; sambodhi), 무상정등정각(無上正等正覺) 또는 무상정변지(無上正遍知)라고 번역함. 위 없이 훌륭하고 바르게 깨달은 부처님을 말하며 위 없는 깨달음을 말함.
- 법신: 산스크리트 다르마-카야(dharma-kāya)의 번역으로서 부처님이 설한 교법은 영원한 진실이라는 것이므로, 부처님을 부처님이도록 한 이치를 생각하고 육신(肉身; 生身)에 대한 법신을 낳았다. 그리고 법성, 진여를 법신으로 보게 되었다.

해설

앞에서 아라한[聲聞]·벽지불[緣覺]의 열반과 부처님·여래의 대열반과는 서로 다르다는 것을 말했다. 같은 열반이라고 말은 해도 비교할 수도 없는 것이라고 주의한 것이다. 그러나 성문·연각의 열반을 대열반과 대립적으로 생각한다면 성문·연각과 대승, 즉 불승(佛乘)이란 영원히 대립하는 것이 되어 성문·연각이 불승에 귀일하는 장(場)은 찾아볼 수 없게 된다.

여기에 이 『승만경』은 아라한·벽지불의 열반은 대승의 대열반에 도달하기 위한 일시적[假]인 열반이라고 본다. 즉 부처님의 대열반에 도달하기 위한 휴식처라고 한다. 성문승·연각승의 가르침에서는 저마다 이상(理想)으로 하는 아라한과(阿羅漢果), 벽지불과를 목표로 하고 있으나 대승에서는 성문승도 연각승도 대승 속에 융합되고 귀일하는 것이다.

그런데 본경은 대승이란 불승이라고 가르치고 3승 즉 1승이므로 1승을 얻는 사람은 위 없는[無上] 정각(正覺)을 얻는다. 그것이 곧 열반계(涅槃界)라고 설한다. 그러면 이와 같은 열반계는 도대체 어떤 내용의 것일까.

앞에서 말한 바와 같이 여래·부처님의 대열반은 '지혜로 말미암아 생사에 주(注)하지 않고 자비로 말미암아 열반에 주한다.' 였다. 큰 지혜가 있기 때문에 열반의 낙(樂)을 받으면서도 그 낙에 머무는 일이 없고 항상 일체 중생을 구제하겠다는 비원(悲願)을 가지고 있으므로 '상주차설법(常住此說法)'이었다. 이와 같은 모습은 시간과 공간을 초월하여 영원히 빛을 가진 상주의 법신인 것이다. 이와 같이 궁극의 법신을 얻음에는 1승을 자신의 위에 실증하고 1승의 가르침에 철저하는 것 이외에는 없다고 말하여야 한다.

世尊 如來無有限齊時住 如來應等正覺
세존 여래무유한재시주 여래응등정각
後際等住 如來無限齊 大悲亦無限齊安
후제등주 여래무한재 대비역무한재안
慰世間 無限大悲無限安慰世間 作是說
위세간 무한대비무한안위세간 작시설
者 是名善說如來 [世尊]若復說言無盡法
자 시명선설여래 [세존]약부설언무진법
常住法一切世間之所歸依者 亦名善說如
상주법일체세간지소귀의자 역명선설여
來 是故於未度世間無依世間 與後際等
래 시고어미도세간무의세간 여후제등
作無盡歸依 常住歸依者 謂如來應等正
작무진귀의 상주귀의자 위여래응등정
覺也
각야

法者卽是說一乘道 僧者是三乘衆 此二
법자즉시설일승도 승자시삼승중 차이
歸依非究竟歸依 名少分歸依 何以故 說
귀의비구경귀의 명소분귀의 하이고 설
一乘道法 得究竟法身 於上更無說一乘
일승도법 득구경법신 어상갱무설일승
法身[事] 三乘衆者有恐怖 歸依如來求出
법신[사] 삼승중자유공포 귀의여래구출
修學向阿耨多羅三藐三菩提 是故二依非
수학향아녹다라삼먁삼보리 시고이의비
究竟依 是有限依
구경의 시유한의

若有衆生 如來調伏歸依如來 得法津澤
약유중생 여래조복귀의여래 득법진택

生信樂心 歸依法 僧 是二歸依非此二歸
생신요심 귀의법 승 시이귀의비차이귀

依 是歸依如來 歸依第一義者 是歸依如
의 시귀의여래 귀의제일의자 시귀의여

來 此二歸依 第一義 是究竟歸依如來
래 차이귀의 제일의 시구경귀의여래

何以故 無異如來 無異二歸依如來卽三
하이고 무이여래 무이이귀의여래즉삼

歸依 何以故 說一乘道 如來四無畏成就
귀의 하이고 설일승도 여래사무외성취

師子吼說
사자후설

若如來隨彼所欲而方便說 卽是大乘 無
약여래수피소욕이방편설 즉시대승 무

有三乘 三乘者入於一乘 一乘者卽是第
유삼승 삼승자입어일승 일승자즉시제

一義乘
일의승

세존이시여, 부처님께서는 시간에 구애됨이 없이 〈이 사바세계에〉 항상 머물고 계십니다. 그러므로 여래·응공·정변지이신 부처님께서는 미래에도 〈이 곳에〉 머무실 것입니다. 즉 부처님께서는 항상 이곳에 머무십니다. 대자대비도 역시 한량이 없어서 세간에 사는 중생의 고통을 없애 주어 편안하게 해 주십니다. 즉 한량없는 대비심을 놓으사 끝없이 중생들의 괴로움을 없애 주어 세상을 구제하십니다.

이와 같이 〈'부처님의 대자대비는 영원하고 무한하다.'고〉 말하는 사람은 참으로 부처님〈의 공덕〉을 잘 설명하는 사람입니다.

또한 '〈시방세계에〉 한량없이 존재하는 부처님의 법과 〈3세에 걸쳐〉 언제나 이 곳에 머무는 법은 일체 모든 세간의 존재들이 귀의할 곳이다.' 하고 말한다면 이것도 역시 부처님을 잘 표현한 것이 됩니다.

그러므로 〈아직 번뇌가 두터워〉 부처님으로부터 제도되지 못한 세상의 중생들과 〈아직 부처님을 믿는 마음이 적어〉 진정으로 부처님께 귀의하지 못한 중생들이 있다면 앞으로 차츰차츰 부처님께 귀의해야 합니다. 즉 앞으로 부처님의 정법에 머물러 항상 의지해야 할 대상은 바로 여래·응공·정변지이신 부처님뿐입니다. 〈부처님께서 설하신〉 법은 〈모든 중생이 궁극에 가서는 깨달음을 얻어 부처가 되는〉 일불승의 가르침[道]을 설한 것입니다.

또한 승가는 〈부처님으로부터 직접 4성제법을 듣고 깨달은〉 성문과 〈12인연법의 이치를 스스로 깨달은〉 연각과 〈6바라밀을 닦는〉 보살의 3승을 말합니다.

위에서 말한 법과 승가에 귀의하는 것은 완전한 귀의가 못 되는 부분적인 귀의입니다. 그러므로 〈부처님의 최고 가르침인〉 1승도를 설하는 까닭은 구경법신(究竟法身)을 증득하는 데 있습니다. 〈즉 부처님께서는〉 이것 이외에 다른 일승법신(一乘法身)을 말씀하지 않으십니다.

3승들은 아직 〈번뇌의 때가 남아 있어 삶에 대해〉 공포심을 가지고 있기 때문에 반드시 부처님께 귀의해야 합니다. 〈그리고 나서 삶에서 느끼는 고통으로부터〉 벗어나기를 발원하여 수행함으로써 〈최고 깨달음의 경지인〉 아뇩다라삼막삼보리[無上正等正覺]로 다가가야 합니다. 그러므로 〈법과 승가〉 이 두 가지에만 귀의하는 것은 완전한 귀의가 아닌 불완전한[有限] 귀의라고 했던 것입니다.

만약 어떤 중생이 부처님으로부터 〈생사의 괴로움을 벗어나는〉 법문을 듣고 〈마음의 번뇌를〉 항복받아 부처님께 진실로 귀의한다면, 그리고 법문을 듣는 것에 대해 즐겁고 감사하는 마음을 낸 뒤에 법보와 승보에 귀의한다면, 이 경우엔 단순히 법과 승단에 귀의하는 것이 아니라 진실로 부처님께 귀의하는 것이 됩니다.

또한 〈부처님께서 깨달은 법인〉 제일의(第一義)에 귀의하는 것은 바로 진실로 부처님께 귀의하는 것입니다. 이상의 〈즉 먼저 부처님께 귀의한 후 법과 승단에 귀의하는〉 두 가지 귀의와 〈부처님께서 깨달은 절대 진리인〉 제일의에 귀의하는 것이 마침내 진실로 부처님께 귀의하는 것입니다.

왜냐하면 부처님께 귀의하는 것과 〈환희심을 내어〉 법과 승단에 귀의하는 것이 서로 다르지 않기 때문입니다. 즉 진실로 부처님께 귀의하는 것이 〈불·법·승 3보에 귀의하는〉 3귀의(三歸依)인 것입니다.

또한 부처님께서 1승도를 설하신 까닭은 '여래께서는 〈법을 설함에 있어 전혀 두려움을 갖지 않고 자유자재로 연설하는〉 네 가지 무소외[四無所畏]를 성취하였기 때문에 사자후를 할 수 있다.'는 것을 말하기 위함입니다.

가령 부처님께서 저희들의 욕망을 살펴서 교묘한 수단[方便]으로 법을 설한다면 그것이 바로 대승의 가르침일 뿐 〈방편으로서의〉 3승은 진실이 아닙니다. 즉 방편으로써 3승을 설한 까닭은 결국 모든 중생이 〈최고의 깨달음을 향한〉 1승에로 나가게 하기 위함입니다. 따라서 앞에서 말한 1승이란 〈완전한 진리의 세계인〉 제1의승(第一義乘)입니다.

주

- 진택: 진(津)은 물 가장자리, 나루터. 택(澤)은 풀이 나 있는 저습지(低濕地). 연못. 냇물이 흐르는 곳, 축축하게 적시는 곳.
- 법의 진택: 법의 흐름, 법의 혜택(이익), 법의 풍부함.
- 사무외: 사무소외(四無所畏)라고도 한다. 무소외(無所畏: 두려워하지 않음)란 설법에 즈음하여 어떤 두려움도 없는 자신감을 말한다. ① 제법현등각무외(諸法現等覺無畏)인데 일체지무소외(一切智無所畏), 정등각무외(正等覺無畏)라고도 하며 '나는 일체법을 궁진(窮盡)하여 깨달았다.'고 하는 두려움 없는 자신감. ② 일체누진지무외(一切漏盡智無畏)인데 누영진무외(漏永盡無畏), 누진무소외(漏盡無所畏)라고도 하며 '일체의 번뇌를 완전히 끊었다.'고 하는 두려움 없는 자신감. ③ 장법불허결정수기무외(障法不虛決定授記無畏)인데 혹은 설장법무외(說障法無畏), 설장도무소외(說障道無所畏)라고도 하며 '수행에 장해가 되는 것은 모두 지적하고 설해 마쳤다.'고 하는 두려움 없는 자신감. ④ 위증일체구족출도여성무외(爲證一切具足出道如性無畏)인데 혹은 설출도무외(說出道無畏), 설진고도무소외(說盡苦道無所畏)라고도 하며 '번뇌를 제거하고 고계(苦界)를 벗어나 해탈에 들어가는 도를 설했다.'고 하는 두려움 없는 자신감으로 는 부처님이 갖추고 있는 자신감을 말한다.

해설

우리들은 경주 불국사나 오래된 사찰에 찾아가 그 곳에 모셔진 불상 앞에 섰을 때, 왠지 모르게 합장하고 예배를 드리고 있는 자기의 모습을 볼 수 있는데 이것은 아마도 기독교인이 아니면 한국 사람의 자연적인 모습이라 아니할 수 없다. 물론 거기에는 깊은 의미가 없는 경우가 많다. 그러나 오히려 예배하고 합장하고 있는 본인의 마음에는 이유 이외의 것이 있다고 해야 할 것인가. 그것은 한국의 문화를 지탱해 온 기반으로서의 불교가 우리들의 마음 깊이 숨쉬고 있는 것에 유래한다고 하는 편이 타당할지도 모른다. 우리들이 지금 널리 아시아의 여러 지역에서 동양의 문화를 육성하고 지탱해 온 원동력이 무엇이었는가를 찾았을 때, 마치 서양의 문화가 기독교를 도외시하고 이야기할 수 없다고 말하는 것과 같은 것이다.

지금 우리들의 주변에 눈을 돌리면 종교는 원래부터 문학·미술·예술 등 그 어느 것일지라도 불교사상이 널리 그리고 깊이 침투하고 있다.

그런데 불교에 귀의한다는 말을 사용하고 있다. 귀의한다는 말은 어느 것에 귀일(歸一)하고 의지한다는 것, 즉 귀의이다. 인간은 어떤 의미에서 어느 절대자, 절대적인 것에 의지하는 존재이다. 유한한 존재가 무한한 어느 것에 의지하는 것은 인간의 본성일 것이다.

프랑스의 실존주의 철학자 까뮈(A. Camus)는

"인간은 신 없이 성자가 될 수 있을 것인가. 오늘날 내가 궁진하려고 하고 있는 유일하고 구체적인 문제는 이것이다."

장 자크 루소(J. J. Rousseau)는

"신(神)은 존재할 것이다. 그러나 신이 어떤 것인가는 나는 모른다. 내가 신의 존재를 확신하는 것은 이 아름다운 자연을 통해서이다. 그러나 신은 어디에 존재하는가, 신이란 무엇인가 등으로 찾아 구할 때, 신은 나로부터 날아가 버려서 나는 신을 볼 힘을 잃고 만다. 나는 신의 존재를 확신한다. 그렇지만 이성(理性)을 가지고 그것을 알 수는 없다. 그러나 나는 이렇게 말한다. 신이여, 그대가 있으므로 나도 있는 것이다."

하고 말했는데,

내가 여기에 두 사람의 사상가에 대한 말을 인용한 것은 그것이 신이든, 부처님이든 간에 인간은 끊임없이 절대자와 접촉하는 것을 본질적으로 의식하고 있는 존재라고 말하고 싶기 때문이다. 신이 있는가 없는가 하는 신의 존재·비존재를 둘러싼 이론적인 탐구는 인도 철학·종교에서 기본적인 과제이며 인도 고대로부터 오늘에 이르기까지 그 문제를 둘러싼 논쟁은 끊임이 없다. 그러나 신이 있는가 없는가에 대한 문제 이전에 인간에게는 그 어느 무엇인가의 절대적인 것과 접촉함을 원하는 마음이 싹트고 있다고 생각한다. 그러나 이 싹이 뽑혀 버리는 경우도 있고 무럭무럭 생육되는 경우도 있다. 그리하여 이 절대자와 접촉하는 장소는 그것을 구하는 사람의 마음 속에 빚어진다고 생각한다.

불교에서 부처님과의 만남은 중요한 의미를 갖는다. 인간 쪽에서 부처님과 만나는 것인가 아니면 부처님 쪽에서 그 만남에 손을 내미는 것인가는 지금은 깊이 파고들지 않겠다. 그러나 부처님과의 접촉, 만남을 자기쪽에서 받아들여 확인하는 것이 중요하다. 이 만남은 자기 속에 있는 불성, 즉 여래장을 개발하는 것에 있으나 이 개발도 인생에 있어서 언제, 어디인가는 저마다 서로 다를 것이다. 이것을 근기(根機)라고 한다면 이 '근기'를 소중히 하는 것이 중요하다. 합장하고 예배하는 동작은 그러한 것과 결부되는 것이 아닐까.

불교 입문의 첫번째는 불(佛)·법(法)·승(僧)의 3보에 귀의하는 것을 가르치고 있다. 그리고 모든 부처님의 가르침은 '스스로[自]부터 그[其] 마음[意]을 청정[淨]하게 할 것'에 있다고 한다. 인간은 끊임없이 탐내고 성내고 어리석음에 괴로워하며 '선(善)을 닦[修]고 악(惡)을 멈춰[止]라.'고 하는 가르침에도 철저하지 못한 존재이다. 이 벽을 깨뜨리자고 할 경우 무엇보다도 우선 오직 어느 것에 귀의한다는 지순(至純)한 마음을 양성(養成)하는 것이 필요하게 된다.

『승만경』 본문에 의하면 여래는 한제(限齊), 즉 한계(限界)가 없다고 하며 귀의의 제1차적인 절대통일의 원리[第一義]는 여래에게 귀의하는 것이라고 말한다. 그 의미하는 바는 여래는 시간적, 공간적인 한정을 받는 일이 없고 대비(大悲)에도 한계가 없이 이 세간의 일체중생을 애민하므로 그 여래에 귀의하는 것이 귀의의 요체라고 하는 것이다. 앞에서도 말한 바와 같이 여래의 법신은 상주하며 또한 무한하다. 이 여래의 무제한성은 인간의 생존이 계속되는 한, 중생 애민의 대자비가 언제 어디에서도 작용할 것이라는 것이다. 일체 중생을 제도하지 않고는 그만 두지 않는 큰 서원을 계속 가지고 있기 때문이다.

『승만경』은 이와 같이 3보 중의 불보인 여래·응공·정등각(正等覺)을 파악하는 것이지만 법과 승에 대해서는 각각 일불승(一佛乘), 3승중(三乘衆), 즉 성문승·연각승·보살승이라고 설한다. 1승도(一乘道)의 교법은 앞에서 말한 바와 같이 법신을 증명하는 것을 구경으로 하는 것이므로 구경의 법신을 얻었으면 그 위에 다시 1승도의 교법을 설할 필요가 없을 것이다. 3승의 무리[三乘衆]는 근본번뇌(무명주지)를 끊지 못했으므로 공포를 갖는 것이며 세존에 귀의함에 의해서 무상정등각으로 향해서 전진한다. 더욱이 '1승진실 3승방편'이라는 『법화경』 이래의 사상에 의해서 교법인 법(法)과 3승의 무리인 승가에게 귀의하는 것은 여래에 귀의하는 것에 귀일(歸一)한다. 여래가 없으면 일승법(一乘法)도 3승중(三乘衆)도 없는 것이 된다.

우리들은 이 1승장(一乘章)을 끝맺음에 즈음하여 마지막 한 문장에 주의해야 한다.

> 가령 부처님께서 저희들의 욕망을 살펴서[隨] 교묘한 수단[方便]으로 법을 설한다면 그것이 바로 대승의 가르침일 뿐 〈방편으로서의〉 3승은 진실이 아닙니다. 즉 방편으로써 3승을 설한 까닭은 결국 모든 중생이 〈최고의 깨달음을 향한〉 1승에로 나가게 하기 위함입니다. 따라서 앞에서 말한 1승이란 〈완전한 진리의 세계인〉 제1의승(第一義乘)입니다.

참으로 여래의 가르침은 그때 그 곳에 응해서 방편을 가지고 설한 것이다. 그러한 가르침은 더욱이 모든 대승 자체를 위한 것이었다. 거기에서는 3승이라는 이름은 존재하지 않으며 1승에 모두 포섭되고 마는 것이었다. 이리하여 『법화경』 이래의 사상(1승진실 3승방편)이 지금 이 『승만경』에서 훌륭하게 결실을 맺은 것을 알 수 있다.

무한한 성스러운 진리

無邊聖諦章 第六

世尊 聲聞緣覺初觀聖諦 以一智斷諸住
세존 성문연각초관성제 이일지단제주
地 以一智四斷知功德作證 亦善知此四
지 이일지사단지공덕작증 역선지차사
法義
법의

世尊 無有出世間上上智 四智漸至及四
세존 무유출세간상상지 사지점지급사
緣漸至 無漸至法是出世間上上智
연점지 무점지법시출세간상상지

世尊 金剛喻者是第一義智 世尊 非聲聞
세 존 금 강 유 자 시 제 일 의 지 세 존 비 성 문

緣覺不斷無明住地初聖諦智 是第一義智
연 각 부 단 무 명 주 지 초 성 제 지 시 제 일 의 지

世尊 以無二聖諦智斷諸住地 世尊 如來
세 존 이 무 이 성 제 지 단 제 주 지 세 존 여 래

應等正覺 非一切聲聞緣覺境界 不思議
응 등 정 각 비 일 체 성 문 연 각 경 계 부 사 의

空智斷一切煩惱藏 世尊 若壞一切煩惱
공 지 단 일 체 번 뇌 장 세 존 약 괴 일 체 번 뇌

藏究竟智 是名第一義智 初聖諦智非究
장 구 경 지 시 명 제 일 의 지 초 성 제 지 비 구

竟智向阿耨多羅三藐三菩提智
경 지 향 아 뇩 다 라 삼 먁 삼 보 리 지

世尊 聖義者非一切聲聞緣覺 聲聞緣覺
세 존 성 의 자 비 일 체 성 문 연 각 성 문 연 각

成就有量功德 聲聞緣覺成就少分功德
성 취 유 량 공 덕 성 문 연 각 성 취 소 분 공 덕

故名之爲聖
고 각 지 위 성

聖諦者非聲聞緣覺諦 亦非聲聞緣覺功德
성 제 자 비 성 문 연 각 제 역 비 성 문 연 각 공 덕

世尊 此諦如來應等正覺初始覺知 然後
세 존 차 제 여 래 응 등 정 각 초 시 각 지 연 후

爲無明㲉藏世間 開現演說 是故名聖諦
위 무 명 각 장 세 간 개 현 연 설 시 고 명 성 제

세존이시여 〈부처님으로부터 직접 4성제를 듣고 깨달은〉 성문과 〈12인연법을 깨달은〉 연각은 처음으로 〈고·집·멸·도의〉 4성제

를 관찰함으로써 〈거기에서 생긴〉 지혜로 모든 〈중생의 근원적인 번뇌인〉 주지번뇌를 〈어느 정도〉 끊습니다. 한편 이렇게 생긴 지혜로 〈중생이 끊어야 할 네 가지 주지번뇌를 없애는 지혜인〉 4단지(四斷指)와 〈수행을 통해 얻은 공덕의 결과로써 성인의 지위에 오른 증표인〉 공덕작증(功德作證)을 잘 알게 되어 〈고·집·멸·도〉 4성제의 의미를 좀더 깊이 있게 잘 이해하게 됩니다.

세존이시여, 〈아직 성문과 연각에서는 세간의 번뇌에 물들지 않는 지혜인〉 출세간상상지(出世間上上智)가 없지만 〈그들이 수행을 계속함으로써〉 점점 〈도지(道智)·도종지(道種智)·일체지(一切智)·일체종지(一切種智)인〉 4지(四智)를 갖추게 됩니다. 또한 4성제[四緣]를 점점 깊이 이해하게 됩니다. 이와 같이 점점 〈4지와 4성제를〉 닦아 나아간다면 반드시 〈부처님의 최고 지혜인〉 출세간상상지에 이르러 갈 것입니다.

세존이시여, 〈부처님께서 증득하신 지혜를〉 금강[다이아몬드]에 비유하는 것은 〈그것이 최고의 절대 지혜인〉 제일의지(第一義智)라는 의미입니다.

세존이시여, 성문과 연각이 〈아직 근본 번뇌인〉 무명주지를 끊지 못한 상태에서 처음으로 4성제를 관찰함으로써 얻게 된 지혜를 가지고는 결코 〈절대의 진리를 관찰하는 지혜인〉 제일의지가 되지 못합니다.

세존이시여, 〈그러나 성문과 연각은 원래 제일의지와 다르지 않은〉 무이(無二)의 성제지(聖諦智)로써 모든 주지번뇌를 끊어 가게 됩니다.

세존이시여, 여래·응공·정변지〈이신 부처님께서 깨달으신 지혜〉는 모든 성문과 연각이 얻은 지혜의 경지와 같지 않습니다. 즉 〈부처님은 모든 차별상을 뛰어 넘어 절대 하나인 진리의 세계를 관하는 지혜인〉 불가사의한 공지(空智)로써 일체 모든 번뇌의 덩어리[煩惱藏]를 끊습니다. 만약 〈성문과 연각이〉 일체 모든 번뇌장을 쳐부순다면 그는 최고의 지혜를 얻게 됩니다. 이것을 바로 〈부처님께서 증득한 지혜인〉 제일의지라고 합니다.

〈그러므로 성문과 연각이〉 처음으로 4성제를 관찰함으로써 생긴 지혜는 완전[究竟]한 지혜가 아니고 〈최고의 완전한 지혜인〉 아뇩다라삼먁삼보리[無上正等正覺]로 향해 나가는 지혜라고 합니다.

세존이시여, 〈번뇌를 완전히 제거한〉 성(聖)의 의미가 일체 모든 성문과 연각에게는 해당되지 않습니다. 왜냐하면 성문과 연각은 〈아직 수행중에 있기 때문에 부처님과 같은〉 무한한 공덕을 성취하지 못했고 겨우 조금[小分]밖에 공덕을 닦지 못했습니다. 그러나 〈감히 성(聖)자를 붙일 수는 없지만 그래도 범부와 구별하기 위해서〉 성인[四聖]이라 부르기도 합니다.

그러나 원래 4성제는 〈부처님께서 깨달은 경지일 뿐〉 성문과 연각이 깨달은 경지의 법은 아닙니다. 또한 성문과 연각이 닦은 공덕으로도 미칠 수 없습니다.

세존이시여, 이 4성제의 진리는 여래·응공·정변지이신 부처님께서 최초에 깨달아 증득하셨습니다. 그런 연후에 단단한 알껍질과 같은 무명에 가려진 세간의 중생들을 위하여 〈부처님께서〉 아낌없이 전부 보여 주고 설하셨습니다. 그렇기 때문에 성스러운 진리[聖諦]라고 하는 것입니다.

주

• 출세간상상지: 깨달음을 얻은 최고의 지혜. 부처님의 지혜를 말한다.
• 점지: 점점 나아가는 것. 서서히 깨닫는 입장.
• 무명각장세간: 무명이라는 번뇌의 알과 껍질(殼)에 덮여 있는 세간. 각(殼)은 껍질.

해설

앞의 제5장에서 불교의 모든 가르침은 1승이라는 법에서 나와 이 일승법에 귀의한다 — 1승진실·3승방편 — 말했다. 이 장에서는 1승의 내용이 질문된다.

우선 '무변(無邊) 성제(聖諦)'라는 장명(章名)에 대해 말하면 진실한 이(理)는 한량없고 무변하다는 뜻이다. 성제란 성스러운 진리인데 붓다가 설한 무수한 가르침 중에서 무언가 가장 중요하고 근본적인 가르침이라고 하는 제일의(第一義)의 성스러운 진리를 밝히려고 하는 것이 이 장의 목적이다.

그런데 성제(聖諦)라고 하는 경우 아무래도 4성제라고 하는 석존 성도 후의 최초 설법의 내용이 생각된다. 거기에 설해진 네 가지의 성스러운 진리야말로 불교의 기본적인 입장을 나타낸 것이며 우리들의 인생에 대처하는 존재 방식을 제시한 것이다. 이 4성제의 가르침은 4제 최승의 법, 제불이 칭찬한 교설이라 하고 연기심심법(緣起甚深法)과 더불어 석존의 근본교설이라 한다. 그렇다면 4제최승법(四諦最勝法)이란 무엇인가에 대해 지금부터 해설하기로 한다.

『상응부』 제56, 2에 '여래소설(如來所說)' 경에 의하면 그때 세존은 5인의 수행자(비구)에게 말씀하셨다.

"비구들이여, 출가자는 이 두 가지 극단에 친근해서는 안 된다.

그 두 가지란 어떠한 것인가.

온갖 욕망에서 쾌락의 생활에 빠진다는 것은 하열(下劣)하며 야비한 것이다. 그것은 범부가 하는 짓이고 성스러운 것은 아니며 참다운 목적에서 보아 무익한 것이다. 또 스스로 육체적인 피로와 소모[苦行]에 빠진다는 것은 괴롭고 성스러운 것이 아니고 참다운 목적에 있어서 무익한 일이다. 비구들이여, 여래는 이 두 가지의 극단을 버리고 중도(中道)를 깨달았다. 이 중도야말로 범부에게 눈을 뜨게 하고 지혜를 낳아 영원한 평안과 증지(證智)와 올바른 깨달음과 열반에 도움이 되는 것이다.

비구들이여, 그렇다면 여래가 깨달은 범부의 눈을 뜨게 하고 지혜를 낳아 영원한 평안과 증지와 올바른 깨달음과 열반에 도움이 되는 중도란 도대체 어떠한 것인가 하면, 그것은 여덟 가지의 성스러운 실천도(實踐道)이다. 즉 바른 견해[正見]·바른 사유[正思]·바른 말[正語]·바른 행위[正業]·바른 생활[正命]·바른 노력[正精進]·바른 생각[正念]·바른 정신 통일[正定]이다. 비구들이여, 이것이 여래가 깨달은 중도여서 그것은 범부에게 눈을 뜨게 하고 지혜를 낳고 영원한 평안과 증지(證智)와 바른 깨달음과 열반에 이바지하는 것이다.

비구들이여, 고(苦)라고 하는 성스러운 진리[苦諦]란 삶은 고이며 늙는 것도 고이고 병드는 것은 고이며 죽는 것도 고라는 것이다. 근심·슬픔·괴로워함·걱정도 고이다. 사랑하는 사람과 헤어지는 것도 고이며 욕구하는 것을 얻지 못하는 것도 고이다. 총체적으로 말하면 이 인생의 존재방식 모두 〈집착으로 인하여 생기는 다섯 종류의 모임인 5취온(五取蘊)〉가 고(苦)다.

비구들이여, 이와 같은 고가 생기(生起)하는 원인의 성스러운 진리[集諦]란 미혹한 생존을 일으키고 즐거움과 탐욕을 수반하여 온갖 곳에 집착하는 애욕이 그것이다. 즉 그것은 정욕적인 욕애와 존재에 대한 갈애와 존재가 없어짐[滅無]에 대한 갈애의 셋이다.

비구들이여, 이와 같은 고를 멸하기 위한 성스러운 진리(眞理; 滅諦)란 이 갈애를 남김없이 멸하고, 버리[捨棄]고, 보내고[去], 이탈(離脫)하고 이제는 집착하는 일이 없게 하는 것이다.

비구들이여, 고를 멸하는 상태에 도달하는 길로써의 성스러운 진리[道諦]란 여덟 개의 부분에서 이루어지는 성스러운 실천도(實踐道)이다. 즉 그것은 정견(正見)·정사(正思)·정어(正語)·정업(正業)·정명(正命)·정정진(正精進)·정념(正念) 그리고 정정(正定)이다.

비구들이여, 고의 성스러운 진리는 이것이다. 지금까지는 듣지 못했던 법에 대해 나에게 보는 눈이 생기고, 지식이 생기고, 지혜가 생기고, 명지(明知)가 생기고, 광명이 생겼다. 비구들이여, 고의 성스러운 진리는 충분히 알아야만 한다. 지금까지는 듣지 못했던 법에 대해 나에게 보는 눈이 생기고, 지식이 생기고, 지혜가 생기고, 명지가 생기고, 광명이 생겼다. 또 비구들이여, 이 고의 성스러운 진리는 충분히 알았다. 지금까지는 듣지 못했던 법에 대해서 나는 보는 눈이 생겼고, 지식이 생겼고, 지혜가 생겼고, 명지가 생겼고, 광명이 생겼다. 비구들이여, 고(苦)가 생기(生起)하는 원인에 대한 성스러운 진리는 이것이다(원인은 끊어 없애야 할 것이며 원인은 끊어 없앴다). 지금까지 듣지 못했던 법에 대해 나는 보는 눈이 생기고, 지식이 생기고, 지혜가 생기고, 명지가 생기고, 광명이 생겼다.

비구들이여, 고(苦)를 멸하기 위한 성스러운 진리는 이것이다(진리는 당장 밝혀져야 하며 진리는 즉시 밝혀졌다). 지금까지 듣지 못했던 법에 대해 나에게 보는 눈이 생기고, 지식이 생기고, 지혜가 생기고, 명지가 생기고, 광명이 생겼다.

비구들이여, 고를 멸한 상태에 도달하는 길로서의 성스러운 진리는 이것이다(닦아서 실제로 익혀야 하며 진리는 닦아서 참으로 익혔다) 지금까지 듣지 못했던 법에 대해 나에게 보는 눈이 생기고, 지식이 생겼고, 지혜가 생겼고, 명지가 생겼고, 광명이 생겼다.

비구들이여, 나는 이 네 가지의 성스러운 진리에 대해 이상과 같이 세 종류로 즉 열두 방식 〈세 가지의 단계와 열 두 형태[三轉 十二行相]〉으로 생각하고 사물의 있는 그대로를 아는 지견(知見)이 완전히 되지 않았을 때에는 비구들이여, 나는 신(神)들, 악마(惡魔), 범천(梵天)을 포함하여 사문(沙門), 브라흐만, 신들, 인간을 포함한 살아 있는 모든 것들 가운데서 아직 위없는 깨달음을 실현했다고는 말하지 않았다.

비구들이여, 그러나 나는 이 네 가지의 성스러운 진리에 대해 이와 같이 삼전십이(三轉十二)의 방식으로 사물을 있는 그대로 아는 지견이 완전하게 되었으므로 비구들이여, 나는 신들과 악마, 범천을 포함하여 사문(沙門), 브라흐만[婆羅門], 신들, 인간을 포함한 일체의 모든 생명체 가운데서 이제는 무상의 깨달음을 실현했다고 말하는 것이다."

또 나는 다음과 같은 지견이 생겼다. 즉 '나의 심해탈(心解脫)은 부동(不動)한 것이다. 그것은 최후의 생이다. 이미 다시는 생(生死輪廻의 괴로움)을 받는 일은 없다.'고 거룩한 스승께서는 이와 같이 말씀하셨다.

이상 『여래소설(如來所說)』의 경전과 이 장(章)의 내용과는 어떤 관계가 있는 것일까.

경문에 '출세간상상지(出世間上上智)'와 '4지(四智)의 점지(漸至)'가 대조적으로 설해 있다. 전자는 여래의 4제관(四諦觀)을 후자는 성문·연각의 4제관을 의미하는 것이나 평등하게 4제관을 관하는데 어찌하여 한쪽에는 점지가 있고 다른 쪽에는 점지가 없는 것일까.

이미 이에 관해 설한 바와 같이 성문·연각은 무명주지번뇌를 완전히 끊지 않았으므로 그 성제지(聖諦智)도 최고의 깨달음에 도달하기 위한 것이어서 구경지(究竟智)는 아니었다. 이에 반해서 여래의 4제관은 출세간상상지라 하여 제1의지(第一義智)라고 한다. 그것을 자세히 해설하기로 한다.

『여래소설(如來所說)』 경전에도 있듯이 세존은 고·집·멸·도의 4성제에 대해서 알고 끊고 밝히고 닦음에 의해서 '이제는 무상의 깨달음을 실현했다.'고 말한다. 그것은 스스로가 깨달음에 도달한 경계 가운데서 발한 말이며 단순히 4제의 도리를 점차로 단계적으로 확인하는 방법은 아니었다. 그것은 성문·연각이 고제를 깨닫는 지혜가 생겨서 고제의 진리를 깨닫고 순차로 집제·멸제·도제를 깨닫는 지혜가 생겨서 그 진리들을 깨닫는 것과 같은 단계적인 것은 아니다. 그것은 근본무명을 끊고 있는가 아닌가에 의해서 있는 것이다. 하나의 비유를 여기에 인용하기로 한다.

우리들은 고·집·멸·도의 네 가지 진리에 대해서 잘 이해할 수 있으나 그 이해는 때때로 단순한 인식에 머물고 구체적인 행동으로까지 이행(移行)하지 못하는 경우가 많다.

어느 나그네가 넓고 넓은 들판을 여행하고 있었다. 연일 염천(炎天)이 계속되어 목이 마를 대로 말라버려서 한발자국도 더 전진할 수 없었다. 어느 쪽을 보아도 한 방울의 물도 없었다. 그 나그네는 미친 듯이 주위를 둘러보다가 간신히 하나의 우물을 발견했다.

나그네는 '아 물이다.'하고 외쳤다. 그렇지만 그 나그네는 그것만 으로는 목마른 것을 치유할 수는 없었다. -『상응부』제12경-

이 비유는 우리들에게 다음과 같은 것을 가르쳐 주고 있다. 즉 그 나그네가 '아 물이다.'라 말하고 물을 보기만 해서는 목을 축일 수 없었으며 실제로 물을 마셔야만 갈증도 멎는 것이다. 여기에 문제로 하고 있는 네 가지의 진리도 다만 가르침으로서 낮은 단계에 머물고 있는 한, 그것을 밝혔다고 하는 실감은 생기지 않는다. 진리의 가르침은 일상생활 속에서 실행에 옮겨야만 참으로 그 가르침이 생생히 살아난다. 그것은 마치 이 나그네와 같은 것이어서 진리의 물은 이것을 자신의 손으로 퍼서 마셔야만 감로(甘露)의 물인 줄 아는 것이다.

성문·연각은 과연 4성제의 이치를 깨닫고 4제관을 충분히 갖추고 있을까. 그러나 그것은 아직은 얕은 지혜로서 진리를 궁진한 부처님·여래의 구경지(究竟智), 상상지(上上智)에는 비교할 수 없다. 그러나 불·여래가 '고이며 집이며 멸이며 도이다.'하고 깨달음의 내경(內景)에서 네 가지 진리를 나타낸 교설이 있고서야, 성문·연각과 우리들 일체 중생도 그 가르침에 따를 수 있는 것이다. 왜냐하면 무명번뇌에 미혹한 우리들에게 주어지고 나타내시는 부처님의 큰 자비가 있어야만 가능하기 때문이다.

불교의 가르침에 오직 사물의 도리를 보고 아는 것을 견도(見道)라 한다. 견도에 들어가 그 위에서 수도(修道)·무학도(無學道)로 나아가는 것이지만 이 견도에 들어간 것에 만족하고 그 이상의 전진을 하지 않음에 대해 강력히 훈계한다. 그 의미에서는 참으로 성자(聖者)라고 하는 불·여래에게만 타당하다고 말하지 않으면 안 된다.

『여래소설』에 '네 가지의 성스러운 진리에 대해 사물의 있는 그대로를 아는 지견(知見)이 완전히 이룩되지 않은 가운데서는 자기는 무상의 깨달음을 실현했다고는 말할 수 없다.'고 하지만 이 자각이야말로 중요하며 우리들이 크게 음미할 점이라고 생각한다. 진리를 진리 그대로 아는 지견을 여실지견(如實知見)이라 한다. 그 지혜는 또 금강석에 비유된다. 이것은 인간의 마음속 깊이 있고 빛나는 불성(佛性)을 뒤덮고 있는 근본 번뇌를 끊어 버린 참다운 지혜를 빛나는 금강석에 비유한 것이다.

뿐만 아니라 일체 중생은 불성을 갖추고 있다고 『대승열반경』은 설한다. 우리들은 한 사람 한 사람이 모두 불성을 가지고 있다는 것은 부처가 될 가능성을 속에 숨기고 있다는 것이다. 이 불성을 어떻게 개발해 갈 것인가 하는 것이 우리들의 과제라고 말하지 않으면 안 된다.

『승만경』은 여기에 여래장이라는 사상을 전개하고 있다. 이 사상이야말로 대승불교에서 중요한 의미를 갖는 것이며 인도 불교사상사 위에서 말해도 중요한 위치를 차지하고 있는 것이다.

여래의 태(胎)라고 이름함

如來藏章 第七

聖諦者説甚深義 微細難知 非思量境界
성제자설심심의 미세난지 비사량경계

是智者所知 一切世間所不能信 何以故
시지자소지 일체세간소불능신 하이고

此説甚深如來之藏 如來藏者是如來境界
차설심심여래지장 여래장자시여래경계

非一切聲聞 緣覺所知 如來藏處説聖諦
비일체성문 연각소지 여래장처설성제

義 如來藏處甚深故 説聖諦亦甚深 微細
의 여래장처심심고 설성제역심심 미세

難知 非思量境界 是智者所知 一切世間
난지 비사량경계 시지자소지 일체세간

所不能信
소불능신

성스러운 진리[聖諦]는 〈부처님의 경지에 이르는 길을 가르친 것이므로〉 매우 심오한 이치를 담고 있습니다. 〈또한 성제는 그 의미가〉 매우 미묘하고 심원하여 좀처럼 알기가 쉽지 않습니다. 그러므로 중생의 생각[思慮分別]으로는 도저히 〈그 깊은 뜻을〉 알 수 없습니다[心行處滅]. 다만 이것은 지혜를 얻은 이[智者]라야 알 수 있습니다. 일체 세간의 중생들은 감히 〈그것이 깊고 오묘한 진리라는 사실을〉 믿지도 못할 것입니다.

왜냐하면 이 성제는 매우 심오한 여래장(如來藏)을 설하신 것이기 때문입니다. 여래장이란 〈부처님께서 깨달은〉 여래의 경계(境界)이므로 일체 모든 성문과 연각의 지혜로는 알 수 없습니다. 그래서 부처님께서는 〈모든 중생을 제도하기 위하여〉 여래장의 자리에서 성스러운 진리인 성제를 설하십니다. 〈부처님께서 안주하시는〉 여래장의 경지는 매우 심오합니다. 따라서 부처님께서 설하신 성스러운 진리는 매우 깊고 미묘하여 〈범부의 망정(妄情)으로는〉 알기 어려우며 인식으로 사량할 수 있는 경계도 아닙니다.

이것은 참다운 지혜를 갖춘 사람만이 알 수 있을 뿐 일체 세간의 중생들은 〈감히 그 깊고 오묘한 여래장의 경지를〉 믿지도 못합니다.

• 여래장: 모든 사람들의 번뇌 속에 덮여 있는(藏) 본래는 청정한[自性淸淨] 여래 법신을 말한다. 따라서 ① 모든 사람은 여래가 될 성질을 갖추고 있으므로 ② 모든 사람은 여래의 아들, 여래의 태아(胎兒)로서 여래라고 하는 모태(如來胎) 속에 감추어져 있다는 뜻이다.

해설

앞에서 4성제관(四聖諦觀)에 관해서 여래와 성문·연각 사이의 차이를 지적했으나 이 장에서는 그 서로 다름을 보다 명확히 파악하고 있음을 알 수 있다.

첫째 성제에는 깊고 깊은 뜻이 있으므로 그 진의(眞意)를 자세히 아는 것은 어려워서 2승의 무리가 사의(思議)할 경계가 아니고 지자(智者)만이 잘 알 수 있는 세계이다. 둘째 그 이유로서 성제는 심심한 여래장을 설하기 때문이라고 설하고 있다. 여기에 『승만경』에서 여래장이라는 용어가 처음으로 등장한다.

원래 진리는 작증(作證)되어서 비로소 진리가 된다. 진리가 단순히 알 수 있고 볼 수 있는 것만의 것이 아님은 이미 앞에서 말한 바와 같다. 네 가지 성스러운 진리는 불·세존이 스스로가 도달하고 작증한 세계이며 4제최승(四諦最勝)의 법은 그 작증한 내경(內景)에서 솟아난 교설이다.

무릇 가르침을 설하는 경우 '진리는 이러이러한 것이다.'라 하여 세간에서 사용되고 있는 언어를 가지고 표현하지 않으면 안된다. 예를 들면 '이것은 장미꽃이다.' 하고 설명하면 누구라도 이해되며 또한 인식될 것이다. 그렇지만 네 가지의 성스러운 진리와 같은 것의 내경(內景)은 '이러이러하고 저러저러하다.' 하고 설명해도 실제로 그 경지에 도달한 사람이 아니면 바르게 파악할 수가 없다.

체인(體認)이라든가 체해(體解)라는 말은 신체로 요해(了解)하는 것을 말한 것이지만 몸을 가지고 요득(了得)하지 않으면 안된다. 그러나 이 진리의 내경을 모든 사람들에게 설하려고 하는 경우 아무래도 말로 표현하지 않으면 안된다. 불교 용어로 이것을 '세간언설(世間言說)'이라고 하는데 이러한 형식을 취하지 않고는 남에게 전달하지 못함은 당연한 일이다.

『승만경』 본문에 '성제는 심심한 뜻을 설하기 때문에 알기 어렵다.'고 갈파한 것은 참으로 그것을 말하고 있는 것이다. 진리를 알았다, 깨달았다는 성문·연각의 단계에서는 엄밀히 말해 깨달았다고는 할 수 없다. 그 이유는 앞에서 말한 바와 같이 근본 번뇌를 못 끊었기 때문이다.

이상을 첫째 점이라 한다면 둘째 점은 거듭 명확히 파악하고 있다. 즉 깊고 깊은 뜻이라고 말한 것은 여래의 장(藏)을 설하고 있기 때문이며, 이 여래장은 여래의 경계여서 일체의 성문·연각이 알지 못한다고 명언한다. 여기서 여래장이라는 말에 대해 약간의 해설을 하지 않으면 안 된다.

여래장은 산스크리트어 타타가타 가르바의 한역으로 여래(tathāgata)와 태(胎)·장(藏; garbha)과의 합성어이다. 가르바는 본래 태의 의미이므로 여래태라고 해야할 것이다. 장은 감추다, 숨기는 곳이라는 의미이기 때문에, 태·모태(母胎)가 아이를 감추는 것과 똑같이 태라 해도 장이라 해도 같은 의미이다. 이 여래장을 여래의 태로 보는 것도 여래인 태, 여래즉태(如來卽胎)로 볼 수도 있으나 여래의 모태를 의미하고 있음에는 변함이 없다. 오히려 여래장이라 하는 사상의 위치함이 여기에서는 문제가 된다.

『승만경』이 대승경전 중에서도 특히 여래장 사상을 강조한 까닭은 어디에 있을까. 그 까닭을 찾아가면 『대승열반경』의 '모든 것은 부처가 되는 성질을 가지고 있다[一切衆生 悉有佛性].'고 하는 사상과 관계하고 있다. 이것은 살아 있는 것들은 모두 부처가 되는 가능성[佛性]을 감추고 있음을 말한 것이나 그 불성을 여래장이라는 말로 바꾸어 보면 '번뇌에 덮여 있는 인간의 마음 속에는 여래가 되는 성질이 있다'는 말과 같은 뜻으로 이해된다. 즉 불성과 여래장과는 동의이어(同義異語)로 사용되었다고 볼 수 있다. 앞에서 말한 '여래의 태'는 그 의미에서 여래를 낳는 모태이며, '여래즉태'는 우리 인간은 여래의 아들로서 여래인 태내에 감추어져 있다고 하는 것이 된다.

그렇다면 '모든 사람들에게는 여래가 되는 종자, 부처가 되는 인이 있다.'고 하는 여래장[佛性]의 사상을 풍성하게 가진 경전을 『여래장경』이라 한다. 『대승열반경』도 실은 이 사상의 연장선상에 있다고 생각되지만, 이 여래장 사상을 주제로 하고 있는 논서에 『구경일승보성론(究竟一乘寶性論)』이 있다. 이 글은 『승만경』을 많이 인용하고 있는 점에서 주목해야 할 경전인데 그 가운데서

> 선남자여, 이것은 제법의 법성이다. 여러 여래가 세상에 출현하든 출현하지 않든 그들 모두의 살아 있는 것은 항상 여래장을 가지고 있다.
>
> -『보성론』-

고 한다. 우리들의 일상심은 여러 가지 번뇌에 뒤덮여 있지만, 그 마음 속에는 본래 여래에 동등한 심성·불성을 갖추고 있는 것, 또 중생은 여래의 태내에 감추어져 있다는 도리는 영원 보편의 진리로 있는 것을 말하는 것이다.

이 위의 1문(一文)은 우리들에게 다음의 1문을 상기시킨다.

석존이 연기의 이법을 설함에 있어서 "이 연기의 법은 여래가 세상에 나오거나 나오지 않아도 정해지고, 법으로서 정해지고 확립되고 있다."

-『상응부』제2권-

여기에 초기 불교[緣起]에서 대승불교[如來藏]로의 전승을 볼 수 있다. 그렇다면 여래장 사상의 사상적 전승은 어떠한가.

초기 불교의 경전에 의하면 다음과 같은 일문이 눈길을 끈다.

이 마음은 장야(長夜)에 걸쳐 탐욕에 의해서, 진에에 의해서, 우치에 의해서 물들어 간다.

비구들이여, 마음이 물들어지기 때문에 중생이 물들어지고, 마음이 정화되기 때문에 중생이 청정해진다.

-『상응부』제3권-

비구들이여, 이 마음은 청정·극광정(極光淨)하다. 더구나 이것은 참으로 객(客; 塵)이 되는 수번뇌(隨煩惱)에 의해서 잡염(雜染)되고 있다.

-『증지부』제1권-

우리들은 여기서 불교에서의 인간의 마음 파악 방법을 본다. 즉 '마음 그것은 본래 청정한 것이다[心性淸淨·心性本淨].'라 하는 긍정과 '그 마음은 객진(客塵)의 번뇌에 의해서 물들어 있다[客塵煩惱].'고 하는 부정의 양면성이다. 그로부터 마음이 물들어질 때 인간도 물들어지고 마음이 청정하면 인간도 청정하다고 하는 생각이 생겨났다. 칠불통계게(七佛通誡偈)에 '자기의 마음을 정화할 것, 이것이 제불의 가르침이다.' 하고 가르치는 것도 여기에 의미가 있다.

이와 같이 사람 마음의 본성은 청정하다고 하는 초기 불교 이래의 생각은 지금 이 여래장·불성사상과 깊은 관련성을 가지는 것은 말할 필요도 없다. 제6장에서 여래의 성제지(聖諦智)는 금강지(金剛智)에 비유되어 왔으나 한 점의 흐림도 없는 금강석은 그 빛남=극광정(極光淨)을 유지하고 있다. 그것은 극광정이라고 하는 마음에도 적용될 것이다. 그렇지만 빛나는 금강석도 우리들에게 번뇌라는 흐림에 더러워져서 본래의 빛을 잃는 경우가 있다. 그러면서도 인간의 마음이 심성청정 – 불성 – 여래장을 갖추고 있는 한, 그것은 언젠가는 빛을 낼 것이 분명하다. 그 의미에서는 살아 있는 것은 모두 여래의 태내에 거두어지고 이윽고 여래장에서 개발되어 여래가 될 가능성을 감추고 있는 것이다.

인간의 마음은 자칫하면 객진번뇌에 의해서 심성청정한 불성을 개발하려고 하지 않는다. 성문·연각의 이승으로는 이 틀을 벗어날 수 없다. 그렇다면 성제의 심심의(甚深義), 즉 여래장은 홀로 여래의 경계라고 아니할 수 없다. 그렇기 때문에 만일 그것이 여래의 경계로서 영원히 중생과 비연속인 것이라면 인간은 인간일 뿐 부처가 될 수 없지 않은가. 모든 사람을 구제하기를 멈추지 않겠다는 서원을 계속 가지고 있다는 부처님의 소원은 인간이 살아 있는 한, 완료한다고 하는 일은 없다고 말하지 않을 수 없다.

부처님과 중생 사이를 가로막는 심연(深淵)은 여래의 서원, 대비의 빛 저 편에 있을 때, 심성본정(心性本淨)의 여래장·불성이 개발되는 것이 아닌가. 『승만경』을 비롯하여 여래장 경전은 이런 의미에서 우리들 인간에게 살아가는 것에 대한 기쁨과 그 의의를 적극적으로 교시하고 있다고 해야 할 것이다.

여래장·법신을 설함

法身章 第八

若於無量煩惱藏所纏如來藏 不疑惑者於
약어무량번뇌장소전여래장 불의혹자어

出無量煩惱藏法身亦無疑惑 於說如來藏
출무량번뇌장법신역무의혹 어설여래장

如來法身不思議佛境界 及方便說 心得
여래법신부사의불경계 급방편설 심득

決定者 此則信解說二聖諦
결정자 차즉신해설이성제

만약 어떤 중생이 헤아릴 수 없이 많은 번뇌[煩惱藏]에 얽매여 있더라도 여래장[佛性]〈만은 본래의 청정함을 잃지 않는 이러한 이치〉를 의심하지 않는다면, 그는 무량한 번뇌장을 벗어난 〈부처님의 청정한〉 법신에 대해서 조금도 의심하지 않을 것입니다.

만약 어떤 사람이 〈본래 청정한 불성인〉 여래장과 〈부처님의 청정한〉 여래 법신은 〈중생의 허망한 분별[妄情]로〉 생각하거나 논의할 수 없는 부처님께서 깨달으신 경지이며, 〈부처님께서 중생의 근기에 따라〉 방편을 베푸는 것[方便施設]도 역시 〈부처님의 진실한 깨달음의 경지를〉 교묘하게 설한 방편임을 믿어 방편과 진실을 구분할 수 있는 능력을 갖추었다면, 〈이 사람은〉 성스러운 두 가지 〈종류의〉 진리[二種聖諦]의 이치를 옳게 믿고 잘 이해할 것입니다.

주

• 신해: 믿고 완전히 이해[了解]하는 것.

해설

이 제8장은 전장에서 문제 삼은 여래장[佛性]과 여래의 법신과의 관계를 말한 장이다. 모든 사람이 여래가 되는 불성을 갖추고 있다고 하는데 번뇌에 감싸여 있는 일상성 중에 우리들은 여러 가지 생활 방식을 취하고 있다. 그 모습을 부처님 측에서 보면[衆生觀] 마치 큰 바다에 몰려오는 천파(千波), 만파(萬波)와 같은 것으로서 여러 가지의 형태를 가지고 있으나 대해의 물을 떠나서 만파가 없는 것처럼 여래장을 떠나서 중생은 없다고 하는 것이다.

본장은 이 점에 대해서 여래의 무작(無作)의 성제(聖諦)와 2승의 유작(有作)의 성제라는 여덟 가지 성제에 대해 언급하면서 여래는 4성제를 설했다고 본다. 따라서 2승이 도달하는 열반과 여래가 도달한 열반에 대해서도 전자를 유위(有爲)의 열반, 후자를 무위(無爲)의 열반으로 본다. 여래는 대열반을 얻고 있으므로 무작의 4성제라고 하는 뜻도 여래만이 궁진하는 세계이고 성문·연각의 2승도(二乘徒)가 미치는 바가 아니라고 가르친다.

그런데 법신장이라는 장의 제목은 번뇌를 끊은 완전 원만한 것을 법신이라 하고 이 법신과 여래장과의 관계에 대해서는 번뇌에 감추어져 있는 법신을 여래장으로 보는 것에 의해서 설명을 하고 있다. 여래장을 문제삼은 전장에서도 언급한 것과 같이 인간은 누구라도 불성을 갖추고 있다. 결국 여래와 같은 심성을 갖추고 있지만, 이 여래와 중생과의 관계는 따라서 대립적이지 않다.

이를테면 큰 바다의 물과 파도를 생각해 보자. 우리들의 일상심은 큰 바다의 파도라고 볼 수 있다. 저것을 생각하는가 하면 이것을 생각하는 등 천 가지 만 가지로 산란하는 인간의 마음은 마치 대해의 작은 파도, 큰 파도와 비슷하다. 따라서 일상심과 일심(一心)과는 다른 것이 아님은 마치 물과 파도가 별개가 아닌 것과 같다. 우리 인간들은 말하자면 갠지스 강의 모래 수를 넘는 한없는 번뇌에 감싸여서 스스로가 가지고 있는 불성의 빛을 못 보고 세간이라고 하는 큰 바다의 물결에 떠다니는 존재이다. 그렇지만 이 여래장은 숨기고 있는 번뇌를 여의고 자기의 완성과 다른 사람들의 이익을 진심으로 생각하고 도(道)를 구하는 보살이다. 그리고 마땅히 깨달음의 피안에 도달한 여래가 있다.

그러나 『승만경』의 여래장설(如來藏說)은 중생과 여래가 본질적으로 다른 것이 아니라고 보고 있다. 즉 여래장이라는 사상의 원점은 모두가 평등하다는 입장을 취한다. 이와 같이 살아 있는 모든 것이 여래와 동등한 본성을 가졌다는 자각은 당연히 모든 번뇌를 끊은 청정한 여래의 법신을 확신할 것이다. 바꾸어 말하면 우리들이 구비하고 있는 여래장은 번뇌에 싸여서 빛을 발하지 않지만[隱] 완전히 번뇌의 뒤덮임을 벗어나 청정하게 되었을 때는 그 빛이 나타날[顯] 것이 분명하다. 따라서 여래장과 법신과의 관계는 은(隱)과 현(顯)이라는 본연의 상태에서 파악할 수 있다. 그 취지를 잘 안다면 위에서 말한 두 종류의 성제에 대한 의미를 잘 이해할 수 있을 것이다.

그렇다면 두 종류의 4성제란 구체적으로 무엇을 의미하고 있느냐에 대해 묻지 않을 수 없다. 경문은 다음 ① 작(作)의 성제와 ② 무작(無作)의 성제의 뜻을 설한다.

如是難知難解者, 謂說二聖諦義 何等爲
여시난지난해자 위설이성제의 하등위

說二聖諦義 謂說作聖諦義 說無作聖諦
설이성제의 위설작성제의 설무작성제

義
의

說作聖聖諦者. 是說有量四聖諦 何以故
설작성성제자 시설유량사성제 하이고

非因他能知一切苦 斷一切集 證一切滅
비인타능지일체고 단일체집 증일체멸

修一切道 是故世尊 有有爲生死無爲生
수일체도 시고세존 유유위생사무위생

死 涅槃亦如是有餘及無餘
사 열반역여시유여급무여

說無作聖諦義者 說無量四聖諦義 何以
설무작성제의자 설무량사성제의 하이

故 能以自力 知一切受苦 斷一切受集
고 능이자력 지일체수고 단일체수집

證一切受滅 修一切受滅道 如是八聖諦
증일체수멸 수일체수멸도 여시팔성제

如來說四聖諦
여래설사성제

이와 같이 〈4성제법의 참 뜻은〉 좀처럼 알기 어렵고 이해하기 어렵습니다. 그 까닭은 〈부처님께서 중생의 자질[根機]에 따라〉 4성제의 의미를 두 가지 종류로 구분하여 교묘하게 설하셨기 때문입니다. 4성제가 가지고 있는 두 가지 의미란 무엇인가. 즉 하나는 〈중생의 능력에 맞추어 그들의 근기를 차차 성숙시키는〉 작성제(作聖諦)의 의미이고, 다른 하나는 〈완전한 진리를 바로 드러내어 가르치는〉 무작성제(無作聖諦)의 의미를 말합니다.

작성제[生滅四諦]는 〈수행의 범위와 그 공덕에〉 한계가 있는 사성제[有量四聖諦]의 의미를 설한 것입니다. 왜냐하면 일체의 고통[苦]을 알게 되고, 〈그 고통의 원인인〉 일체의 집(集)을 끊으며, 일체의 멸(滅)을 깨닫기 위해, 일체의 〈깨달음에 이르는 길로써 8정도인〉 도(道)를 닦는 것은 다른 방법으로 하는 것이 아니〈라 일정한 한계를 가진 유위법으로 4성제를 닦는 것이기 때문입니〉다.

그러므로 세존이시여, 〈생사의 모습에는〉 〈인연이 모여 발생되는〉 유위생사(有爲生死)와 〈인위적인 조작이 없는〉 무위생사(無爲生死)가 있습니다. 또한 열반의 모습에도 이처럼〈번뇌의 때[垢]로 인한 업(業)의 세력이 아직 남아 있는〉 유여열반(有餘涅槃)과 〈모든 번뇌의 세력으로부터 완전히 벗어나 다시는 번뇌에 사로잡히지 않는〉 무여열반(無餘涅槃)이 있습니다.

무작성제(無作聖諦)는 〈부처님의 경지를 그대로 드러내어 상대적인 의식으로는 도저히〉 헤아릴 수 없는 4성제의 의미를 설하는 것입니다. 왜냐하면 그것은 자기가 지니고 있는 〈참다운 부처님의 성품에서 나온〉 힘으로 일체 자기가 받고 있는 고(苦)를 알며, 일체 받고 있는 고(苦)의 원인인 집(集)을 끊으며, 받고 있는 일체의 고를 멸(滅)한 상태를 증득하〈기 위하〉여 받고 있는 일체의 고를 끊기 위한 수행[道]을 닦기 때문〈에 무작성제라 합니〉다.

이와 같이 〈작성제와 무작성제의〉 8성제는 부처님께서 설하신 4성제와 다른 것이 아닙니다.

주

- 작: 작위(作爲)가 있는 것. 다시 지어야 할 것이 있으므로 불완전하다.
- 무작: 작위가 없는 것. 다시 지어야 할 것이 없다는 뜻으로서 완전하다.
- 유위생사: 유위란 위작(爲作), 조작(造作)을 가지는 것. 즉 인연의 화합에 의해서 만들어진 현상적 존재를 말한다. 유위의 생사는 따라서 우리들의 생존을 말한다. 태어나서 죽어 간다는 생멸 변화하는 모습으로서 분단생사를 말한다.
- 무위생사: 위작(爲作), 조작이 없는 생사.
- 유여: 번뇌를 끊고 있지만 육체, 즉 잔여의 의신(依身)이 존속하고 있는 상태.
- 무여: 육체의 모든 것이 멸하여 무(無)로 돌아간 상태를 말한다.

해설

4성제에 대해서는 이미 '제6장 무변성제장'에서 말했으나 이 4성제에 왜 작(作)과 무작(無作)이라는 두 가지의 성제가 있는 것일까.

『승만경』은 이 4성제의 법문에 대해서 ① 성문·연각의 2승이 갖는 4성제관(四聖諦觀)과 ② 부처님·여래의 4성제관을 설한다. 그리하여 앞의 것을 〈유(有)〉 작(作)·유량(有量)의 4제라 하고 뒤의 것을 무작(無作)·무량(無量)의 4제로 설하고 있다. 〈유(有)〉 작(作)이란 작위(作爲)가 있다는 것으로서 다른 표현으로 말하면 타동적이며 불철저하다고 말한다. 불철저하기 때문에 한량이 있다. 즉 유량(有量), 분량(分量)이 있는 것이 된다. 무작(無作)은 이와 반대이다. 그렇다면 왜 4성제 그 자체는 하나인데 두 가지의 4성제가 고려되었는가.

원래부터 석존은 두 가지의 4성제를 설한 것이 아니다. 『여래소설』의 경전에도 있듯이 고제·집제·멸제·도제라는 네 가지의 성스러운 진리를 개시(開示)하였다. 그리고 이 전승이 초기 불교의 근본적인 입장으로 되어 있었던 것이다. 그렇지만 대승불교라고 하는 불교의 새로운 사상 전개 가운데서 대승측에서 소승측에 대한 폄칭의식(貶稱意識)이 생겨 '탐착소승(貪着小乘) 삼장학자(三藏學者)' (『법화경』안락행품) 라고 하듯이 소승·대승이라는 대립이 생겨났다. 이리하여 소승의 4제관(四諦觀)은 불완전한 것이며 대승의 4제관은 완전하다고 하는 입장이 생겨난 것이다.

이 입장에 서서 『승만경』은 작(作)의 사성제와 무작(無作)의 사성제를 설하는 것이다. 그 이유에 대해서 『승만경』의 취지를 살펴보면 다음과 같이 이해된다. 성문·연각의 2승의 무리는 남으로부터 가르쳐질지라도 '일체의 고(苦)를 완전히 다 알고, 일체의 고의 원인을 다 끊고, 일체의 고의멸을 작증(作證)해 마치고, 일체의 고멸(苦滅)에 도달하는 길을 다 닦았다.'고는 할 수 없다고 본다. 그 이유는 2승의 얕은 지혜를 가지고는 4성제의 도리를 순차적으로 이해했을 뿐이며 4성제를 관통하는 정신을 완전히 다 알고, 다 끊고, 다 증득하고, 다 닦았다고는 말할 수 없다는 것이다.

그것은 2승의 무리는 아직도 참답고 완전한 깨달음을 얻지 못했으므로 깨달음에 향하고 있는 존재였다. 그것은 진리를 보았다고 하는 단계에 불과한 것이다. 따라서 생사를 초월했다고 하지만 유위의 생사, 분단생사를 넘은 것뿐이므로 그것에서 얻어진 열반이라도 유여열반에 지나지 않는다고 말하지 않을 수 없다. 이것이 『승만경』의 주된 뜻이다.

이에 반해서 무작의 4제란 어떠한 것일까.

如是四無作[四]聖諦義 唯如來應
여시사무작[사]성제의 유여래응

等正覺事究竟 非阿羅漢辟支佛事究竟
등정각사구경 비아라한벽지불사구경

何以故 非下中上法得涅槃 何以故 如來
하이고 비하중상법득열반 하이고 여래

應等正覺 於無作四聖諦義事究竟 以一
응등정각 어무작사성제의사구경 이일

切如來應等正覺 知一切未來苦 斷一切
체여래응등정각 지일체미래고 단일체

煩惱上煩惱所攝受一切集滅一切意生身
번뇌상번뇌소섭수일체집멸일체의생신

除[陰]
제[음]

一切苦滅作證
일체고멸작증

世尊 非壞法故 名爲苦滅 所言苦滅者
세존 비괴법고 명위고멸 소언고멸자

名無始無作無起無盡離盡常住 自性淸淨
명무시무작무기무진이진상주 자성청정

離一切煩惱藏
리일체번뇌장

이러한 무작성제의 뜻은 오직 여래·응공·정변지이신 부처님만이 완전히 깨달아 우리를 위해 그 진리를 설하실 수 있습니다. 〈성문인〉 아라한과 〈연각인〉 벽지불은 실천 수행을 완전히 끝낸 것이 아닙니다. 왜냐하면 〈방편으로써 근기에 따라 설하신〉 상·중·하의 방법으로는 〈최고의 경지인〉 열반을 증득할 수 없기 때문입니다.

또한 여래·응공·정변지이신 부처님의 경우에 있어서만 무작성제를 깨달아 완전한 법신[事]을 성취하십니다. 일체 모든 여래·응공·정변지이신 부처님은 미래에 발생될 일체의 고(苦)를 알고, 일체의 번뇌와 상번뇌(上煩惱)를 포함한[攝受] 〈고의 원인인〉 집(集)을 끊고, 일체 〈보살이 원력에 따라 몸을 자유자재로 바꿔 중생을 제도하는〉 의생신(意生身)을 멸하여 일체의 번뇌가 사라진 열반을 증득하기 때문입니다.

세존이시여, 부처님께서는 〈모든 변화를 초월하여〉 파괴되지 않는 법을 증득하셨기 때문에 〈일체의〉 고통을 소멸〈한 열반을 증득〉했다고 말한 것입니다. 〈즉 일체의〉 고(苦)를 멸진〈하여 열반을 증득〉한다고 하는 것은 〈다시는 번뇌가 생기는〉 시작도 없고, 〈의식적으로 무엇을 해야겠다는〉 작위도 없습니다.

또한 〈번뇌가 사라졌으므로 고통이〉 생겨나지도 않기 때문에 〈부처님의 완전한 지혜에서 나오는 위력은〉 다함이 없습니다. 그리고 부처님은 궁극의 경지인 열반에만 안주하지 않으시고 〈중생 교화를 위해 사바세계에〉 항상 머물고 계시는 것입니다. 〈본래 누구나 갖추고 있는〉 자성(自性)은 청정하여 일체 모든 번뇌로부터 완전히 떠나 있습니다.

해설

이미 말한 바와 같이 4성제의 최승법(最勝法)은 붓다가 자신이 체득한 진리의 세계에서 솟아난 교설이었다. 그 진실한 세계는 부처님·여래만이 훌륭하게 끝까지 파헤친 경지였으므로 세간의 일반 사람들이 말하는 유한하다든지 혹은 상대를 초월한 것이었다. 이 부처님·여래가 모든 살아 있는 생명체들에게 현실을 직시하는 눈을 뜨게 하여, 인간의 고뇌가 일어나는 원인을 가르쳐 그 고를 멸하는 길을 가르침에 즈음하여 자기 자신이 도달한 과정과 깨달음의 경지를 4성제라는 법문에 의해 교시한 것이다.

앞에서도 언급한 일이 있으나 부처님의 설법은 사람 각각의 성질에 알맞은 방편설이라 한다. 그 의미에서 그 설법의 형식에는 여러 가지의 차이가 있다고 하더라도 그것은 4성제라는 진실한 가르침 속에 모두 융합해 버리는 것이다. 여기에 『아함경』에 전하는 하나의 비유를 들면

> 어느 때 세존은 코삼비(반사의 수도)에 있는 신사파 수림(樹林) 가운데에 머물고 있었다.
>
> 그때 세존은 아주 적은 분량의 신사파 나뭇잎을 따서 손에 쥐고 비구들에게 말했다.
>
> "비구들이여, 이 사실을 어떻게 생각하는가. 지금 내가 손에 쥐고 있는 약간의 신사파 나뭇잎과 머리 위의 신사파 수림(樹林)에 있는 잎은 어느 쪽이 더 많은가."
>
> "거룩한 분이시여, 세존의 손에 쥐고 있는 약간의 신사파 나뭇잎은 소량이고 머리 위의 신사파 수림에 있는 잎은 보다 많습니다."
>
> 하고 세존에게 대답했다.
>
> "비구들이여, 마땅히 그와 같이 내가 증지(證知)하여 그대들에게 말하지 않은 것은 보다 많고, 말한 것은 소량이다."
>
> 비구들이여, 그렇다면 왜 그러한 것이 나에 의해서 말하지 않았던가. 비구들이여, 참으로 이 사실은 이익을 수반하는 것이 아니고, 청정한 수행의 기초가 되는 것이 아니며, 세속적인 것을 싫어하고 떠나는 것, 욕망에서 벗어나는 것, 번뇌를 지멸(止滅)하는

것, 마음의 적정(寂靜), 훌륭한 지혜, 바른 깨달음·열반에 도움이 되지 않기 때문이다. 그런 까닭에 나는 그것을 설하지 않았던 것이다.

비구들이여, 나에 의해서 설해진 것은 무엇인가. 비구들이여, '이것은 고(苦)다.' 하는 것은 나에 의해서 설해진 것이다. '이것은 고(苦)가 생기(生起)하는 원인이다.' 하는 것은 나에 의해서 설해진 것이다. '이것은 고(苦)의 지멸이다' 하는 것은 나에 의해서 설해진 것이다. '이것은 고(苦)의 지멸에 도달하는 길이다.' 하는 것은 나에 의해서 설해진 것이다.

비구들이여, 그렇다면 왜 이것이 나에 의해서 설해진 것인가. 비구들이여, 그것은 참으로 이익을 수반하는 것이며, 청정한 수행의 기초가 되는 것이며, 세속적인 것을 싫어하고 떠나는 것, 욕망에서 벗어나는 것, 번뇌를 지멸하는 것, 마음의 적정, 훌륭한 지혜, 바른 깨달음·열반을 위해 유용하기 때문이다. 그런 까닭에 그것이 설해진 것이다.

비구들이여, 그러므로 여기서는 '이것은 고(苦)다.'하고 노력을 해야 할 것이다. 내지…… '이것이 고의 지멸에 도달하는 길이다.'

-『상응부』제56·31경-

위의 경전의 내용은 『대승열반경』(성행품 제7·권13)에도 전승되어 있으나 거기서는 가섭보살이 세존에 대해……

세존께서는 "비구들이여, 내가 깨달은 것은 대지에 생(生)한 초목과 같고 그것에 비해 사람들을 위해 설한 것은 손에 쥐고 있는 잎과 같은 것이다." 하고 말씀하시고 이어서 "여래가 깨달은 법은 무량하지만 만일 그것들이 4제(四諦)에 포함된다고 하는 의미에서 말하면 깨달음을 모두 설해 마쳤다고 하는 것이 된다. 만일 4제에 포함되지 않는다고 하면 5제(五諦)가 있다는 것이 되는데 5제라는 것은 없다."고 말씀하신 적이 있다.

그때 부처님은 가섭보살을 칭찬하며 말했다.

"그와 같다. 그대가 앞에 말한 여러 가지의 가르침은 모두가 4성제 속에 포함되는 것이다."

여기에서 우리들은 4성제의 가르침이 최승법이라는 이유와 모든 가르침의 기조가 되어 있음을 알 수 있다.

인간의 감각은 구름에 가려져 있는 달보다도 맑은 하늘의 달을 바라다 보거나, 구름에 덮여 있는 한라산보다는 한 눈에 들어오는 한라산의 웅장한 모습을 희망한다. 그렇지만 그것은 대립적으로 바라다 보는 것이며 구름에 가려져 있는 달이나 구름에 덮여 있는 한라산도 자연의 모습이다.

깨달음의 세계는 모든 것을 있는 그대로 보는 경지여서 거기에는 대립이나 상대가 있을 수 없다.

인간은 누구나 고뇌의 세계에서 탈출하고자 희망하고 있다. 그렇지만 살아 있는 한 고뇌가 따라붙는다. 그렇다고 '죽음'의 세계로 도피의 장소를 찾으려고 한들 무엇하랴. 고뇌를 멸한다는 것은 어떤 '물건'을 멸하고 파괴하는 것을 말하는 것이 아니고, 진실한 모습을 찾아내는 것이다. 그 진실한 모습을 찾아냈을 때, 스스로가 진리에 의해서 증명되어 있는 것이 된다.

붓다는 연기라는 깊고 깊은 법을 찾아냈으나 결코 그 법을 자기가 만들었다고는 말하지 않는다. 이 연기라는 진리는 '자기가 이 세상에 출현하거나 출현하지 않거나 자연의 도리로서 정해져 있었던 것이며 자신이 만든 것이 아니라 찾아낸 것에 불과하다.'고 말한다. 그것은 마치 나그네가 옛 성[古城]이나 옛날의 길을 찾아낸 것과 같은 것이라고 말하고 있다.

> "비구들이여, 비유하면 어떤 사람이 마을에서 벗어난 한림(閑林)을 배회하고 있을 때, 옛 사람들이 지나다니던 옛 길을 찾아냈다고 하자. 그가 그 길을 따라서 앞으로 나아가는 사이에, 그 옛날 많은 사람들이 살고 있으면서 원림(園林)을 갖추고 삼림(森林)을 구비하고 아름다운 방죽[堤]이 있는 아름다운 연못[蓮池]도 갖춘 옛 성, 옛 도시를 발견했다고 하자.
> 비구들이여, 그때 그가 왕 혹은 대신에게 보고할 것이다. "아무쪼록 거룩한 분이시여, 알아주십시오, 제가 마을에서 떨어진 한림을 배회하고 있을 때 옛 사람들이 다니던 옛날의 오솔길을 발견했습니다. 그 길을 따라 나아가는 도중에 그 옛날 많은 사람들이 살면서 원림을 갖추고 삼림을 구비하고 아름다운 방죽이 있는 연못을 갖춘 옛 성을 발견했습니다. 아무쪼록 거룩한 분이시여, 그 도시를 축조(築造)해 주소서."하였다.
> "비구들이여, 그때 왕 혹은 대신이 그 도시를 축조하기로 했다. 그 도시는 훗날 번영하여 많은 사람들이 모이게 되어 발전할 것이다. 비구들이여, 참으로 그와 똑같이 나는 과거의 정각자가 걸어 온 옛 길을 발견한 것이다. -『상응부』제12·65경-

『상응부』 경전에서 볼 수 있듯이 붓다가 찾아낸 법이 과거의 정각자가 걸어 온 길과 같았다고 하는 것은 그 법이 보편성을 가지고 있음을 이야기하는 것이다. 사실 '붓다도 과거의 부처님들과 똑같이 연기(緣起)를 설했다.'는 것이며 '여래가 세상에 출현하거나 출현하지 않거나 그 도리는 정해진 이법(理法)이며 법으로서 정해진 성질의 것이며 법으로서 확정된 성질의 것이며 그것이 연기의 도리이다.'(『상응부』제12·20경)라 한다. 고멸(苦滅)의 가르침은 괴법(壞法)은 아니고 영원한 진리였다.

『승만경』 본문에 '말하는 바의 고멸(苦滅)이란 무시(無始)·무작(無作)·무기(無起)와 무진(無盡)·이진(離盡)·상주(常住)·자성청정(自性淸淨)이어서 일체의 번뇌장을 여의는 것을 이른다.'고 함은 참으로 이 법성에 의해 증득된 여래의 법신 그 자체를 설한 것이다.

世尊 過於恒沙不離不脫不異不思議佛法
세존 과어항사불리불탈불이부사의불법
成就 說如來法身
성취 설여래법신
世尊 如是如來法身 不離煩惱藏名如來
세존 여시여래법신 불리번뇌장명여래
藏
장

세존이시여, 〈비록 중생의 마음이〉 갠지스 강의 모래알보다 더 많은 무수한 〈번뇌를〉 떠나지 못하고 〈그 번뇌에서〉 완전히 벗어나지는 못했지만, 〈번뇌로 가득 찬 마음과 청정한 자성은〉 서로 다른 것이 아닙니다. 그러하기에 〈중생의 인식으로는 헤아리지 못하는〉 불가사의한 불법이 〈중생의 마음에〉 모두 갖추어져[成就] 있는 것을 여래의 법신[如來藏]이라고 말합니다.

세존이시여, 이와 같이 여래 법신이 〈중생의〉 번뇌[煩惱障]를 떠나지 않은 것을 여래장이라고 합니다.

해설

앞에서 우리 인간들은 모두 부처가 되는 성질인 여래장을 가지고 있다고 말했다. 그러나 이 여래장인 불성은 번뇌에 싸여 있는 황금에 비유되는 것으로 본래는 청정한 빛을 가지고 있어도 그 빛은 감추어져 있다. 그렇다면 그 빛이란 구체적으로는 무엇을 가리키고 있는가 하고 묻는다면, 지혜와 공덕을 갖춘 법신의 빛이라고 해도 좋다. 그 의미에서 여래장을 갖추고 있어도 번뇌에 덮여 있는 범부에게는 곧바로 법신의 빛이 나타나지 않는다. 왜 그러한가.

깨달음을 원성(圓成)한 여래의 법신은 근본 무명을 끊고 있기 때문이다. 거기에 범부와 여래 사이에는 커다란 차이를 볼 수 있으나 범부가 여래장을 가지고 있으므로 참다운 깨달음을 얻은 시점에서는 마땅히 법신이 빛날 것이므로 전혀 비연속적이라고 말할 수 없다. 문제는 어찌하여 여래장을 발굴하고 여래의 법신 그것에 귀일(歸一)하여 가는가 하는 점이다.

인간은 저마다의 생활 체험을 가졌으며 그로부터 생기는 인생관과 생활환경도 서로 다르다. 이 생활 체험은 사람에 따라서 다르기 때문에 그 모습도 천차만별하다. 그렇지만 똑같이 여래장을 가지고 있다는 것, 그 여래장을 발굴하여 깨달음의 결과로서의 법신 그 자체에 귀일했을 때에는 천차만별이라는 모습은 모두 사라지고 일여평등(一如平等)으로 되는 것이다.

지금 『승만경』의 본문은 '항하의 모래 수를 넘는 무량한 공덕이 있는 불리(不離)·불탈(不脫)·불이(不異)·부사의(不思議)의 불법을 성취함을 여래의 법신이라 설하며 이와 같은 여래의 법신이 번뇌장을 떠나지 않음을 여래장이라 설한다.'고 말한다. 법신이라는 생각은 부처님이 설한 법의 보편성과 확실성을 주체화한 것으로서 그것은 법성(法性), 진여(眞如)라 해도 좋다. 따라서 보편성과 확실성 있는 법성·법신은 어느 특정한 한정을 갖지 않으므로 동체일미(同體一味)의 내용을 갖는 것이다[不異]. 동체일미이기 때문에 차별이나 분리는 없다[不離]. 그 법성·법신은 영원히 불변의 진리이기 때문에[不脫], 우리 인간들이 상식으로는 사의(思議)할 수 없는 세계[不思議]인 것이다. 그렇다면 이 법신인 법성·진여는 우리에게 갖추어져 있는 여래장을 개발하여 얻을 수 있는 것이다. 보다 구체적으로 말하자면 대승으로서의 일승법을 믿고 배우며 대승보살행을 실천해 가는 데 있는 것이다.

이리하여 본래는 우리들에게 구비되어 있어도 번뇌에 덮여 있는 일상성에서 인간은 쉽게 여래장이 빛나는 것을 알지 못한다. 이 일상성 속에서 탈피하여 스스로가 청정무구한 여래장을 확인했을 때 우리들은 법성·진여에 의해서 비춰지고 밝혀진다. 거기에 나타나는 법신 그 자체에는 아무런 차별이 없다.

앞에서도 이에 대해 말한 바 있으나 법신은 지혜, 공덕을 나타낸 것이며, 충분히 나타내지 않고 숨어 있는 것이 여래장이었다. 이 점에서 말하면 우리들 개개의 인간에 내재하는 여래장은 본질적으로 법신 그 자체인 것이다.

공(空)이면서 불공(不空), 불공이면서 공

空義隱覆眞實章 第九

世尊 如來藏智 是如來空智 世尊 如來
세존 여래장지 시여래공지 세존 여래

藏者 一切阿羅漢辟支佛大力菩薩 本所
장자 일체아라한벽지불대력보살 본소

不見 本所不得
불견 본소부득

世尊 有二種如來藏空智 世尊 空如來藏
세존 유이종여래장공지 세존 공여래장

若離若脫若異 一切煩惱藏
약리약탈약이 일체번뇌장

世尊 不空如來藏 過於恒沙不離不脫不
세존 불공여래장 과어항사불리불탈불

異不思議佛法
이부사의불법

世尊 此二空智 諸大聲聞 能信如來 一
세존 차이공지 제대성문 능신여래 일

切阿羅漢 辟支佛 空智 於四不顚倒境界
체아라한 벽지불 공지 어사부전도경계

轉 是故一切阿羅漢辟支佛 本所不見 本
전 시고일체아라한벽지불 본소불견 본

所不得 一切苦滅 唯佛得證 壞一切煩惱
소부득 일체고멸 유불득증 괴일체번뇌

藏 修一切滅苦道
장 수일체멸고도

세존이시여, 〈모든 중생과 부처님이 똑같이 가지고 있는 여래장에서 나오는 지혜인〉 여래장지(如來藏智)는 바로 〈차별상을 떠나서 우주만유의 참모습을 여실하게 관찰하는 지혜인〉 여래공지(如來空智)입니다.

세존이시여, 여래장〈을 깨달으면 부처님의 지위에 이른다는 사실을 아는 것〉은 일체의 〈성문인〉 아라한과 〈연각인〉 벽지불, 〈이미 수행력이 뛰어난〉 대력보살들이라 해도 그것을 보거나 얻을 수 있는 그런 경지가 아닙니다.

세존이시여, 여래장공지(如來藏空智)에는 〈공여래장과 불공여래장의〉 두 가지 종류가 있습니다.

세존이시여, 〈모든 중생과 부처님이 공동으로 의지하는 마음의 자체인〉 공여래장(空如來藏)은 일체의 번뇌장에서 떠나 있고

〈일체의 번뇌장에서〉 벗어나 있습니다. 그리고 〈중생의 여래장이 번뇌 가운데 있더라도 일체의 번뇌에 물들지 않으므로〉 여래장은 번뇌장과는 다른 것입니다.

세존이시여, 〈공여래장에서 현상적으로 나오는 지혜의 작용인〉 불공여래장은 갠지스 강의 모래알보다 더 많은 불가사의한 불법을 갖추고 있습니다. 이것은 〈일체의 번뇌를〉 떠나 있고 벗어나 있습니다.

또한 이것은 〈공여래장과 다른〉 별개의 것이 아닙니다. 즉 이것은 번뇌장에 싸여 있는 〈공여래장과〉 다른 별개의 법이 아닙니다.

세존이시여, 〈공여래장과 불공여래장〉 이 두 가지 여래장공지는 모든 대성문들이 '〈이 두 공지(空智)를 잘 닦으면〉 부처님의 경지에 다다를 수 있다.'는 사실을 믿게 되는 기초가 됩니다. 〈또한 부처님께서는〉 모든 아라한과 벽지불〈이 가지고 있는 그들〉의 여래장공지를 통해 〈무상한 것을 항상하다고 생각하고, 괴로운 것을 즐겁다고 여기며, 참된 나[我]가 아닌 것을 나라고 고집하며, 더러운 것을 깨끗하다고 집착하는〉 네 가지 전도된 망상으로부터 벗어나 〈부처님께서 깨달으신〉 경지로 이끄십니다.

그러므로 일체 모든 아라한과 벽지불은 〈부처님께서 깨달으신 여래장공지를〉 본래 보지도 못하려니와 얻지도 못한다고 했던 것입니다. 일체 모든 고통이 소멸된 〈열반의〉 경지는 오직 부처님만이 깨달아 증득합니다. 〈그러므로 일체의 범부 3승은〉 온갖 번뇌장을 타파하고 일체의 모든 고통을 소멸하는 〈방법, 즉 8정도인〉 도(道)를 닦아야 합니다.

해설

여래장의 지혜에 공여래장과 불공여래장이라는 두 뜻이 있다는 것을 설한 장이다.

우리들에게는 여래장이라는 불성이 있다고 앞에 말했으나 이 여래장을 갖고 여래의 태(胎)에 감추어져 있다고 하는 자각이 드디어 부처가 되는 것에 결부된다. 이 여래장은 부처님의 가르침이어서 2승이나 대력보살로서는 도저히 교시되지 않은 것이었다. 그 점에서 보면 우리들이 여래장을 자각한다는 것보다는 여래장에 의해서 인간이 살려지고 존재하고 있다고 하는 편이 보다 자연스러울 것이다. 따라서 자각한다는 것은 반대로 말하면 여래장에 의해서 말하자면 불성에 의해서 빛나는 것이 된다.

우리들 인간의 존재는 항상 번뇌에 완전히 가려서 그 덮개를 영원히 제거할 수 없다고 한다면 고계(苦界)에 침륜(沈淪)하는 이 몸의 구제가 불가능하다. 이 덮개를 그렇다면 무엇이 제거할 수 있는 것일까. 불성과 여래장은 말하자면 번뇌라는 덮개에 의해서 가려져 있는 것이다. 가려져 있는 것이 본래의 모습을 뚜렷이 되찾았을 때 진실은 빛날 것이다. 따라서 우리들 인간 존재는 한 편에서는 번뇌에 의해서 저장되어 있으면서 반대로 또 여래에 의해서 저장되어 있는 존재이다.

'법신장 제8'에도 언급된 것과 같이 '여래의 법신이 번뇌장을 떠나지 않은 것을 여래장이라고 한다.'는 『승만경』이 설하는 바였다. 대승불교는 번뇌즉보리(煩惱卽菩提)를 강조하고 있으나 그 사상은 인간 존재 그대로를 단적으로 표시한 것이라고 할 수 있다.

여기서 하나의 비유를 들어 보겠다. 우리들의 일상생활에서 하루도 빠질 수 없는 것이 거울이다. 매일 똑같은 자기 얼굴을 비춰 보고 있지만 그때 그 당시의 얼굴은 반드시 똑같은 것이 아님을 알 수 있다. 자기 자신은 완전히 똑같다고 생각하지만 마음의 작용에 의해서 미묘하게 변화하여 완전히 똑같다고는 할 수 없다. 거기에 비치는 모습은 동일한 한 사람의 인간이건만 천차만별이다. 그러나 이 거울도 그 표면이 때로는 흐리는 경우가 있으리라. 먼지가 쌓였거나 때가 묻었거나 하면 이 거울도 표면이 흐려진다. 그렇지만 거울 그 자체는 대상이 되는 상(像)을 비치는 것이다. 그 비친다는 본성이 거울에 없어진다면 그것은 이미 거울이 아니고 거울로서의 역할을 다할 수 없다. 더욱이 거울 그 자체는 하나의 대상만을 비치지 않는다는 고집성이 없다. 만일 고집성이 있다면 모든 상을 비칠 수가 없다. 환언하면 특정한 대상에 사로잡히는 일은 없는 것이다.

이와 같이 거울의 본성이 사물을 비치기 위해서는 먼지나 때에 더러워져 있어서는 안 된다. 그와 마찬가지로 여래장의 지혜는 비록 번뇌 속에 있어도 더러워지지 않는다. 즉 번뇌와는 따로 다르[別異]고, 떠난[離] 것이고, 다른[異] 것이다[空如來藏]. 그리고 가령 먼지나 때가 묻었다고 하더라도 비친다는 거울의 작용은 결코 상실되지 않는다. 그와 마찬가지로 여래장의 지혜는 한량없는 덕을 갖추고 있는 것을 불공여래장이라 해석하고 있다. 말하자면 거울이 온갖 대상, 온갖 모습을 비춰내는 것같이 여래장의 지혜는 일체법을 갖추고 번뇌와 불리(不離), 불탈(不脫), 불이(不異)의 불가사의한 불법이라고 한다.

미혹의 세계에 침몰하고 있어서는 인간은 미혹의 세계에 있는 것을 알 수가 없다. 자기의 모습을 객관적으로 투영하고 있지 않으면 볼 수가 없다. 그렇다면 어떻게 하면 비춰낼 수 있는

가 하면 지혜의 눈으로 비춰낼 수밖에 없다. 말하자면 입장을 바꿀 필요가 있다. 이 지혜의 눈은 원래부터 여래에게 갖추어져 있는 지견이기는 하지만 여래장 사상에서 보면 우리 인간에게도 사물의 있는 그대로를 보는 지견이 갖추어져 있는 것이다. 이 지견을 개발하는 것이 매우 중요한 일이다. 이 지견을 개발하는 것은 자기 자신 속에 법신이 빛나고 있음을 자각하는 것이다. 이 법신의 빛남은 마치 거울처럼, 거울이 만 가지 모습을 비칠 수 있는 것은 더러워져 있지 않기 때문이며, 더러워져 있지 않으므로 만상(萬象)을 비칠 수 있는 것과 같다.

되돌아가서 우리 인간들은 사물의 한쪽 면만 보고 모든 면을 보지 않는 경향을 가지고 있다. 예를 들면 타인을 관찰하는 경우, 남의 단점이면 단점, 장점이면 장점만을 보기 쉽다. 그러나 인간은 누구나 장·단의 양면을 가지고 있다. 그와 같이 성문이나 연각의 지혜는 무상한 것을 보고 무상하다고 일방적으로 볼 뿐이며 고(苦)를 멸한 열반은 상주한다고 일방적으로 볼 뿐이어서 여래장의 입장에서 보면 일방적인 견해이다. 이와 같이 성문·연각의 지혜는 일방적으로만 눈에 비칠 뿐이다. 그것에 비해서 여래는 모든 것을 완전히 보고 있기 때문에 여래장지(如來藏智), 여래공지(如來空智)는 여래만이 훌륭하게 볼 수 있는 세계이라고 말하지 않으면 안 된다.

하나의 진리

一諦章 第十

世尊 此四聖諦 三是無常一是常 何以故
세존 차사성제 삼시무상일시상 하이고

三諦入有爲相 入有爲相者 是無常 無常
삼제입유위상 입유위상자 시무상 무상

者是虛妄法 虛妄法者 非諦 非常 非依
자시허망법 허망법자 비제 비상 비의

是故苦諦集諦道諦 非第一義諦 非常非
시고고제집제도제 비제일의제 비상비

依
의

세존이시여, 이 4성제에 있어서 세 가지 〈고제·집제·도제〉

는 덧없는[無常] 것이며, 하나[滅諦]는 상주불변한 진리입니다. 왜냐하면 〈고제·집제·도제〉 이 세 가지는 〈중생의 근기에 따른〉 차별적인[有爲] 모습이 있습니다. 차별의 모습이 있다는 것은 덧없다는 뜻입니다. 덧없는 것은 헛된 법입니다. 허망한 법은 진리가 아닙니다. 이것은 항상 변함없는 법이 아니며 귀의할 대상이 못 되기 때문에 진리가 아닙니다.

그러므로 고제·집제·도제는 〈절대 진리의 경지인〉 제일의제(第一義諦)가 아니고 항상 변치 않는 진리가 아니므로 귀의할 곳이 못 된다는 것입니다.

해설

이 장은 4성제의 가르침 중에서 고제·집제·도제의 3제(三諦)와 멸제라고 하는 1제(一諦)와의 관계를 설한 장이다. 더욱이 4제장(四諦章)이라 하지 않고 1제장(一諦章)이라는 장을 설치한 곳에 여래장을 축으로 한 『승만경』의 4성제관(四聖諦觀)이라고 본다.

말할 필요도 없이 4성제의 가르침은 최승법이라고 하듯이 석존이 인생을 꿰뚫어 보는 가운데 도달한 진리였다. 즉 인간이 미혹한 생존에 있다는 사실[苦諦]은 인간에게 무명과 갈애라는 번뇌에 의한 집기(集起)가 있기[集諦] 때문이다. 이 무명·갈애를 멸하여 고의 세계에서 깨달음의 피안에 도달하기 위해서 석존은 여덟 가지 성스러운 실천의 길[聖八支道]을 실천한 새벽에 적정의 경지, 번뇌지멸(煩惱止滅)이라 하는 깨달음의 세계가 있다[滅諦]고 하는 것이 소위 4성제의 법문이었다.

지금 이 『승만경』에서 '이 4성제는 3은 무상(無常), 1은 상(常)이다.'로 설한다.

불교용어에 유루(有漏)와 무루(無漏)라는 말이 있다. 루(漏)란 누설(漏泄)의 의미이며 번뇌를 말한다. 따라서 번뇌가 있는 것을 유루·유염(有染)·유염오(有染汚)라고도 하며, 번뇌가 없는 것을 무루라 한다. 그런데 지금 4성제를 보면 고제와 집제의 둘은 미혹의 결과와 원인을 나타내고 있으므로 둘 다 미혹, 즉 번뇌의 세계 그 본연의 자세를 나타낸 것이다. 그것은 유루의 세계에 관계하고 있다. 한편 멸제와 도제 2제는 깨달음을 목표로 하고 깨달음을 얻은 경지를 나타내고 있으므로 번뇌가 없는 무루의 세계였다.

그렇지만 자세히 보면 도제는 미혹에서 깨달음에 이르는 방법으로서의 길(道)을 나타낸 것이기는 하지만 도제를 실천하는 단계여서는 더욱이 완전하게 번뇌를 끊지 못했다고 볼 수 있다. 물론 실천해 가는 과정에서 번뇌를 계속 끊으려고 하지만 그것은 어디까지나 멸제에의 과정임에는 틀림없다. 완전한 깨달음은 멸제에서 현성(現成)할 수 있기 때문이다. 이 멸제와 도제의 관계를 다른 각도에서 보기로 한다.

제1장에서 말했지만 불교 경전에 뗏목의 비유[筏喩經]가 있다. 이 비유에는 여러 경전에도 인용되지만 피안으로 건너기 위해서는 배나 뗏목이 필요하며 피안으로 건너고 나면 뗏목은 이미 그 사람에게는 불필요한 것이다. 이 비유에서 멸제와 도제의 관계를 보면 피안인 멸제에 도달했을 때, 피안에 도달하기 위한 8정도라고 하는 도제는 그 역할을 다한 것이다.

이와 같이 볼 때, 고제·집제는 유루의 세계인 한, 최후의 의지처라고는 생각되지 않으며 또 도제도 멸제 속에 융합하여 멸제의 1제만이 최후의 의지처가 된다. '1제장(一諦章)'이라는 장명은 실로 여기에 연유하는 것이다. 『승만경』의 본문은 이상의 관계를 요약해서 '3제는 유위의 상(相)에 들어간다.' 하고 '유위의 상에 들어가는 것은 무상(無常), 무상한 것은 허망한 법, 허망한 법은 제(諦=眞實)가 아니다.' 하고 말한다.

유위의 상에 들어간다는 것은 위작(僞作)되고 조작된 세계, 즉 현상 세계에 속하는 성질을 갖는다는 것이다. 현상의 세계는 무엇 하나 영원하지 않고 무상하며 부서지는 성질을 갖고 있다. 이에 반해 무위(無爲)는 위작·조작되지 않는다는 것으로서 진실한 세계를 의미한다. 진실에 반대되는 말은 허망이므로 무상한 현상 세계는 허망하다고 보는 관점이 생겨나는 것이다.

이와 같이 이해하면 일단 『승만경』의 사상에 즉응(卽應)하는 것이지만 멸제만이 진실이고 다른 3제는 허망한 것이기 때문에 필요치 않는 것이 아닌가 하는 해석이 나온다. 과연 그럴까.

이미 말한 바와 같이 4성제의 법문은 석존의 최승법이었다. 거기에는 진실이 있어 허망이 있을 까닭이 없다. 그렇다면 『승만경』의 해석이 잘못되어 있지 않을까. 이 점에 대해서 『승만경』의 취지를 살펴 보면 이러한 것이 된다.

멸제, 즉 적멸(寂滅)인 깨달음의 세계는 말하자면 이상적인 목적이다. 이 목적에 도달하기 위해서는 현실적인 생존고(生存苦)에 대한 바른 인식을 필요로 하고 또한 고를 멸하기 위한 실천의 길을 걸어감을 필요로 한다. 따라서 4성제는 과(果)와 인(因) - 생존고라는 과(果)와 그 원인 및 깨달음의 세계라는 과와 깨달음에 도달하는 길로서의 인(因) - 을 가르친 것이었다. 최종의 과(果)로서의 멸제의 세계는 그 곳에 도달하기 위한 인(因)을 과정으로 하고 있는 것이다. 그런 의미에서 사성제는 유기적인 관계 속에 있는 것이나 과정적인 것과 제일의적(第一義的)인 것이라는 관점에서 보면 멸제의 1제야말로 의지처이다 라고 하는 입장이 생겨 나오는 것이다. 그것이 1제장(一諦章)의 주장이라고 이해된다.

여래장은 생·사라는 세간의 유위전변(有爲轉變)이라는 본연의 자세를 초월해 있으므로 상주불변이며 부동한 것이다. 더욱이 번뇌와 별개의 것으로 존재하지 않고 더욱이 여래로부터 떠나 있지 않으므로 유위전변의 우리들의 존재에 있어 의지처가 되는 것이다.

하나의 의지처

一依章 第十一

一苦滅諦 離有爲相 離有爲相者是常 常
일고멸제 이유위상 이유위상자시상 상

者非虛妄法 非虛妄法者 是諦 是常 是
자비허망법 비허망법자 시제 시상 시

依 是故滅諦 是第一義
의 시고멸제 시제일의

〈생사에 대한 근원적 두려움인〉 괴로움[苦]을 소멸하는 방법은 〈세속적 차별의 세계인〉 유위(有爲)의 법을 완전히 떠나 〈'옳다', '그르다'고 상대적으로 분별하지 않〉는 것입니다. 차별적인 모습을 떠났다고 하는 것은 곧 〈영원불변한 절대 진리로써〉 영원[常]한 것입니다. 변함없이 상주불멸하다고 하는 것은 허망한 법이 아닙니다. 허망한 법이 아니라면 그것은 바로 참된 진리이고, 상주불변한 진리이며, 귀의할 곳입니다.

그러므로 〈4성제 가운데〉 〈일체의 번뇌가 사라진 경지인〉 멸제는 〈부처님께서 증득하신 절대 진리로서의〉 제일의제(第一義諦)입니다.

해설

이 장은 앞 장에 이어서 멸제의 1제만이 진실한 의지처라는 것을 해설한 장이다.

이미 이에 관해 설한 바와 같이 『승만경』은 여래장 사상을 강조한 경전이다. 따라서 4성제의 법문도 여래장을 축으로 하여 생각된다. 이 사실은 『아함경전』에서 설한 4성제관에 대해서 대승경전으로서의 『승만경』의 4성제관을 의미하고 있다.

즉 인생은 고(苦)다[苦諦]하는 자각을 불러일으키면서, 동시에 또 우리들 한사람 한사람이 자신의 속에 가지고 있는 여래장을 자각케 하여, 이 인생고는 무명과 욕애(欲愛)에 의한 결과[集諦]라고 여실(如實)히 보고, 더욱이 이 욕애마저도 여래장으로서의 여래의 본성을 더럽힐 수 없다는 것을 밝힌다. 그리고 이 여래의 본성을 더럽히는 번뇌를 8정도라는 실천을 통해 깨뜨리고[道諦], 그것에 의해 자신 속에 있는 여래장을 갈고 닦았을 때, 번뇌를 떠난 여래장이 빛난다[滅諦]고 보는 것이 여래장을 축으로 한 4성제관이다. 바꾸어 말하면 법신이 되고서야 4성제의 가르침이 설시(說示)된 것이다. 이와 같은 4성제관에 섰을 때, 우리들은 4성제의 가르침은 멸제의 참모습인 법신을 중심으로 움직이고 있었음을 안다.

『승만경』은 '고멸제(苦滅諦)는 유위(有爲)의 상(相)을 떠났다.' 고 설해 그것은 상(常), 제(諦; 眞實), 의지처(依支處), 제일의제(第一義諦)라고 설한다.

멸제(滅諦)의 멸(滅; nirodha)은 열반과 같은 뜻으로 해석된다. 그것은 번뇌가 지멸(止滅)되고 적멸한 경지에 이름을 붙인 것이다. 이 멸제가 의지처라고 하는 것은 우리들이 살아 있다는 전제에서 의지처를 지시한 것이다. 석존이 입멸 대반열반에 들어가기 직전에 '내가 세상을 떠난 후에는 법(法)을 의지처로 하라.' 고 유계(遺誡)하고 유제(遺弟)의 비구들에게 살아가는 길을 가르친 것은 유명하다.

"그러면 아난이여, 여기에 스스로를 주(洲; 燈明)로 하고 스스로를 의지처로 하고 타인을 의지처로 하지 말며, 법을 등불[洲]로 하고 법을 의지처로 하여 다른 것을 의지처로 하지 말고 주(住)하라." -『장부』제2권, 『대반열반경』-

인간이 살아가는 가운데 생활의 지침이 되는 의지처가 없으면 안 된다. 사람 저마다의 의지처가 있겠지만 지금 이 『승만경』은 멸제 법신을 의지처로 하고 있다. 왜냐하면 붓다의 최승법이라는 4성제의 가르침은 이 멸제의 1제에 귀납된다고 보기 때문이다.

유위전변(有爲轉變)의 생존으로서 있는 인간이 그 의지처가 되는 것은 여래장이다. 그 여래장을 우리들이 불성으로서 가지고 있다는『승만경』의 여래장 사상이야 말로 깊이 음미해야 할 것이다.

잘못된 견해와 진실한 견해

顚倒眞實章 第十二

不思議是滅諦 過一切衆生心識所緣 亦
부사의시멸제 과일체중생심식소연 역
非一切阿羅漢 辟支佛 智慧境界 譬如生
비일체아라한 벽지불 지혜경계 비여생
盲不見衆色 七日嬰兒不見日輪 苦滅諦
맹불견중색 칠일영아불견일륜 고멸제
者 亦復如是 非一切凡夫心識所緣 亦非
자 역부여시 비일체범부심식소연 역비
二乘智慧境界
이승지혜경계

凡夫識者二見顚倒 一切阿羅漢 辟支佛
범부식자이견전도 일체아라한 벽지불
智者 則是淸淨 邊見者凡夫於五受陰 我
지자 즉시청정 변견자범부어오수음 아

見妄想計著生二見 是名邊見 所謂常見
견망상계착생이견 시명변견 소위상견
斷見 見諸行無常 是斷見非正見 見涅槃
단견 견제행무상 시단견비정견 견열반
常 是常見非正見 妄想見故作如是見
상 시상견비정견 망상견고작여시견
於身諸根 分別思惟現法見壞 於有相續
어신제근 분별사유현법견괴 어유상속
不見 起於斷見 妄想見故 於心相續愚闇
불견 기어단견 망상견고 어심상속우암
不解不知 剎那間意識境界 起於常見 妄
불해부지 찰나간의식경계 기어상견 망
想見故
상견고

此妄想見於彼義若過 若不及 作異想分
차망상견어피의약과 약불급 작이상분
別 若斷 若常
별 약단 약상

顚倒衆生 於五受陰 無常常想 苦有樂想
전도중생 어오수음 무상상상 고유낙상
無我我想 不淨淨想 一切阿羅漢 辟支佛
무아아상 부정정상 일체아라한 벽지불
淨智者 於一切智境界 及如來法身 本所
정지자 어일체지경계 급여래법신 본소
不見
불견

불가사의한 〈절대 깨달음의 경지인〉 이 멸제는 일체 모든 중생이 심의식(心意識)으로 생각하고 분별하는 경계를 초월하는 것입니다.

또한 일체 모든 아라한과 벽지불이 증득한 지혜의 경계도 아닙니다. 마치 맹인이 여러 가지 색깔을 보지 못 하는 것과 같습니다. 또한 태어난 지 겨우 7일밖에 안 된 어린 아이가 밝은 광명이 태양에서 나온다는 사실을 알지 못하는 것과 같습니다.

이와 같이 〈절대 깨달음의 경지로서 일체의 고를 소멸한 상태인〉 고멸제는 일체 모든 범부의 심의식으로 분별할 수 있는 경계가 아닙니다. 또한 성문과 연각인 2승이 알 수 있는 경계도 아닙니다.

범부가 생각하고 분별하는 심의식은 전도된 두 가지 〈단견과 상견의〉 견해로 작용합니다.

한편 일체의 아라한과 벽지불이 증득한 지혜는 〈범부에 비해〉 밝고 깨끗합니다. 〈사물의 전체를 보지 못하고 극단적으로 어느 한쪽에 치우쳐 보는〉 변견(邊見)은 중생이 〈존재를 구성하고 있는 다섯 가지 요소인〉 5온을 나[我]라고 집착하게 합니다. 여기로부터 두 가지 그릇된 견해가 생겨납니다. 즉 이것은 〈단견과 상견으로써〉 모두 변견에 속합니다.

모든 현상[諸行]은 덧없다[無常]고 〈하여 변화하는 측면만〉 보는 것은 단견(斷見)으로써 올바른 견해가 아닙니다. 또한 열반은 영원불변한 것이라〈여겨 현상의 변화하지 않는 측면만〉 보는 것은 상견(常見)으로써 역시 올바른 견해가 아닙니다. 〈중생은〉 허망한 생각〈으로 분별하고〉 잘못된 생각으로 〈현상을〉 보기 때문에 이와 같은 〈극단적인 생각인〉 변견을 가지게 되는 것입니다.

〈중생은 몸의 구성 요소인〉 6근에 대하여 생각하고 분별할 때, 눈앞에 전개되는 파괴되어 가는 측면만 보고 그것이 계속되는 측면의 모습은 보지 못합니다. 그러므로 〈이러한 경우에〉 단견을 일으킵니다.

이것은 〈사물을 어느 한쪽으로 치우쳐 생각하는〉 망상에 의한 견해를 가지고 있기 때문입니다.

그리고 〈중생은 진리에 눈이 어두워 사물 현상이〉 계속되는 측면을 이해하지 못합니다. 우리의 의식이 찰나찰나 생멸(生滅) 변화해 가는 경계를 알지 못하여 〈즉 사물의 변화하는 측면을 몰라〉 상견(常見)을 일으킵니다. 이것도 역시 〈사물 현상을 어느 한쪽으로 치우쳐〉 망상으로 보기 때문입니다. 이렇게 〈중생이 그릇된〉 망상으로 분별하는 견해는 사물 현상의 진실된 의미를 분별함에 있어서 〈어떤 경우에는〉 지나치게 확대하여 해석하고, 〈어떤 경우에는 본래의 의미에〉 미치지 못합니다. 즉 단견이나 상견으로써 〈본래의 의미와는〉 다른 견해로써 사려 분별합니다.

〈이와 같이〉 그릇된[顚倒] 생각을 일으키는 중생들은 〈존재의 다섯 가지 구성 요소인〉 5온이 무상한 것인데도 그것을 항상된 것이라고 잘못 생각합니다. 또는 괴로운 것을 즐거운 것이라고 잘못 생각합니다. 〈이 5온은 진실된 자아가 없는〉 무아인데 이것을 〈진실된〉 나[我]라고 잘못 생각합니다. 그리고 〈번뇌에 덮여 있는 마음은〉 깨끗하지 못한 것인데도 이것을 깨끗하다고 잘못 생각합니다. 〈비록 중생들에 비해 우수한〉 일체 모든 아라한과 벽지불이 증득한 청정한 지혜로써도 〈부처님께서 증득하신〉 일체 모든 지혜의 경지와 〈부처님의 청정한 법신인〉 여래 법신을 볼 수 없습니다.

주

• 변견: 한쪽으로 치우친 극단적인 의견에 집착하는 견해. 변집견(邊執見)이라고 한다.
• 5견: 유신견(有身見), 변견(邊見), 상견(常見), 단견(斷見), 계금취견(戒禁取見)의 하나를 말한다.
• 오수음: 5온(五蘊), 즉 색온(물질·육체) 수온(인상·감각) 상온(지각·표정) 행온 의지 그 밖의 형성작용.
• 식온: 마음이라는 인간을 형성하는 다섯 가지 모임에 대해 취착하는 유루의 5온을 말하며, 5취온(五取蘊)이라고도 한다.
• 상견: 아(我; 아트만)는 죽은 후에도 상주한다는 견해.
• 단견: 아(我)는 죽은 후에는 단절한다는 견해.

해설

이 장은 우리 인간들에게 자칫하면 붙어다니는 일방적으로 치우친 견해, 즉 전도된 견해를 바르게 취하는 것과 진실이란 무엇인가 그리고 또 진실한 견해란 무엇인가 하는 것에 대해 설한 장이다

우리들은 비화낙엽(飛花落葉)을 바라다 보면서 무상감에 젖어든다. 확실히 꽃이 지는 것을 보고 무상을 느끼는 것은 그것으로 바르다. 만물은 무엇 하나 영속하는 것은 없으며 고정적, 실체적인 것은 없다. 불교가 무아를 설함도 실아(實我)·실체(實體)

의 존재를 허락하지 않기 때문이다. 그렇지만 꽃은 지는 것이라고 하는 한 면만의 것이 아니라는 것도 사실이다. 겨울이 가고 봄이 찾아왔을 때, 다시 꽃이 피는 것도 사실이다. 꽃은 피고 진다는 것이 자연의 모습이다. 그러나 꽃은 언제까지나 지는 일이 없었으면 하고 사람들은 원하고 지는 꽃을 애석하게 여기는 감정의 반면에 언제나 꽃이 피는 것을 희망한다. 피는 것도 자연, 지는 것도 자연으로 보는 것은 매우 간단한 것 같으면서도 인생의 모든 것에 걸쳐 그것에 철저하기는 어렵다.

『승만경』은 범부의 식견은 변견(邊見)이라고 하며 이 변견에 상견·단견의 두 가지가 있다고 설한다. 꽃이 언제까지나 영속한다고 보는 것이 상견이고, 꽃이 지는 것을 보고 모든 것은 멸하여 없음[滅無]에 돌아가 버린다고만 생각하는 것이 단견이다. 이 두 가지의 편견을 버리고 바르게 보는 방식을 취하는 것이 정견(正見)이다.

우리들의 이와 같은 두 종류의 전도된 견해는 이것을 망상이라 해도 좋다. 이 망상이 있는 한, 그것은 부정(不淨)의 상(相)이어서 정상(淨想)이라고는 말하기 어렵다. 원래부터 우리들 범부와는 달라서 아라한이나 벽지불의 지혜는 이미 번뇌장을 끊고 있으므로 일단 청정지(淸淨智)를 얻고 있으나 이미 앞에서도 언급했듯이 소지장(所知障)을 끊지 않았으므로 완전 청정한 지혜라고는 말하기 어렵다. 그 입장에서는 아직 여래의 법신에 대해서는 보지 않는다고 『승만경』은 설하고 있다.

그런데 우리들의 견해에 붙어 다니는 상견, 단견은 특히 우리들의 신체에 대해 현저하게 나타나는 것이다. 이 몸은 언제까지라도 오래도록 계속하고 싶다고 원하는 것도 인간의 감정이며 또 죽어버리고 나면 모두 소멸하고 무엇 하나 남는 것은 없다고 생각하기 쉽다. 그러나 불교의 연기라고 하는 생각에서 보면 모든 것이 인과 연의 관계 속에 있는 것이 실제의 모습이다. 거기에는 실체로서 고정화된 존재는 무엇 하나 존재할 수 없는 것이다. 인과 연이 있을 때 생기(生起)하고 인과 연이 없을 때 멸해간다. 그것은 자연의 모습이었다. 삼라만상은 생멸 변화의 반복이라는 것을 생각하면 거기에 영속적인 실체도 없고 멸(滅)한 다음에는 아무 것도 남지 않는다고 보는 것도 허락하지 않는다고 말하지 않을 수 없다.

或有衆生 信佛語故 起常想樂想我想淨
혹유중생 신불어고 기상상낙상아상정

想 非顚倒見 是名正見
상 비전도견 시명정견

何以故 如來法身是常波羅蜜樂波羅蜜我
하이고 여래법신시상바라밀낙바라밀아

波羅蜜淨波羅蜜 於佛法身作是見者 是
바라밀정바라밀 어불법신작시견자 시

名正見 正見者 是佛眞子 從佛口生 從
명정견 정견자 시불진자 종불구생 종

正法生 從法化生 得法餘財
정법생 종법화생 득법여재

世尊 淨智者 一切阿羅漢 辟支佛 智波
세존 정지자 일체아라한 벽지불 지바

羅蜜 此淨智者 雖曰淨智 於彼滅諦 尚
라밀 차정지자 유왈정지 어피멸제 상

非境界 況四依智 何以故 三乘初業 不
비경계 황사의지 하이고 삼승초업 불

愚於法 於彼義當覺當得
우어법 어피의당각당득

爲彼故世尊說四依 世尊 此四依者 是世
위피고세존설사의 세존 차사의자 시세

間法
간법

世尊 一依者 一切依止 出世間上上 第
세존 일의자 일체의지 출세간상상 제

一義依 所謂滅諦
일의의 소위멸제

만약 어떤 중생이 〈'누구나 가지고 있는 여래장을 의지해 수행하면 반드시 부처님의 경지에 이른다.'는〉 부처님의 말씀을 진정으로 믿기에 〈일체 부처님의 법신은〉 상주불변한다고 생각하고 〈모든 괴로움을 떠난 열반의 경지는〉 지극히 즐겁다고 생각하며, 〈깨달아 얻어야 할 참된 자아를 확립하여〉 진정한 내[我]가 있다고 생각하고, 〈모든 번뇌를 떠난 열반의 경지는〉 극히 깨끗하다는 생각을 일으킨다면, 이것은 결코 전도된 견해가 아닙니다.

왜냐하면 〈부처님께서 수행을 완성하여 증득하신〉 여래의 법신은 〈상주불변하는〉 상(常)바라밀이며, 〈지극히 즐거운〉 낙(樂)바라밀이며, 〈진정한 자아가 있는〉 아(我)바라밀이며, 〈완전하게 청정한〉 정(淨)바라밀이기 때문입니다. 부처님께서 증득하신 법신을 이와 같이 보는 것을 올바른 견해라 합니다. 〈이와 같이 여래 법신을〉 올바른 견해로 분별한다면 이 사람은 〈장래에 반드시 성불할〉 참다운 불자(佛子)라 합니다.

즉 〈참다운 불자는〉 부처님의 거룩한 가르침을 따라 새로운 사람으로 태어납니다. 그리고 〈부처님께서 설하신〉 올바른 법을 따라 〈배워 번뇌에서 벗어난〉 새 사람이 됩니다. 또한 부처님께서 교화하시는 법을 따라 〈원력으로〉 화생(化生)하여 진리의 보배를 얻어 마침내 성불할 것입니다.

세존이시여, 청정한 지혜는 일체 모든 아라한과 벽지불이 닦아야 할 지혜바라밀입니다. 〈아라한과 벽지불이 증득한〉 이 청정한 지혜도 〈부처님께서 증득한〉 멸제의 경지에는 미치지 못합니다. 그런데 누가 〈아라한과 벽지불의 지혜를 부처님께서 증득한〉 청정한 지혜라고 말하겠습니까? 더구나 누가

〈아라한과 벽지불이 증득한 지혜를 가지고〉 〈완전한 깨달음을 증득하기 위해 의지해야 할〉 네 가지 올바른 지혜[四依智]라고 하겠습니까?

한편 비록 〈성문·연각·보살〉인 3승의 초업(初業)이라도 법에 어리석지 않아 〈'여래장을 의지해 수행하면 청정한 부처님의 경지에 다다를 수 있다.'는 이러한〉 이치를 마땅히 깨달아 알 수 있습니다.

세존께서는 3승들을 위해 4의지를 설하셨습니다.

세존이시여, 이 사의지는 〈완전한 깨달음의 경지가 아닌 수행의 방편이므로〉 세간의 법입니다.

세존이시여, 〈부처님께서 깨달으신 절대 진리인〉 멸제에 귀의하는 것은 일체의 진리에 귀의하는 것입니다. 〈이 멸제야말로〉 출세간법 가운데서도 가장 으뜸입니다. 따라서 〈우리가 귀의하여 수행을 통해 성취해야 될〉 제일가는 의지처는 바로 멸제입니다.

해설

범부의 변견(邊見)이 상견과 단견이라는 치우친 견해를 갖기 쉬운데 대해, 부처님의 참 아들이라는 것에 걸맞은 정견(正見)이란 어떠한 내용을 수반하고 있는가를 밝히려고 하는 것이 이 문단이다.

그런데 『승만경』은 이 변견과 정견에 대해 범부의 4전도(四顚倒), 네 가지 전도와 여래의 법신 열반의 4덕바라밀(四德波羅蜜)을 대치시키는 것에 의해 해설한다. 우리들 인간의 본성에는 어느 편협한 고정관념을 가지고 싶어 하는 경향이 있다. 이 경향은 사물의 참모습을 꿰뚫어 보지 못하고 때때로 선입관에 좌우되기 쉽다.

'뱀(蛇)·새끼줄(繩)·삼(麻)의 비유(譬喩)'라는 비유가 불교를 비롯하여 인도 철학의 논서에도 보인다. 인간의 망상 분별을 적절하게 표현한 비유이다. 즉 눈앞에 가로 누워 있는 가느다란 것을 바라보고 뱀이라고 생각해 버린 사람이 자세히 보니까 그것이 뱀이 아니라 새끼줄이었다고 알게 된다. 더욱이 그 새끼줄이 삼(麻)을 꼰 것이었다고 하는 것을 알았다고 하는 비유이다.

이와 같이 우리들의 마음은 때로는 망상에 휘감기기 쉽다. 그리고 이 망상이 이것저것으로 분별하여도 참모습을 확인하려 하지 않고 사물의 한쪽 면만을 파악한다는 편견을 낳는다. 그 중에서 석존은 특히 1체법(一切法)에 대해 인간이 가지기 쉬운 상(常)·낙(樂)·아(我)·정(淨)의 네 가지 견해에 대해 설한다. 즉 자기와 세계가 영원히 존재하며[常] 인생은 고인데도 낙으로 생각하고[樂], 무아이건만 내가 있다고 하며[我], 이 세간은 부정한데도 청정하다[淨]고 하는 것이 범부의 견해라고 파악한 것이다.

이 상·낙·아·정이라는 네 가지 견해는 특히 우리들 인간이 저마다의 신체에 대해서 계속 가지고 있는 망상 분별이라고 가르친다. 석존의 가르침 중에서 인간의 생존을 구성하는 다섯 가지 요소로서의 5온(五蘊)에 대한 것이 가장 많은 비중을 점하고 있다 - 아함경전 군(群) 가운데서 가장 교리적인 것이라고 하는 『잡아함경』에서 시작하여 대승경전 특히 『반야심경』에 이르기까지 - 는 것은 인간이 자기 자신을 어떻게 보는가 하는 인간 중심의 불교였던 것을 의미한다.

일반적으로 세존 재세 시대의 인도의 풍조로서 아(我) 및 세계가 상주하는가 아닌가 등의 형이상학적인 문제가 토의되고 있었다고 문헌은 전한다. 석존은 이런 것들의 문제를 추구하는 것은 현실의 고(苦)를 받고 있는 인간에게 어떤 문제 해결에 보탬이 되지 않는다고 하며 무기설(無記說)이라 하여 물리친 것은 유명하다. 석존에게 중요한 것은 그와 같은 형이상의 문제에는 있지 않고 현실고(現實苦)를 받는 인간의 탐구이며 인간 존재의 본연의 자세였다. 따라서 항상 변화를 계속하고 있는 무상한 인생이건만 상(常)하다고 생각하거나 괴로운 인간 존재를 낙이라고 생각하는 것은 잘못된, 전도된 견해라고 함은 당연한 일이다.

석존이 처음 설법을 하겠다고 결의하기 직전에 범천(梵天)과의 대화가 있었다고 불전(佛傳)은 전하고 있는데 그 대화 가운데 이러한 말이 있다.

> 이 가르침은 세간 일반의 유행에 역행하는 것으로써 심심미묘하고, 보기 어렵고, 또한 정세(精細)하기 때문에 탐내거나 진에(瞋恚)에 극복되지 못한 사람에게는 이해하기 어렵다.

'세간 일반의 유행에 역행'한다는 것은 연기(緣起)·무상·무아를 설한 붓다의 주장이 당시의 세계 상주론자(常住論者) 등의 주장에 역행한다는 뜻이라고 주석(註釋)은 이해하고 있다. 이 점에서 말하면 상·낙·아·정이라는 4전도(四顚倒)는 범부에 한하지 않고 당시의 인도 일반의 사조에 반해서 완전히 차원을 달리한, 석존이 가진 사상의 원점이었다고 보아야 할 것이다.

이와 같이 현실의 사상(事象) 전반에 걸쳐 무상·고·무아·부정(不淨)으로 보는 것은 우리 인간들에게는 올바른 견해인 정견이라고 말할 수 있다. 이것을 4부전도(四不顚倒)라고 한다. 이 4부전도에 의해 인간의 현실에 대한 올바른 안식(眼識)을 양성한다. 그것은 현실의 고뇌를 초월하기 위한 지침이 되는 것으로서 성문·연각은 이것을 불도수행의 대전제(大前提)로 삼은 것이다.

그런데 『승만경』은 여기에 대승불교 사상의 발전에 대한 발자취를 전개시킨다. 그것은 또 『대승열반경』의 사상과 밀접하게 관계되고 있으나 법신열반의 상·낙·아·정의 네 가지 덕을 설한 1단(一段)이며 정견의 대승불교적 이해이기도 한다.

붓다는 인간 존재를 포함한 현상 세계 모든 것에 대해 무상·고·무아·부정을 설했다. 그것은 우리 인간들에게 인생을 올바르게 보는 눈을 부여한 것이며 인생을 꿰뚫어 보는 가르침이었다. 초기 불교의 실천도(實踐道)라 하는 8정도의 처음에 위치하는 정견(正見)은 마땅히 그러한 여실(如實)의 지견(知見)을 배양할 것을 가르친 것이다.

그렇다면 이 무상·고·무아·부정, 바꾸어 말하면 상·낙·아·정의 4전도를 초월한 가르침이 지금 『승만경』에서 법신열반의 4덕(四德)이라 하여 상·낙·아·정이 긍정된 것은 어떠한 이유에 의하는 것일까. 한 편에서는 상·낙·아·정을 4전도라 하고 4부전도(四不顚倒)를 정견(正見)이라 하면서 다른 한 편에서는 상·낙·아·정을 정견이라고 긍정한 까닭은 과연 무엇이었던가. 여기에 우리들은 범부에게 눈을 뜨게 하기 위한 가르침의 입장과 큰 이상을 실현한 여래의 측으로부터 보는 입장과의 두 가지의 면을 느낄 수 있는 것이다. 이것을 조금 고찰해 보기로 하자.

『승만경』 역문에 의하면

만약 어떤 중생이 부처님의 말씀을 진정으로 믿기에 상주불변한다고 생각[常想]하고, 지극히 즐겁다고 생각하며[樂想], 진정한 내가 있다고 생각[我想]하고, 극히 깨끗하다는 생각[淨想]을 일으킨다면, 이것은 결코 전도된 견해가 아니[非顚倒見]고, 이를 정견(正見)이라 이릅니다.

고 한다. 여기에 '부처님의 말씀을 진정으로 믿기에'라고 하는 것은 상·낙·아·정을 설하는 것은 부처님의 말씀이라고 하는 것이다. 그렇다면 무엇을 가지고 상·낙·아·정이라고 하는가. 『승만경』 역문에 다시 한 번 귀기울여 보자.

왜냐하면, 여래의 법신은 상바라밀이며, 낙바라밀이며, 아바라밀이며, 정바라밀이기 때문입니다. 부처님께서 증득하신 법신을 이와 같이 보는 것을 올바른 견해[正見]라 합니다.

여기에 『승만경』에서의 정견의 내용이 명시되어 있다. 즉 여래의 법신을 상·낙·아·정으로 보는 것을 정견으로 해석하고 있다. 우리들은 이 이해를 다음과 같이 이해하면 좋겠다. 과연 붓다는 현실을 직시하는 가운데서 상·낙·아·정이라고 생각하는 것을 전도(顚倒)라고 보며, 우선 중생에게 현실을 직시하여 무상·고·무아·부정이라고 가르쳤다. 그렇지만 붓다에 의하면 현실의 고뇌를 초월하기 위한 그러한 견해에서 그것을 초월하여 깨달음이라는 차원을 달리한 큰 이상을 실현하고 있다. 그 이상을 실현한 세계에서는 상항(常恒), 최고의 낙(樂), 절대적인 자유로운 대아(大我), 청정계(淸淨界)가 보이는 것이며, 그 상항(常恒)·지락(至樂)·대아(大我)·순정(純淨)의 4덕(四德)이야 말로 법신

열반(法身涅槃)에 갖추어진 네 가지 성질이라고 한다.

이와 같이 여래의 법신에 갖추어진 4덕을 바르게 보는 사람은 부처님의 참다운 아들이며, 부처님의 입으로부터 태어났고, 정법으로부터 태어났으며, 법의 나머지 재산[餘財]을 얻는 것이라고 경문은 말하고 있다. 우리들은 앞의 경문에 관해 『상응부』 가운데 하나의 경전을 상기한다.

> 벗이여, 만일 어떤 사람이 진실로 세존의 진정한 아들, 〈세존의〉 입으로부터 태어났고, 법으로부터 태어났으며, 법에 의해서 화작(化作)되어, 법의 상속자, 〈세존이〉 착용한 조포(粗布)의 분소의(糞掃衣)를 받은 사람이라고 한다면 나를 진실로 세존의 진정한 아들, 〈세존의〉 입으로부터 태어났고, 법으로부터 태어나, 법에 의해서 화작되고 법의 상속자, 〈세존이〉 착용한 조악한 천[粗布]으로 된 분소의를 받은 사람이라고 말해야 할 것이다.

그리고 다른 경전인 『장부』 제27경에 여래에게 믿음을 두고 믿음을 확립한 사람은 누구라도

> 우리들은 세존의 진정(眞正)한 아들이다. 그 〈세존〉의 입으로부터 태어났고, 법으로부터 태어났으며, 법에 의하여 화작(化作)되어, 법의 상속자이다. 그 이유는 이것은 여래와 동의어로서 법신이라고도 하고 범신(梵身)이라고도 하며, 법으로 되는 것, 브라흐만으로 되는 것이기 때문이다.

이와 같이 정견자(正見者)는 여래의 아들, 부처님의 아들, 정법에서 태어난 정법의 상속자라고 하는 전승(傳承)이 있다. 정견

자는 이리하여 여래의 법신에 내속(內屬)하는 4덕(四德)을 보는 정지(淨智)를 갖추지 않으면 안 된다. 원래부터 아라한·벽지불도 번뇌를 끊고 있는 점에서는 청정한 지혜[淨智]를 얻고 있다고 말할 수 있다. 그러나 정지는 정지라 하여도 멸제의 법신 열반의 경계에는 멀어서 미치지 않는다고 아니할 수 없다.

이리하여 1제장(一諦章), 1의장(一依章), 전도진실장(顚倒眞實章)의 3장을 통해서 모든 의지처가 되고 출세간의 최상 제일의(第一義)의 의지처가 되는 멸제를 대승적인 입장에서 설하고 있음을 알 수 있다.

사람의 본성은 본래 청정함

自性淸淨章 第十三

世尊 生死者依如來藏 以如來藏故 說本
세존 생사자의여래장 이여래장고 설본
際不可知 世尊 有如來藏故說生死 是名
제불가지 세존 유여래장고설생사 시명
善說
선설

世尊 生死 生死者 諸受根沒 次第不受
세존 생사 생사자 제수근몰 차제불수
根起 是名生死 世尊 生死者 此二法是
근기 시명생사 세존 생사자 차이법시
如來藏
여래장

世間言說故有死有生 死者謂根壞 生者
세간언설고유사유생 사자위근괴 생자

新諸根起 非如來藏有生有死 如來藏者
신제근기 비여래장유생유사 여래장자

離有爲相 如來藏常住不變 是故如來藏
리유위상 여래장상주불변 시고여래장

是依 是持 是建立
시의 시지 시건립

世尊 不離 不斷 不脫 不異 不思議佛法
세존 불리 부단 불탈 불이 부사의불법

世尊 斷 脫 異外有爲法依 持 建立者
세존 단 탈 이외유위법의 지 건립자

是如來藏 世尊 若無如來藏者 不得厭苦
시여래장 세존 약무여래장자 부득염고

樂求涅槃 何以故 於此六識 及心法智此
락구열반 하이고 어차육식 급심법지차

七法刹那不住 不種衆苦 不得厭苦樂求
칠법찰나부주 부종중고 부득염고락구

涅槃
열반

세존이시여, 〈현상 사물의 온갖 변화와〉 생사는 여래장을 의지하〈여 전개되〉는 것입니다. 〈현상 사물이〉 여래장을 의지하〈여 천차만별하게 변화하〉지만 〈여래장의 근본 경지인〉 그 본제(本際)를 〈인식의 사량 분별로는〉 알 수 없다고 합니다.

세존이시여, 〈중생이〉 여래장을 의지하고 있기 때문에 생사로 변화한다고 설명하는 것은 정확한 표현이라 할 수 있습니다.

세존이시여, 태어나고 죽는 등 〈생멸변화하는〉 생사란 감각기관을 통해 받아들인 모든 느낌이 〈오래지않아〉 없어지고, 다시 감각기관을 통해 그 느낌을 받아들이더라도 〈앞에 일어났던 느낌과 똑같은 것이〉 일어나지 않〈듯 이렇게 끊임없이 변화하〉는 것을 생사라 이릅니다.

세존이시여, 이렇듯 태어나고 죽는 두 법은 〈변화를 거듭하더라도〉 바로 여래장〈을 의지해서 일어나는 것〉입니다.

〈여래장을〉 세간의 말로써 표현하면 죽음이 있고 태어남이 있지만 죽는다고 하는 것은 〈감각 기관인〉 6근이 무너지는 것입니다. 또한 태어난다고 하는 것은 새로운 모든 〈감각 기관인〉 6근이 생겨나는 것입니다. 그러나 여래장 〈자체〉에는 태어남과 죽음이 있는 것이 아닙니다.

여래장이란 〈생멸하고 변화하는〉 유위(有爲)의 모습을 떠나서 존재합니다. 그러므로 여래장은 상주불변합니다. 또한 여래장은 〈우리가 수행하는 데 있어서 꼭〉 의지해야 할 대상입니다. 그리고 이 여래장은 〈미혹한 중생이나 깨달음을 성취한 부처님이나 모두〉 간직하고 있는 것이며, 〈바로 중생의 입장에서는 이 여래장을〉 일으켜 세워 깨달음의 길로 나가게 하는 것입니다.

세존이시여, 〈여래장 자체는 무명 속에 싸여 있더라도 이것으로부터〉 떠나지도 않고, 끊어지지도 않으며, 벗어나지도 않습니다. 그렇기 때문에 〈아무리 번뇌 가운데 있는 여래장이라 해도 깨달음을 증득한 여래장과〉 서로 다르지 않아서 〈이 여래장이야말로〉 참으로 불가사의한 법인 것입니다.

세존이시여, 〈여래장은〉 끊어지고 벗어나며 달라져 〈생멸변화하는〉 유위법의 귀의처가 됩니다. 그래서 〈유위법을〉 간직하며 〈유위의 법을〉 건립(建立)하는 것이 바로 여래장입니다.

세존이시여, 만약 〈중생에게〉 여래장이 없다면 〈생사의〉 괴로움을 싫어하고 〈깨달음의 세계인〉 열반을 즐거이 추구하는 일이 없을 것입니다. 왜냐하면 〈6근과 6경이 접촉함으로써 생기는 분별 작용인〉 6식(六識)과 〈분별 작용의 주체적 기능을 담당하는〉 심법(心法)의 이 일곱 가지 법은 잠시도 머물지 않습니다. 그렇기 때문에 〈중생은〉 갖가지 괴로움을 괴로움으로 보지 못하고 괴로움을 싫어함으로써 열반을 기꺼이 추구하지 못합니다.

해설

이 장은 『승만경』에서 설하는 대승불교의 중심사상인 여래장에 대해 승만 부인이 자기 자신의 이해를 세존께 피력하고 세존도 또한 그 이해를 정당한 것이라고 하며 마음은 본래 자성청정(自性清淨)임을 확인하는 장이다. 그런 의미에서 『승만경』 전15장 중에서도 가장 중요한 장이라고 할 수 있다.

우리들은 생사의 일대사(一大事)를 잘 거론한다. 인간이 살아 있는 한, 삶을 문제로 삼는 것도 당연한 것이며 머지않아 찾아올 불가피한 죽음에 대해서 대처하는 방법도 또한 살아 있는 동안의 중요한 과제이다. 생을 떠난 죽음이 없듯이 죽음과 별도로, 죽음을 떠난 삶도 있을 수 없다. 이와 같은 생사에 대한 고찰은 그렇지만 현실의 삶과 죽음을 문제 삼고 있는 것이어서, 말하자면 인간의 세계 혹은 인간의 약속 사항의 세계이다.

그것은 그렇다 하고 오히려 삶과 죽음을 초월한 세계, 더욱이 삶과 죽음을 떠난 것이 아니고 생사의 의지처가 되는 세계가 과연 없는 것일까. 생사라고 하는 사실에 대해 우리들은 어떻게 대처할 것인가 하는 것은 물론 인간에게 중요한 일임과 동시에 삶에도 죽음에도 사로잡히지 않는 세계에 사는 것이 보다 중요하다는 생각이 든다. 왜 그럴까.

생(生)이란 감각기관이 생겨나는 것이며 죽음이란 이 제근(諸根)이 멸하는 것이라고 『승만경』 본문은 말한다. 그것은 생과 사를 사실의 세계, 인간의 약속 사항의 세계로 받아들였다. 말하자면 세간의 관습적인 말이며 세간적인 일이다. 이 사실의 세계에서 종교의 세계로 들어가는 문호(門戶)는 도대체 어디에 열려 있는 것인가.

승만 부인은 '여래장은 생사의 의지처이며', 세존이 말한 '여래장에 의해서 생사가 있다.'는 말을 재확인하면서 '생과 사의 두 가지 명칭은 여래장의 별명'이기 때문에 '생·사라고 하는 것은 세간의 속칭'으로 이해하고 있다. 우리들은 여기에 승만 부인의 종교적 확신의 발자국을 엿볼 수 있다. 여래장이 생사의 의지처이며 생사는 여래장의 별명이라고 보는 본경의 입장은, 여래장은 번뇌와 별도의 것이 아니며 또한 여래로부터 떠난 것이 아니라는 사상을 기반으로 하고 있다. 번뇌에 속박되어 있는 우리 인간들을 비롯하여 유위전변(有爲轉變)의 모든 존재는 유의전변의 본연의 자세를 초월하고 더욱이 여래로부터 떠나 있지 않는 여래장을 의지처로 한다는 것은 인간과 여래와의 관계를 단적으로 파악한 것이다.

나의 삶, 나의 죽음 그리고 나의 생사관(生死觀)이라고 하는 것같이 우리들은 생사라고 하는 사실을 자기만이 관계된 것이라고 생각하고 있다. 그러나 그 생사를 여래장의 별명이라고 알 때 유위전변, 무상하고 신속한 인생이어서 상주불변(常住不變),

또한 견고·부동의 여래장과의 관계에서 무한한 종교성을 불러 일으키지 않을 수 없다.

이와 같이 '생사를 떠나서 여래장이 없다.'는 사상을 깊이 파고들면 여래장이 있기 때문에 생사윤회의 고(苦)가 있다는 것이 된다. 따라서 우리가 생사의 고를 싫어하거나 열반을 바란다는 것도 다름 아닌 여래장이 있기 때문이다. 말하자면 여래장이 괴로움을 싫어하고 열반을 바라는 것이다.

여기에 이르러서 우리들은 대승불교 사상의 커다란 전개를 본다. 초기 불교에서 번뇌 구족의 범부가 스스로를 일체의 법을 여실지(如實知)하고 모든 존재의 무상·고·무아를 체득하여 생사의 고를 벗어나려고 노력했다. 괴로움을 감수하고 생사고를 자각하여 생사고에서 벗어나려고 노력한 것도 이것은 모두가 우리들 인간측의 일이었다. 그 점에서는 분명히 성도(聖道) 자력의 행보라고 말해도 좋다. 물론 붓다에 의해서 교시된 법문, 특히 '법등명(法燈明)'이라는 붓다의 대비가 이룩한 것이라 할지라도 생사고를 자기 존재의 본연의 자세로서, 따라서 열반을 구극(究極)의 목표로 하여 대립적으로 파악하고 있었던 점은 부정할 수 없다. 『승만경』은 여기에 대승 불교적인 전환을 우리들에게 교시한 것이다.

생사의 고를 싫어하고 열반을 구하며 원하는 것은 마땅히 여래장이 있기 때문이라고 보는 입장은 불교 사상의 커다란 전개이다. 여기에 생사라는 자기의 존재는 그대로 여래장으로서의 존재에 결부되어 있음을 알 수 있다. 그렇다면 이와 같이 고를 싫어하고 열반을 지향하는 마음은 도대체 어떠한 것일까.

『승만경』은 이 점에 대해서 다음과 같이 설한다.

우리들의 일반적인 인식작용, 즉 안·이·비·설·신·의에 의한 인식 작용[6識]은 원래부터 마음[心法]의 7법(七法)은 말하자면 외계의 자극에 움직여서 찰나 찰나에 변화하는 순간적인 것이다. 이와 같은 순간적인 것이어서는 고통을 싫어하고 열반을 욕구(欲求)하며 1대사(一大事)의 원을 발하는 일은 없다. 그것에 대해서 여래장이야 말로 무시무종의 존재로서 생멸하는 일이 없으므로 고를 싫어하고 열반을 지원(志願)하는 것이라고 한다.

우리들은 여기에 여래장 사상의 정점을 엿볼 수 있다. 인간이 생사고를 싫어하고 열반을 지원하는 것은 실은 번뇌에 덮여 있는 인간이면서도 본래의 힘을 잃지 않고 자성 청정의 여래장에 되돌아가려고 하는 것이었다. 이 내면적인 힘에 불러 일으켜져 우리들은 깨달음으로의 길을 계속 걷고 있는 것이며 그 내면의 여래장은 불·보살의 자비력에 의해 끌어내어진다. 여기에 대승불교에서의 여래장과 부처님의 큰 자비와의 관계가 있었던 것이다.

반대로 우리 인간존재들은 이상과 같은 승만 부인의 마음을 통해서 볼 때, 여래장이라고 하는 숨겨진 무한한 힘을 갖추고 있었다. 이 무한한 힘을 가진 여래장이 생사고를 싫어하고 열반을 구하고 있었던 것이다. 더구나 부처님의 대자비가 우리들의 존재에게 빛을 투사하였을 때, 숨겨져 있던 여래장은 광채를 발하는 것이다. 이와 같은 자기를 발견하고 여래장의 존재를 확인할 때, 생사의 세계에 있으면서 생사를 초월한 세계에 있는 자기를 확인할 수 있을 것이다. 그렇다면 그와 같은 여래장, 인간이 누구라도 갖추고 있다는 여래장은 어떠한 있는 그대로의 모습으로 있는 것일까. 다음 문단은 이것에 대답한 것이다.

世尊 如來藏者 無前際 不起 不滅法 種

세존 여래장자 무전제 불기 불멸법 종

諸苦得厭苦樂求涅槃 世尊 如來藏者 非

제고득염고락구열반 세존 여래장자 비

我 非衆生 非命 非人 如來藏者 墮身見

아 비중생 비명 비인 여래장자 타신견

衆生 顚倒衆生 空亂意衆生 非其境界

중생 전도중생 공란의중생 비기경계

世尊 如來藏者 是法界藏 法身藏 出世

세존 여래장자 시법계장 법신장 출세

間上上藏 自性淸淨藏 此性淸淨如來藏

간상상장 자성청정장 차성청정여래장

而客塵煩惱 上煩惱所染不思議如來境界

이객진번뇌 상번뇌소염부사의여래경계

何以故 刹那善心非煩惱所染 刹那不善

하이고 찰나선심비번뇌소염 찰나불선

心亦非煩惱所染 煩惱不觸心 心不觸煩

심역비번뇌소염 번뇌불촉심 심불촉번

惱 云何不觸法 而能得染心 世尊 然有

뇌 운하불촉법 이능득염심 세존 연유

煩惱 有煩惱染心 自性淸淨心 而有染者

번뇌 유번뇌염심 자성청정심 이유염자

難可了知 唯佛世尊 實眼 實智 爲法根

난가료지 유불세존 실안 실지 위법근

本 爲通達法 爲正法依 如實知見

본 위통달법 위정법의 여실지견

세존이시여, 여래장은 〈그것이 언제부터 시작되었는 지〉 시초가 없으므로 생겨나거나 없어지는 생멸법이 아닙니다. 〈여래장은〉 모든 중생들로 하여금 갖가지 고통이 생기게도 하지만 그 고통을 싫어하여 열반을 기꺼이 추구하게도 합니다.

세존이시여, 여래장은 〈'나다', '남이다' 하는 의미의 차별적인〉 나[我]도 아니고, 〈번뇌에 싸인〉 중생의 모습도 아닙니다. 생명이 있는 것도 아니고, 〈개체로서의〉 인간도 아닙니다.

또한 여래장은 그 자체가 있다고 하는 생각에 떨어진 중생과 전도된 망상에 싸여 있는 중생, 그리고 마음이 어두워 올바로 분별하지 못하는[空亂識] 중생들의 생각과 분별로써 알 수 있는 경계가 아닙니다.

세존이시여, 여래장이란 〈우주만유의 모든 형상을 포괄한〉 법계장(法界藏)이며, 〈지혜와 자비를 구족하신 부처님의 자체인〉 법신장(法身藏)입니다. 또한 〈세간의 모든 번뇌를 초월하여 가장 높은 경지인〉 출세간상상장(出世間上上藏)이며, 〈번뇌에 전혀 물들지 않고 항상 청정한〉 자성청정장(自性淸淨藏)입니다. 이와 같이 본래 청정한 여래장이 〈범부의 경우 무명의 일종인〉 객진번뇌(客塵煩惱)와 상번뇌(上煩惱)에 물드는 이치는 부처님의 〈경지가 아니고는 알 수 없는〉 불가사의한 경계입니다.

왜냐하면 순간순간 일으킨 착한 마음은 번뇌에 물들지 않지만 또한 순간순간 일으킨 나쁜 마음도 〈모두 여래장에서 나온 것이기 때문에 여래장은〉 번뇌에 물들지 않습니다. 즉 번뇌가 아무리 일어나더라도 〈그것이 우리의 본래 마음인〉 여래장에 닿아 여래장 자체를 변화시키지 못합니다[煩惱不觸心, 心不觸煩惱]. 그런데 〈번뇌와 마음이〉 서로 접촉될 수 없는 관계라면 어떻게 마음이 번뇌에 물들 수 있겠습니까?

세존이시여, 그러나 번뇌도 있고, 번뇌가 마음을 오염시키는 이치도 있습니다. 한편 '자성청정심이 어떻게 번뇌에 물드는 일이 있는가.'를 이해하기는 참으로 어렵습니다. 오직 부처님만이 참다운 안목(眼目)과 진실한 지혜를 갖추셨기에 법의 근본이시고, 법을 통달하신 것입니다. 그리하여 정법에 의지하여 〈참다운 진리를〉 진실하게 알고 보는 것입니다.

주

- 아: 여기서 말하는 아(我)란 실체적인 존재로서의 아트만(atman)을 의미하고 불교에서 부정하는 상일주재아(常一主宰我)이다.
- 중생: 여기서는 삿트바(sattva)를 의미하고 붓다 시대의 자유사상가가 주장한 '인간은 영원한 존재이다.' 하는 의미로서의 인간을 말한다.
- 명: 자이나 교에서 말하는 영적인 지바(jiva)를 말한다.
- 인: 소승부파의 독자부(犢子部)가 주장하는 푸드가라(pudgala)를 말함.
- 신견: 유신견(有身見)이라고도 하는데 5견(五見)의 하나이다. 신체에 아(我)가 있다고 하는 아견(我見)과 신체는 아(我)에 속하는 것이라고 하는 아소견(我所見)을 말한다.
- 공란의중생: 사물의 참모습을 볼 수 없는 사람들을 말한다.
- 자성청정장: 인간의 본성은 청정하다는 것.
- 객진번뇌: 밖에서 온 우발적인 번뇌. 번뇌를 인간의 본성에 관계가 없는 부동성(浮動性)의 것으로 보고 주인에 대해 손님이라는 뜻으로서 공중에 떠돌아다니는 먼지와 같은 것이라고 해석한다.

해설

여래장은 무시무종하여 영원한 존재이며 생하거나 멸하는 일은 없다고 앞에서 말해 왔다. 이와 같은 여래장의 개념 규정에서 우리들은 여래장이 불교 이외의 인도의 종교 내지 철학에서 문제로 된 실체적인 어느 무언가의 존재와 동일하지 않은가 하는 의문을 품는다.

이 점에 대해서 『승만경』은 우선 그러한 이교도의 생각과는 다른 것임을 주의케 한다. 즉 그 여래장은 이교도의 사이에 실체적이라고 생각된 아트만(atman, 아(我)·인도의 브라흐만 정계(正系)의 철학)이라든지 삿트바(sattva, 유정·중생. 붓다시대의 6사외도, 특히 산자야·베라티붓다 등에 의해서 제기된)든가, 지바(jiva, 生命我·자이나교의 命)든가, 푸드가라(pudgala, 人·補特伽羅·소승부파의 하나인 犢子部에서 문제로 되는 非卽非離蘊의 我)라고 하는, 실체적인 것은 아니라고 명시한다.

그리하여 그와 같은 실체적인 것을 생각하는 사람들, 혹은 실체적인 것에 집착하고 있는 사람들, 혹은 착각하여 사물에 고집하고 있는 사람들, 공(空)의 가르침을 오해하고 있는 사람들에게는 도저히 이해되지 않는 것이라고 가르치고 있다. 이와 같이 여래장을 실체적인 것은 아니라고 명시한 것은, 불교의 기본적인 입장인 연기사상에 입각하고 있기 때문이며 『승만경』이 여래장 연기의 위에 선다고 말하는 이유이다.

원래 여래장이라고 하는 것은 이미 말한 바와 같이 여래장으로서 여래가 출생하는 기반으로서의 모태(母胎)에 비유한 것이었다. 그것은 우선 첫째로 우리들의 마음 속에 여래가 되는 가능태(可能態)인 불성이 구비되어 있음에 의해서 마침내 여래가 출생한다. 즉 여래의 태(胎)임을 의미하고 있다. 다음에 우리들은 여래 속에 감싸여 있다는 것을 의미하고 있다. 따라서 우리들의 인간 존재는 이 불성으로서의 여래장을 떠나서는 있지 않다는 것이 되며 생사고를 싫어하고 열반을 구함도 이 여래장이 있기 때문이라고 한다.

이와 같이 여래장에 의해서 생사가 있고 여래장에 의하기 때문에 열반을 증득한다는 것을 설하는 것을 여래장 연기라고 한다. 그것은 보다 구체적으로 말하면 여래장은 일상심과 함께 있다고 하는 양자의 관계를 설하는 곳에 연기가 설해지고 있었던 것이다. 우리들의 일상심은 진실의 이치인 여래장을 알 수 없는 것이나 여래장을 갖추고 있기 때문에 열반을 원할 수도 있고 법신이 되는 것도 가능한 것이다.

이와 같이 여래장은 정법이 태어나는 근원이며 여래 법신의 근원이며 세간적인 본연의 상태를 초월한 진실법의 근원이다. 그것은 본래 청정한 것이다. 이 청정한 여래장이 어찌하여 생사고, 즉 번뇌에 의해 더럽혀져 있는 일상심과 결부되는 것인가. 여기에 청정과 번뇌라고 하는 두 가지의 서로 용납되지 않는 것이 공존할 수 있는가 하는 의문이 제기될 것이다.

앞에서도 말한 바가 있지만 '심성청정(心性淸淨)·객진번뇌(客塵煩惱)'라는 용어가 있다. 그것은 여래장은 본래적으로 청정한 것인데도 밖에서 온 번뇌에 의해서 더럽혀져 있다는 것을 의미하고 있다. 다른 말로 바꾸어 말한다면 여래장은 여래의 법신이 번뇌의 미혹에서 아직도 탈각하고 있지 않는 상태의 것이다. 이것은 여래만이 이해되는 경계라고 『승만경』은 말하고 있다.

우리들이 어둠의 세계에 있을 때, 거기에는 그림자라는 것은 볼 수 없다. 그림자가 보이는 것은 빛이 있고서야만 가능한 것이라는 것은 어둠이 있으면 빛이 없고, 빛이 없을 때는 어둠이 있다는 것이 된다. 우리들이 미혹의 세계에 있다고 하는[闇] 것을 자각할 때 깨달음을 구한다[光]. 깨달음을 구하는 그 빛이 빛난다면 어둠은 안개처럼 소멸한다. 여래장과 번뇌와의 관계는 실은 어둠의 세계에 있으면서도 인간은 본질적으로 빛에 의해서 빛나고 비추어지는 존재임을 교시하고 있다. 이 어둠을 강하게 의식하고 자각할 때, 빛은 한 층 더 빛날 것이다.

勝鬘夫人　説是難解之法問於佛時　佛卽
승 만 부 인　설 시 난 해 지 법 문 어 불 시　불 즉

隨喜　如是如是　自性淸淨心　而有染汚難
수 희　여 시 여 시　자 성 청 정 심　이 유 염 오 난

可了知　有二法難可了知　謂自性淸淨心
가 료 지　유 이 법 난 가 료 지　위 자 성 청 정 심

難可了知　彼心爲煩惱所染亦難[可]了知
난 가 료 지　피 심 위 번 뇌 소 염 역 난 [가] 료 지

如此[是]二法　汝及成就大法菩薩摩訶薩
여 차 [시] 이 법　여 급 성 취 대 법 보 살 마 하 살

乃能聽受　諸餘聲聞　唯信佛語
내 능 청 수　제 여 성 문　유 신 불 어

승만 부인이 이처럼 〈보통 중생들이〉 알기 어려운 법을 부처님께 말씀드리면서 〈혹은 의심나는 것을〉 여쭈었을 때 부처님께서는 함께 기뻐하며 말씀하셨다.

"그렇다, 그렇다. 자성청정심〈인 여래장〉이 〈중생의 경우 번뇌에〉 물든다고 하는 이치는 참으로 알기가 어렵다. 그것은 두 가지 종류의 법이 있기 때문에 알기 어렵다. 즉 자성청정심은 진실로 알기 어렵고, 또한 자성청정심이 〈중생의 경우〉 번뇌에 의해 물든다고 하는 이치를 알기 어렵다.

이와 같이 〈여래장에는〉 두 가지 측면이 있기 때문에 너〈승만 부인〉와 이미 대승법을 성취한 보살마하살만이 〈여래장의 이치를 바르게 알아〉 들을 수가 있다. 나머지 모든 성문들은 다만 오직 부처님의 말씀을 믿어야만 한다."

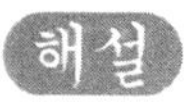

승만 부인은 '마음은 본래 청정하지만 번뇌에 의해서 더럽혀진다.'는 뜻은 깨달아 알고 이해하기 어렵다고 세존에게 마음 속에 있는 생각을 피력한다. 참으로 지극한 말이라 할 수 있고 우리들의 마음에 강하게 울려 오는 것을 느낀다.

인간은 자기의 모습을 거울에 비추어도 마음까지는 비추어 볼 수 없다. 더구나 마음의 움직임이 얼굴에 나타나 우울한 얼굴, 쓸쓸한 얼굴, 성낸 얼굴, 부드러운 얼굴이 되어 비치기는 하지만 '이것이 당신의 마음입니다.' 하고 구체적으로 가르쳐 주는 것은 없다. 마음을 아는 것은 혹은 자기 자신인지도 모른다. 자기 자신이라도 자기를 허식(虛飾)하고 분장하여 적나라하게 모습을 비추어 내어 주지 않는다.

번뇌에 더럽혀져 있다고 하는 자기 모습을 참으로 이해하였다면 얼마나 훌륭한 일일까. 자기 마음 속에 보금자리를 마련하고 있는 마음 속 깊이까지를 투시(透視)하여 '이것은 자기의 거짓 없는 모습이다.' 하고 고백하기는 쉽지 않다. 그런데 하물며 '마음은 본래 청정하다.'고 하는 자각에 도달하기에는 지극히 어려운 일이다. 어둠과 빛의 비유를 앞에서 말했으나 이론적이지는 않고 우리들의 일상심, 일상성 가운데서 확인하는 것 또한 어려운 일이다.

승만 부인은 그것을 세존에게 말씀드린 것이나 세존께서는 '청정심이 번뇌에 의해서 더럽혀져 있다.'는 것은 이해하기 어렵다고 부인에게 대답한다. 그리고 이것을 알 수 있는 것은 부인이 대승의 법을 간직한 보살만이라고 말한다. 그리고 오직 여래가 말씀하신 것을 믿음에 의해서 이해할 수밖에 없다고 결론

짓고 있다.

불교에서 배운다고 하는 것은 박학다식이 궁극의 목적이 아니다. 우리들은 신앙이 돈독한 부인으로 하여금 더욱 이상의 말이 있었다고 하는 것을 재인식하고 믿음의 확립에 노력하지 않으면 안 된다.

참다운 불자(佛子)

眞子章 第十四

若我弟子隨信增上者 依明信已隨順法智
약아제자수신증상자 의명신이수순법지

而得究竟 隨順法智者 觀察施設根意解
이득구경 수순법지자 관찰시설근의해

境界 觀察業報 觀察阿羅漢眼 觀察心自
경계 관찰업보 관찰아라한안 관찰심자

在樂禪定樂觀察阿羅漢辟支佛大力菩薩
재락선정낙관찰아라한벽지불대력보살

聖自在通
성자재통

此五種巧便觀成就 於我滅後未來世中
차오종교편관성취 어아멸후미래세중

我弟子隨信增上 依於明信隨順法智 自
아제자수신증상 의어명신수순법지 자
性淸淨心彼爲煩惱染汚 而得究竟 是究
성청정심피위번뇌염오 이득구경 시구
竟者 入大乘道因 信如來者 有是大利益
경자 입대승도인 신여래자 유시대이익
不謗深義
불방심의

"만약 나의 제자로서 〈부처님의 진실한 가르침을〉 따라 바르게 믿어 나날이 그 믿음이 더욱더 깊어가는 사람이라면 올바른 믿음을 의지하게 된다. 그리고 〈모든 번뇌를 떠난 올바른 지혜인〉 법지(法智)를 정확히 따르게 되어 결국에는 〈완전한 깨달음의 경지인〉 구경(究竟)을 성취하게 된다. 법지를 정확히 따른다는 것은 〈감각 기관인〉 6근(六根)과 〈감각 기관과 대상이 접촉되므로 생기는 분별인〉 6식(六識)[意解]과 〈대상 세계인〉 6경(六境)〈의 참된 성품〉 등을 잘 관찰하는 것이다. 〈6근·6식·6경에서 벌어진〉 업에 의해 〈그 결과로써〉 과보를 받는 이치를 잘 관찰하는 것이다.

또한 아라한의 〈경우 완전한 깨달음이 아니기 때문에 아직〉 무명〈이 남아 있음〉을 잘 관찰하는 것이다. 그리고 〈보살의〉 마음이 〈사물의 참모습을 알아 대상에 집착하지 않기에〉 자유자재할 수 있는 즐거움과 〈마음의 흔들림이 전혀 없음으로 느끼는〉 선정의 즐거움을 잘 관찰하는 것이다.

또한 아라한과 벽지불, 대력보살 등이 갖춘 〈자유자재하게 중생을 제도할 수 있는 신통력인〉 성자재통(聖自在通)을 잘 관찰하는 것이다.

이상에서 말한 〈중생을 제도하는 데 있어서 필요한〉 다섯 가지의 교묘한 수단[善巧方便]을 우선 잘 관찰하는 경지를 성취해야 한다. 그리고 내가 멸도한 후 미래세에 내 제자가 믿음이 날로 깊어지고 올바른 믿음을 가지고 기꺼이 법지를 따른다면, 비록 자성청정심〈인 여래장〉이 번뇌에 물들어 있더라도 〈결코 그 번뇌에 사로잡히지 않는 마음의 경지인〉 구경을 성취하게 될 것이다. 이 구경의 경지는 대승의 도에 깨달아 들어가기 위한 조건이다. 여래를 믿는 사람에게는 〈수행을 통해 반드시 열반을 성취할 수 있는〉 이와 같은 큰 이익이 있기 때문에 〈대승의〉 깊고 심오한 이치를 비방하지 않는다."

주

• 교편관: 선교방편의 관찰. 중생을 인도하는 수단으로 작용하는 훌륭한 지혜.

해설

이 장은 불도 수행에는 불법을 믿는 것이 제일이며 믿음에 의해서 깨달음에 드는 사람이야말로 여래의 참 아들이라고 역설하는 장이다. 제14장에 앞선 제13장은 말하자면 『승만경』의 사상을 주로 하여 설해 온 것이라면, 이 장은 불도 수행에 있어서 그 출발점이며 동시에 귀착점이기도 한 '믿음'을 강조하고 있다. 이 '믿음'이 있고서야 지혜도 빛나서 밝게 된다.

『법구경』 제190게송에

> 부처님(佛)과 법(法)과 승(僧)에 귀의하는 사람은
> 정지(正智)에 의해서 네 가지 진리를 본다.

가 있다. 진리를 보기 위해서는 지혜에 의하지 않으면 안 되며 그 지혜에 앞서서 가르침에 대한 지순한 '믿음'을 필요로 하기 때문이다.

우리들의 신변을 둘러보면 때로는 광신적인 모습을 보는 경우가 있다. 원래부터 신앙은 자유이지만 그 믿음이 지혜에 의해 비추어지는 것이 바람직한 것이다.

『승만경』은 이 지(智), 즉 법지(法智)의 내용에 대해 ① 18계관(十八界觀), ② 업보관(業報觀), ③ 아라한(阿羅漢)의 수면관(隨眠觀), ④ 선정낙관(禪定樂觀), ⑤ 신변관(神變觀)의 다섯 종류의 관찰을 든다. 우리들의 인식은 외계의 여섯 가지 대상[색·성·향·미·촉·법]과 이것을 받아들이는 여섯 가지의 감관[안·이·비·설·신·의] 그리고 이것을 인식하는 여섯 가지의 식별작용[안식·이식·비식·설식·신식·의식]이라 하는 근(根)·경(境)·식(識)의 세 가지가 상호의존관계라는 인과 연에 의해서 성립된다. 그러므로 거기에는 자성이 없다고 관찰하는 18계관(十八界觀), 선업(善業)에는 선과(善果)가 있고 악업(惡業)에는 악과(惡果)가 있다는 업보관, 아라한은 무명번뇌의 잠에서 깨어나지 않았다고 관찰, 선정은 안락이라고 관찰, 선정에 의해서 생겨나는 신변(神變) 즉 신통력에 의해서 동작 또는 모습으로 나타내는 다섯 가지의 관찰이 여기에 속한다. 그릇됨이 없이 참다운 지혜가 빛날 때, 비로소 자성

청정심이면서 그 청정심이 번뇌에 의해서 더럽혀진다는 깊고 비밀스런 뜻을 규명하는 것이다. 이 법과 법의 도리를 규명하며 여래를 믿는 사람은 결코 심밀의(深密義)를 비방하지 않는다고 끝맺고 있다.

爾時勝鬘白佛言 更有餘大利益 我當承
이시승만백불언 갱유여대이익 아당승

佛威神復說斯義 佛言 更說
불위신부설사의 불언 갱설

勝鬘白佛言 三種善男子善女人 於甚深
승만백불언 삼종선남자선여인 어심심

義離自毁傷生大功德入大乘道 何等爲三
의리자훼상생대공덕입대승도 하등위삼

謂若善男子善女人 自成就甚深法智 若
위약선남자선여인 자성취심심법지 약

善男子善女人 成就隨順法智 若善男子
선남자선여인 성취수순법지 약선남자

善女人 於諸深法 不自了知 仰惟世尊
선여인 어제심법 부자료지 앙유세존

非我境界 唯佛所知 是名善男子善女人
비아경계 유불소지 시명선남자선여인

仰惟如來
앙유여래

除此諸善男子善女人已
제차제선남자선여인이

이때 승만 부인이 부처님께 말씀드렸다.

"〈부처님께서 이제까지 말씀하신 다섯 가지 공덕〉 이외에도 〈제가 생각하기에〉 또 다른 큰 이익이 있습니다. 〈허락해 주신다면〉 제가 부처님의 위신력을 받들어 이 이치를 말씀드리겠습니다."

부처님께서 다시 말씀하셨다.

"다시 말해 보아라."

승만 부인이 〈허락을 받고〉 부처님께 말씀드렸다.

"세 가지 종류의 선남자·선여인은 〈대승의〉 심오한 이치를 상하지 않고 〈부처님의 크신〉 공덕을 나타내어 대승의 도에 깨달아 들어갑니다.

세 가지 종류의 사람들이란,

첫째는 선남자·선여인이 스스로 심오한 대승법의 지혜를 성취하는 것입니다. 둘째는 선남자·선여인이 대승법의 지혜를 〈잘 믿어〉 기꺼이 따르는 것입니다. 셋째는 선남자·선여인이 심오한 대승법을 모두 다 잘 알지는 못해도 '내[衆生]가 알 수 있는 경계가 아니고 오직 부처님께서만 아실 수 있는 경지이다.' 하여 부처님께 미루는 것 등입니다.

이와 같은 세 가지 종류의 선남자·선여인은 〈대승의 심오한 이치를 상하는 사람들의 부류에서〉 이미 제외되어 있습니다.

해설

승만 부인은 이상과 같이 믿음과 지혜와의 관련에 대해 말씀드린 위에서 여래의 도(道)에 들어가는 사람의 본연의 자세로서 다음 세 가지를 말한다. 첫번째는 선남자·선여인이 스스로 심심(甚深)의 법지(法智), 즉 깨달음을 성취하는 사람, 두 번째는 자기로서는 깨달을 수 없을지라도 부처님의 가르침을 따름에 의해서 깨달음을 성취하는 사람, 세 번째는 자기의 지혜로는 불법의 깊은 뜻을 알 수 없어 오직 한 가지 여래를 믿는 것에 의해 깨달음에 들어가는 사람이라고 한다. 그리고 이것 이외의 사람들은 도저히 불도에 들어갈 수 없다고 결론짓고 있다.

그렇다면 이들 세 종류의 사람을 제외한 사람들은 전혀 불법과 무연(無緣)한 것일까. 다음 장은 이를 설하고 있다.

승만의 사자후와 부촉

勝鬘章 第十五

諸餘衆生 於諸甚深法堅著妄說違背正法
제여중생 어제심심법견착망설위배정법

習諸外道 腐敗種子者 當以王力及天龍
습제외도 부패종자자 당이왕력급천룡

鬼神力而調伏之
귀신력이조복지

爾時勝鬘 與諸眷屬頂禮佛足 佛言 善哉
이시승만 여제권속정례불족 불언 선재

善哉 勝鬘 於甚深法 方便守護 降伏非
선재 승만 어심심법 방편수호 항복비

法 善得其宜 汝已親近百千億佛 能說此
법 선득기의 여이친근백천억불 능설차

義
의

"〈올바른 신심이 확립되지 못한〉 그 밖의 다른 모든 중생들은 여러 심오한 법에 대하여 〈실체가 있는 것처럼〉 굳게 집착합니다. 그래서 허망한 말을 하거나, 또는 〈부처님의 바른 가르침인〉 정법을 등지고 외도의 삿된 법을 익힙니다. 이처럼 〈외도의 법을 익혀 마치〉 썩은 씨앗과 같은 사람들은 〈부처님의 정법을 수호하며 나라를 다스리는〉 국왕의 힘과, 〈부처님의 정법에 귀의하여 법을 수호하는〉 천룡(天龍)과 귀신들의 힘으로써 〈그 삿된 믿음을〉 항복[調伏]받아야 합니다."

이때 승만 부인은 〈자기가 데리고 있는〉 모든 권속들과 함께 〈가장 존경하는 표현으로써〉 부처님의 두 발에 이마를 대고 예배했다.

그러자 부처님께서 말씀하셨다.

"그래 옳은 말이다. 승만이여, 심오한 부처님의 정법을 교묘한 방편을 열어 잘 수호하고, 그릇된 사법(邪法)을 항복받는 것은 잘하는 일이다. 그대는 이미 〈과거세에 한량없는〉 백천억의 부처님을 가까이서 모시고 가르침을 받았으므로 이와 같은 이치를 잘 설할 수 있었다."

주

- 견착: 굳게 집착하는 것.
- 외도: 불교 이외의 다른 종교를 신봉하는 사람. 본래는 파조(派祖), 교조(教祖)를 의미하고, 강(江)의 도선장(渡船場)을 만드는 사람이라는 뜻이다.

해설

이 장은 바야흐로 『승만경』을 끝맺는 장이며 세존과 승만 부인과의 대화를 통해서 『승만경』의 거룩함을 확인하고 이 경을 널리 수지(受持), 즉 감각으로 받아서 기억하고 홍통할 것을 가르친 장이다. 경전의 구성은 서분, 정종분, 유통분이라는 세 가지로 성립되는데 제14장에서 정종분이 끝났으므로 이 장은 유통분에 해당한다.

그렇다면 앞 장에서 세 종류의 선남자·선여인만이 깨달음에 들어갈 수 있고 여타의 사람들은 제외된다고 말한다. 그러나 모든 사람들과 더불어 불도를 걸어가기를 원하는 부인은 여타의 사람들을 결코 무시하거나 제외하려고는 하지 않았다. 그리하여 외도의 가르침에 굳게 집착하는 사람, 정법에 반하는 생각을 가진 사람, 마음이 부패한 사람, 그러한 사람들에 교화시도(教化示導)의 손을 내미는 것이었다. 여기에 우리들은 '일체 중생과 함께' 라는 불교의 큰 자비심을 느끼는 것이다.

왜냐하면 모든 사람은 여래장을 가지고 있기 때문이다. 이 여래장을 궁극의 의지처로 하는 한, 여타의 사람들을 제외한다는 예외는 없다. 중요한 것은 정법에 들게 한다는 커다란 목표가 있기 때문에 그 목표를 달성하기 위해서는 정법에 위반하는 마음, 부패한 종자를 우선 제거하지 않으면 안 되었던 것이다. '왕의 힘과 천·용·귀신의 힘을 가지고서 조복해야 한다.'고 하는 경문은 확실히 그를 위한 것이다. 앞에서 말한 바와 같이 참다운 목적에 도달케 하기 위한 선교방편(善巧方便)이야말로 대승불교의 정신적 기반이었다. 그것은 『법화경』에서 방편설(方便說)의 전승을 받아, 지금 『승만경』에서 꽃을 피우려고 하고 있다. 그것은 한 사람의 제외자도 허락하지 않는다는 불교의 대자비심의 정점을 의미하는 것이다.

승만 부인은 이상의 사실을 부처님께 여쭙고 일족(一族)의 사람들과 함께 세존에 대해 공손히 부처님의 발에 예배한 것이다. 그러자 세존께서는

> "훌륭하다. 그대가 말한 그대로이다. 그대가 때와 장소에 의해 정법을 호지(護持)하는 방법을 설하고 또한 정법에 위반하는 적(敵)을 응징하려고 설한 것은 매우 훌륭한 일이다."

하고 부인에게 대답하고 있다.

세존과 부인과의 이 대화는 우리들에게 많은 것을 가르쳐 준다. 거기에는 감응도교(感應道交)의 경지를 볼 수 있으나 부인이 제불(諸佛)에게 예배하고 봉사의 마음에 철저하고 또한 믿음의 마음을 계속 간직하고 있으면 불·세존과의 사이에 이와 같은 대화가 이루어지는 것이다. 말하자면 세존의 마음을 자기의 마음으로 하고, 세존의 생각을 내 생각으로 하여 『승만경』의 사상을 이야기해 왔다고 이해된다.

제3 유통분(流通分)

爾時世尊 放勝光明普照大衆 身昇虛空
이시세존 방승광명보조대중 신승허공

高七多羅樹 足步虛空還舍衛國
고칠다라수 족보허공환사위국

時勝鬘夫人 與諸眷屬合掌向佛 觀無厭
시승만부인 여제권속합장향불 관무염

足 目不暫捨 過眼境已 踊躍歡喜 各各
족 목불잠사 과안경이 용약환희 각각

稱歎如來功德 具足念佛還入城中 向友
칭탄여래공덕 구족염불환입성중 향우

稱王稱歎大乘 城中女人七歲已上 化以
칭왕친탄대승 성중여인칠세이상 화이

大乘 友稱大王亦以大乘化諸男子七歲已
대승 우칭대왕역이대승화제남자칠세이

上 擧國人民皆向大乘
상 거국인민개향대승

이 때에 세존께서 매우 밝은 광명을 놓으사 모든 대중을 골고루 비추셨다. 그리고 몸을 공중으로 7다라수 높이까지 날아오르시어 허공을 걸어서 사위국으로 돌아가셨다.

이때 승만 부인은 모든 권속들과 함께 부처님을 향해 공경 합장하며 몸을 조금도 움직이지 않고 바라보면서 눈을 잠시도 다른 곳에 돌리지 않았다. 부처님께서 멀리 가셔서 보이지 않자 그들은 뛸 듯이 기뻐하며 서로서로 부처님의 공덕을 찬탄하였다. 그리고 〈이제까지 벌어졌던 일 가운데서〉 빠짐없이 부처님의 말씀을 생각하면서 성 안으로 들어왔다.

성으로 돌아온 승만 부인은 남편 우칭왕에게 가서 대승

의 올바른 가르침을 찬탄하였다. 그리고 성 안에 사는 7세 이상의 여자에게 〈대승법을 설하여〉 대승으로서 그들을 교화하였다. 또한 남편 우칭왕도 7세 이상의 남자에게 〈대승법을 가르쳐〉 대승으로서 그들을 교화하였다. 이에 온 나라의 백성들이 모두 대승의 가르침을 따르게 되었다.

주

- 승광명: 대광명(大光明)을 말함.
- 7다라수: 다라(多羅)는 산스크리트어 타라(tāla)의 음사인데 인도, 미얀마, 스리랑카 등의 해안에서 가까운 모래밭에 무성한 높이 70~80척(尺)의 열대식물이다. 그 잎은 길고 넓기 때문에 예로부터 경문 등을 이 잎에 서사(書寫)했다. 이것을 패다라엽(貝多羅葉)이라 한다. 이 다라수의 7배가 되는 높은 것을 7다라수라 한다.

해설

『승만경』은 앞의 서론에서 말한 바와 같이 아유다국의 왕궁에서 승만 부인이 스스로의 믿음을 개진한 것에서부터 시작된다. 그런데 지금 이 경전의 종막이 조용히 내리려 하고 있다. 우리들은 여기에 『승만경』의 에필로그를 맞이한다.

세존은 승만 부인의 마음을 칭찬하고 대중을 대광명으로 비추며 허공에 올라 공중을 날아가는 신변력에 의해 사위성에 돌아간 것이다. 부인은 그 모습을 여관(女官)들과 합장하면서 예배의 모습을 흩뜨리지 않고 눈도 깜박이지 않은 채 오랫동안 전송했다. 부처님의 모습이 점점 멀어지며 더 이상 시계(視界)에서 보이지 않게 되었을 때 환희에 넘쳐 입마다 여래의 덕을 찬양하며 성으로 되돌아갔다고 한다. 여기서 부인은 남편인 우칭왕에게 대승의 가르침을 설하며 일곱 살 이상의 여자를 모두 대승에 들어오도록 권했다. 우칭왕도 또한 대승에 귀의하고 일곱 살 이상의 남자를 모두 대승에 입신(入信)시켰다고 한다.

대승경전을 문학작품이라고 사람들은 흔히 말한다. 『법화경』도 문학작품이라고 하는 사람도 있으며 『관무량수경』도 그러한 유(類)에 속한다고 하는 사람도 있다. 그러한 경우 선정에 의해서 얻어지는 신통력이라 하듯이 인간의 능력을 초월한 신비성에 대해 의문을 제기하는 것 같다. '공중을 비행하여 사라졌다.'는 표현은 대승경전에 한하지 않고 초기의 『아함경전』에서도 볼 수 있다. 그러나 그것들이 이성으로 판단되지 않는다는 이유로 문학적 내지 허구(虛構)라고 말해버릴 수 있을까.

우리들은 불교를 너무나도 합리적으로 해석하려고 하는 것이 아닐까. 그 때문에 합리적인 것이 아닌 것을 배제하려고 한다. 지금 승만 부인의 앞에서 사라지는 세존을 그린 장면은 우리들에게 무엇을 말하려고 하는 것일까, 다시 물어 볼 필요가 있다고 생각한다.

爾時世尊 入祇桓[洹]林 告長老阿難 及
이시세존 입기환[원]림 고장로아난 급

念天帝釋 應時帝釋與諸眷屬 忽然而至
염천제석 응시제석여제권속 홀연이지

住於佛前 爾時世尊 向天帝釋 乃長老阿
주어불전 이시세존 향천제석 내장로아

難廣説此經 説已 告帝釋言 汝當受持讀
관난설차경 설이 고제석언 여당수지독

誦此經 憍尸迦 善男子 善女人 於恒沙
송차경 교시가 선남자 선여인 어항사

劫修菩提行行六波羅蜜 若復善男子 善
겁수보리행행육바라밀 약부선남자 선

女人 聽受讀誦乃至執持經卷 福多於彼
여인 청수독송내지집지경권 복다어피

何況廣爲人説 是故憍尸迦 當讀誦此經
하항광위인설 시고교시가 당독송차경

爲三十三天分別廣説 復告阿難 汝亦受
위삼십삼천분별광설 부고아난 여역수

持讀誦 爲四衆廣説
지독송 위사중광설

그때 세존께서는 기원정사로 돌아오셔서 장로(長老) 아난 존자에게 〈승만 부인과 있었던 일들을〉 들려주었다. 그리고 제석천왕이 자리에 있었으면 하고 생각하시자 제석천왕이 모든 권속들을 데리고 곧장 부처님 앞에 당도했다.

이때 세존께서 제석천왕과 장로 아난 존자에게 다시 이 경을 설했다. 경을 모두 설하시고 난 다음 제석천왕에게 다음과 같이 말씀하셨다.

"그대는 이 경전을 꼭 받아 지니고 잘 외우도록 하라. 〈그대〉 교시가(Kauśika; 제석천왕이)여, 〈지금 이 곳에 있는〉 선남자·선여인은 갠지스 강의 모래알보다 더 많은 세월 동안 〈부처님께서 증득하신〉 보리를 닦고, 〈보살의 실천 덕목인〉 6바라밀을 수행하였다.

만약 선남자·선여인이 이 경을 듣고 외우며 받아 기억한다면 이 사람의 복은 앞 사람에 비해 많을 것이다. 그런데 하물며 여러 사람들을 위해 이 경을 널리 설하는 공덕은 어떠하겠는가.

그러므로 교시가여, 이 경을 읽고 외우며 〈그대 제석이 다스리는 모든 세계인〉 33천(三十三天)에 사는 중생들을 위하여 널리 잘 분별하여 설하도록 하라."

그런 뒤에 다시 부처님께서는 아난 존자에게 말씀하셨다.

"그대도 이 경전을 받아 기억하고 읽고 외우며 4부대중을 위하여 널리 설하도록 하라."

주

- 기환림: 제타 숲. 기원정사가 있는 숲. 기수급고독원이라 한다.
- 아난: 산스크리트어 아난다(Ananda)의 음사로서 석존의 시자(侍者)로 제1결집(第一結集; 編纂會議)에 즈음하여 경(經)을 송출했다.
- 교시가: 산스크리트어 카우시카(Kauśika)의 음사인데 제석천의 성(姓).
- 삼십삼천: 욕6천(欲六天) 중의 도리천을 말함. 수미산의 정상에 있다고 한다.

해설

『승만경』은 다시 사위성의 기원정사로 무대를 옮긴다. 세존께서는 기원정사에서 제자 중의 장로 아난에게 말씀하여 33천 가운데 주(主)인 제석천을 염하게 하였더니 제석천이 홀연히 그 권속을 거느리고 부처님 앞에 모습을 나타냈다고 한다. 거기서 세존은 제석천과 아난을 앞에 두고 널리 이 경전을 설하고 또한 이 경전을 수지하고 독송하도록 요청했다고 한다.

세존이 제자들만이 아니라 널리 그 설법의 자리에 제석천을 모이게 하여 맞이하였다고 하는 것은, 이 『승만경』의 사상이 천신과 인간에게 두루 버팀목이 되는 것을 의미하고 있다. 우리들은 이 정경을 통해 멀리 불전(佛傳)에 보이는 석존의 '범천권청(梵天勸請)'을 생각하게 한다. 석존이 성도 후 스스로가 도달한 진리의 내경(內景)을 널리 사람들에게 말해야 할까를 생각하고 있을 때, 범천이 등장하여 설법할 것을 권했다고 전한다.

이 불전 자체를 취급하는 방법에 관하여는 학자 간에 여러 가지 해석이 있으나 당시의 인도 종교에서 일반 사회에 받아들이고 있던 신앙의 대상으로서의 범천이 등장한 것에 깊은 의미가 있다고 본다. 널리 대중과 함께 하는 것을 이상으로 하는 붓다의 전도 교화는 인간계에 한하지 않고 천계(天界)마저도 포함한 것이다. 거기에 불교 경전의 인도 종교에 대한 대응 자세를 볼 수 있다.

세존은 경전을 수지하고, 독송하며, 설하는 것의 공덕을 역설(力說)한다. 그것은 이미 『법화경』의 '법사품'과 '법사공덕품'에서 '이 법화경의 1게1구(一偈一句)를 수지하고, 독경하고, 송경하고, 해설하고, 서사하는 다섯 종류의 법사는 무량한 공덕으로써

6근(六根)을 장엄하고 청정하게 된다.'고 말하고 있는 것과 그 길을 같이 하고 있다. 세존이 제석천에 대해서는 33천에 이 경을 설할 것을 권하고 아난에게는 출가자에게도 재가의 불교 신도에게도 이 경전을 설할 것을 권하고 있다. 수지·독·송·해설의 공덕이 매우 크기 때문이다.

時天帝釋 白佛言 世尊 當何名斯經 云
시천제석 백불언 세존 당하명사경 운

何奉持 佛告帝釋 此經成就無量無邊功
하봉지 불고제석 차경성취무량무변공

德 一切聲聞緣覺 不能究竟觀察知見 憍
덕 일체성문연각 불능구경관찰지견 교

尸迦 當知 此經甚深微妙大功德聚 今當
시가 당지 차경심심미묘대공덕취 금당

爲汝略說其名 諦聽諦聽善思念之
위여략설기명 제청제청선사염지

時天帝釋及長老阿難 白佛言 善哉世尊
시천제석급장로아난 백불언 선재세존

唯然受教 佛言 此經歎如來眞實第一義
유연수교 불언 차경탄여래진실제일의

功德如是受持 不思議大受如是受持 一
공덕여시수지 부사의대수여시수지 일

切願攝大願如是受持 說不思議攝受正法
체원섭대원여시수지 설부사의섭수정법

如是受持 說入一乘如是受持 說無邊聖
여시수지 설입일승여시수지 설무변성

諦如是受持 說如來藏如是受持 說[如來]
제여시수지 설여래장여시수지 설[여래]

法身如是受持 說空義隱覆眞實如是受持
법신여시수지 설공의은복진실여시수지

說一諦如是受持 說常住安隱一依如是受
설일제여시수지 설상주안은일의여시수

持 說顚倒眞實如是受持 說自性清淨心
지 설전도진실여시수지 설자성청정심

隱覆如是受持 說如來眞子如是受持 說
은복여시수지 설여래진자여시수지 설

勝鬘夫人師子吼如是受持　復次憍尸迦
승만부인사자후여시수지　부차교시가

此經所說 斷一切疑決定了義入一乘道
차경소설 단일체의결정요의입일승도

이 때에 제석천왕이 부처님께 말씀드렸다.

"세존이시여, 이 경의 이름이 무엇이라고 합니까? 그리고 어떻게 〈이 경을〉 받아 기억해야 합니까?"

부처님께서 제석천왕에게 말씀하셨다.

"이 경〈을 잘 받아 지녀 실행한다면〉 헤아릴 수 없고 가없는 공덕을 성취할 수 있다. 일체 모든 성문과 연각들은 이 경의 〈최고 경지인〉 구경(究竟)을 관찰하거나 알 수 없다. 교시가여, 잘 알아야 한다. 이 경은 매우 심오하고 미묘한 공덕을 가지고 있다. 지금 그대를 위해 간략하게 이 경의 이름을 말하고자 하니 자세히 잘 듣고 생각하도록 하라."

이 때에 제석천왕과 장로 아난 존자가 부처님께 말씀드렸다.

"훌륭하십니다. 세존이시여, 오직 분부하신 대로 가르침을 받아 실행하겠습니다."

이에 부처님께서 말씀하셨다.

"이 경은 〈부처님께서 깨달아 증득하신 절대 진리인〉 여래의 진실한 제일의공덕(第一義功德)을 찬탄한 것[如來眞實功德章]이다. 그러므로 이 점에 유의하여 잘 받아 지녀야 한다.

〈또한 일체 중생을 구제하겠다는 승만 부인의 열 가지 큰 서원인〉 불가사의한 십대수(十大受)를 설한 것[十受章]이다. 그러므로 이 점에 유의하여 잘 받아 지녀야 한다.

또한 〈대승법에 의지하여 모든 중생을 전부 구제하겠다는〉 일체 모든 원력[十大受]도 결국은 세 가지 훌륭한 대원(大願)에 포용[三大願章]된다. 그러니 이 점에 유의하여 잘 받아 기억해야 한다.

그리고 〈보살행을 함으로써 깨달음을 증득할 뿐만 아니라 다른 일체의 중생들도 제도한다는〉 대승의 올바른 가르침[攝受正法]을 설한 것[攝受章]이다. 그러므로 이 점에 유의하여 잘 받아 지녀야 한다.

한편 〈부처님이 되는 유일한 가르침인〉 일승에 깨달아 들어감을 설한 것[一乘章]이다. 그러므로 이 점에 유의하여 잘 받아 지녀야 한다.

또한 〈부처님의 설법이 한량없으나 그 중에서 참으로 진실한 가르침은 일승이라는〉 무변성제를 설한 것[無邊聖諦章]이다. 그러니 이 점에 유의하여 잘 받아 지녀야 한다.

또한 〈누구나 부처가 될 수 있는 성품[佛性]을 지니고 있다는〉 여래장을 설한 것[如來藏章]이다. 그러므로 이 점에 유의하여 잘 받아 기억해야 한다.

또한 〈번뇌를 완전히 소멸하여 여래장이 환히 나타난〉 여래 법신에 대하여 설한 것[法身章]이다. 그러므로 이 점에 유의하여 잘 받아 기억해야 한다.

또한 〈소승의 가르침만 가지고는 완전한 진리를 알지 못한다는〉 공(空)한 뜻이 진실을 가린 것을 설한 것[空義眞實隱覆章]이다. 그러니 이 점에 유의하여 잘 받아 기억해야 한다.

그리고 〈모든 번뇌가 소멸된 절대 진리[滅諦]인〉 유일한 진리를 설한 것[一諦章]이다. 그러므로 이 점에 유의하여 잘 받아 기억해야 한다.

또한 〈진정한 가르침에 귀의하면 그 곳에 편안히 안주할 수 있다는〉 안온한 곳에 상주(常住)함을 설한 것[一依章]이다. 그러므로 이 점에 유의하여 잘 받아 기억해야 한다.

또한 전도와 진실에 대한 가르침[顚倒眞實章]을 설한 것이다. 그러므로 이 점에 유의하여 잘 받아 기억해야 한다.

한편 〈범부의 경우 여래장인〉 자성청정심이 〈번뇌에〉 가려져 있음을 설한 것[自性淸淨章]이다. 그러니 이 점에 유의하여 잘 받아 기억해야 한다.

또한 〈대승의 참된 가르침을 믿고 따르는〉 부처님의 진실한 제자에 대해 설한 것[眞子章]이다. 그러므로 이 점에 유의하여 잘 받아 기억해야 한다.

그리고 승만 부인이 〈대승의 올바른 가르침을〉 사자후한 것을 설한 것[勝鬘章]이다. 그러므로 이 점에 유의하여 잘 받아 지녀야 한다.

또한 교시가여, 이 경에서 설한 것은 일체 모든 의심을 끊어 〈대승의〉 올바른 가르침을 밝혀서 〈부처님께서 증득하신 깨달음의 경지인〉 1승에 들어가게 하는 방법이다."

해설

이상 『승만경』 전15장에 걸쳐 그 내용을 살펴왔다. 경전은 최후에 전15장의 내용을 간략하게 다음과 같이 표현한다.

이 경은 ① 여래의 진실제일의(眞實第一義)의 공덕을 칭찬하는 것이다. ② 불가사의한 대서원이라 이른다. ③ 모든 서원을 포섭하는 대원이라 이른다. ④ 정법을 수지하는 불가사의한 가르침이라 이른다. ⑤ 1승에 포섭되는, 1승에 들어가는 가르침이라 한다. ⑥ 무변한 성제(聖諦; 八聖諦)를 설한 것이라고 이른다. ⑦ 여래장을 설한 것이라고 이른다. ⑧ 여래·법신을 설한 것이라고 이른다. ⑨ 공성(空性)의 뜻이 가진 심밀(深密)한 바른 가르침이라고 이른다. ⑩ 〈고제의〉 1제(一諦)를 설한 것이라고 이른다. ⑪ 상주하며 안온한 오직 하나 뿐인 의지처를 설한 것이라고 이른다. ⑫ 전도(顚倒)와 진실의 설시라고 이른다. ⑬ 마음은 본래 청정하다는 것의 가르침이라고 이른다. ⑭ 여래의 진실한 아들의 바른 가르침이라 이른다. ⑮ 승만 부인의 사자후라 이른다.

이 15장에 걸친 내용 파악은 그대로 『승만경』 각 장의 문제제기와 그 해답이다. 그리고 최후에 이 경의 가르침은 모든 의혹을 끊고 제일의(第一義)의 의지처라고 이르기 ※ 때문에 그것을 명기(銘記)하여 이 경전을 기억[受持]하라고 말한다.

憍尸迦 今以此說勝鬘夫人師子吼經 付
교시가 금이차설승만부인사자후경 부

囑於汝 乃至法住 受持讀誦廣分別說 帝
촉어여 내지법주 수지독송광분별설 제

釋 白佛言 善哉世尊 頂受尊敎 時天帝
석 백불언 선재세존 정수존교 시천제

釋長老阿難及諸大會天人阿修羅乾闥婆
석장로아난급제대회천인아수라건달바

等 聞佛所說歡喜奉行
등 문불소설환희봉행

勝鬘師子吼一乘大方便方廣經
승만사자후일승대방편방광경

"교시가여, 지금 승만 부인이 사자후한 이 경을 그대에게 〈널리 전하고 잘 수호할 것을〉 부촉하노라. 진리가 머물러 있을 때까지 받아 기억하고 읽고 외우며 〈사람들의 근기에 따라서〉 잘 분별하여 널리 설하도록 하라."

제석천이 부처님께 말씀드렸다.

"훌륭하십니다. 세존이시여, 높은 가르치심을 분부대로 잘 받들겠습니다."

이 때에 제석천과 장로 아난 존자 그리고 그 자리에 있었던 모든 천신과 사람, 아수라, 건달바 등이 부처님께서 설법하신 것을 듣고 기쁘게 받들어 실행하였다.

해설

『승만경』은 세존이 이 경전을 제석천에게 위탁하며 '널리 이 경을 수지하고, 독송하고 분별하여 해설'하는 것에 의해서 정법은 오랫동안 머문다고 하며 끝을 맺고 있다. 그리하여 제석천은 세존의 말씀을 수락하고 '거룩한 가르침을 기꺼이 받겠습니다.' 하고 확약하고 있다.

가르침을 받는다는 것은 우리들에게 커다란 기쁨이다. 법을 듣는[聞法] 기쁨은 그것을 받는 사람만이 맛볼 수 있는 세계이다.

우리들은 현대의 물질 만능 사회에 있으면서 자칫 마음을 잃고 있는 것 같은 생각이 든다. 모든 것을 '물질'로 해결하려는 풍조는 생명이 있는 것까지도 돈으로 구매하려는 경향으로 내닫고 있다. 곤충을 상점에서 팔고 있는 광경을 보면 어린애의 마음에 생명의 거룩함을 아무리 설명해도 이 현실에는 아이의 마음을 병들게 한다고 생각된다.

현대사회에서 볼 수 있는 생명 경시의 풍조는 참으로 이러한 곳에서 생겨나서 자라나고 있지 않는가. 우리들은 호모사피엔스로서의 인간이 소위 동물과 구별지을 수 없는 현대에서 무엇이 빠져 있지는 않은가를 한번 더 생각해 볼 필요가 있다.

생명의 존중과 봉사의 마음을 속에 감추고 오로지 정법이 오래 머물기를 바라고 있는 인간의 마음의 원점을 파헤치려고 하는 『승만경』에서 우리들은 많은 것을 배우게 된다. 제석천을 비롯하여 설법의 마당에 모인 아난과 천신·인간 모두가 부처님의 설법을 듣고 기뻐하며 부처님의 가르침을 찬양하고 우러러본다.

여기서 이 『승만경』은 끝맺고 있으나 가르침을 듣는 기쁨, 거기에 우리들에게 결여되어 있는 마음의 재발견을 촉구하고 있는 것 같다.

참으로 보살의 화신으로서 여성의 모습을 가지고 파사익왕의 딸로 태어나서 효양을 다하고, 우칭왕에게 시집을 가서는 여성으로서의 의무인 3종지도(三從之道)를 실행하고, 나아가 아유다국 백성을 구제할 수 있는 대승의 길을 넓혔다고 하는 부인, 거기에 보살의 이상상(理想像)을 구체화한 승만 부인의 모습이 우리들의 마음 속 깊이 강하게 울려 퍼지는 것이다.